Jürgen Hasse

Der Leib der Stadt

VERLAG KARL ALBER

Von manchen Metropolen wird gesagt, sie würden nie schlafen – von anderen Großstädten hingegen heißt es, abends würden in ihnen die Bürgersteige hochgeklappt. Mit dem Begriff des Leibes rückt die Lebendigkeit urbaner Räume in den Fokus. Was auf der Haut der Stadt geschieht und sich in ihrem Gesicht szenisch, situativ und performativ ausdrückt, wird an konkreten Orten großstädtischer Leibesinseln als herumräumliches und atmosphärisches Erleben spürbar. Auf dem Hintergrund einer phänomenologischen Reflexion der gelebten Stadt diskutiert der erste Teil des Buches einen vitalistischen Begriff von Urbanität. Danach konstituiert sich diese als großstädtische, in bestimmter Weise rhythmisierte Lebendigkeit. Der zweite Teil skizziert eine Phänomenographie urbaner Räume im Medium des Bildes. An Beispielen aus der Geschichte der Fotografie des 19. und frühen 20. Jahrhunderts werden Wege der ästhetischen Explikation des Erlebens urbaner Situationen rekonstruiert. Damit stellt sich die Frage nach der Eignung der Fotografie als Ausdrucksmittel mitweltlichen Erlebens – als methodische Zwischenstation auf dem Weg einer phänomenologischen Selbstgewahrwerdung in Situationen des Urbanen. Das Buch schärft das Bewusstsein gegenüber den verschiedenen Formen subjektiver Teilhabe am Leben der Stadt.

Der Autor:

Jürgen Hasse, geb. 1949, Professor am Institut für Humangeographie der Goethe-Universität in Frankfurt am Main. Arbeitsgebiete: Räumliche Vergesellschaftung des Menschen, Raum- und Umweltwahrnehmung, Stadtforschung, ästhetische Bildung.

Jürgen Hasse

Der Leib der Stadt

Phänomenographische Annäherungen

Verlag Karl Alber Freiburg / München

Originalausgabe

www.verlag-alber.de

Umschlagmotiv: Sarajevo Nationalbibliothek, 1992

Satz: SatzWeise GmbH, Trier
Herstellung: CPI books GmbH, Leck

Gedruckt auf alterungsbeständigem Papier (säurefrei)
Printed on acid-free paper
Printed in Germany

ISBN 978-3-495-48715-0

Inhalt

Einleitung 7

1. Phänomenologie und Stadt 11

2. Ausdrucksmedien des Urbanen 17
2.1 Die Haut der Stadt 22
2.1.1 Die Haut als Grenzmedium 23
2.1.2 Die menschliche Haut 24
2.1.3 Metaphorische und synästhetische Häute 27
2.1.4 Wege und Straßen als urbane Transversalien . . . 29
2.1.5 Das Atmen der städtischen Haut 30
2.2 Das Gesicht der Stadt 34
2.2.1 Ganzheitliche Singularitäten 34
2.2.2 Das Gesicht – zwischen Charakter und Situation . 40
2.2.3 Das Gesicht als »Ausdrucksspur« 42
2.2.4 Gesicht – Fassade – Maske 45
2.2.5 Das Gesicht als Medium der Kommunikation . . . 49
2.2.6 Gesichter zwischen Körper und Leib 50
2.2.7 Intuition und Gesichtswahrnehmung 51
2.3 Der Leib der Stadt 55
2.3.1 Zum Begriff des Leibes 57
2.3.2 Zur »Lebendigkeit« der Stadt 63
2.3.3 Das soziologische Urbanitäts-Denken 69
2.3.4 Die leiblich »gelebte Stadt« 79
2.3.5 Zum »Charakter« einer Stadt 84
2.3.6 Stadt-»Landschaften« 86

3. Atmosphärische Interferenzen und Konkurrenzen 91
3.1 Zur Pluralität städtischer Gesichter 92
3.2 Heimat – ambivalente Atmosphären 95
3.3 Atmosphären im Konflikt – zum Beispiel auf Friedhöfen . 97

3.4 Phasenwechsel 100
3.4.1 Wechselsituationen des Wetters und der Zeiten . . 100
3.4.2 Zum Wechsel zwischen städtischen Leibesinseln . 103
3.4.3 Vom Binnenhafen zum virtuellen Hafen 107
3.5 »Protentionen« – auf Urbanität gefasst sein 115

4. Phänomenographische Konkretisierungen – Fotografie und Philosophie 119
4.1 Grenzen der Fotografie 128
4.2 Fotografie als Medium der Annäherung 132
4.2.1 Das punctum 135
4.2.2 Zwischen Realität und Wirklichkeit 138
4.2.3 Exhumierungen 141
4.3 Dokumentation und Berührung 146
4.3.1 Ästhetik des Ruinierten 150
4.3.2 Ästhetik ambivalenter Lebendigkeit 157
4.4 Zur phänomenographischen Arbeitsweise früher Fotografen 162
4.4.1 Lewis Hine (1884–1940) und Paul Strand (1890–1976) 167
4.4.2 Eugène Atget (1857–1927) 175
4.4.3 Alfred Stieglitz (1864–1946) 189
4.4.4 John Thomson (1837–1921) 199
4.4.5 August Sander (1876–1964) 211

5. Von der Rezeption zur Produktion des phänomenographischen Bildes 221

6. Zur Authentizität von Atmosphären 230

Literaturverzeichnis 239

Abbildungsnachweise 250

Register 251

Einleitung

Städte sind komplexe und heterogene Welten. Deshalb entziehen sie sich auch jeder einfachen Definition. In den lebendigen Einkaufsstraßen zeigt sich die Stadt mit einem anderen Gesicht als in einem ihrer Industriegebiete. Das Leben der Stadt berührt und umschließt uns atmosphärisch an verschiedenen Orten auf je eigene Weise. Aber es ist nicht nur die Unterschiedlichkeit der Räume, die eine Stadt so facettenreich erscheinen lässt. Nicht zuletzt sind es die Rationalitäten und Medien der Präsentation und Repräsentation, die uns einen städtischen Raum in ganz eigener Weise vergegenwärtigen. So teilt uns ein Gemälde in seinem ästhetischen Erscheinen zum Beispiel etwas von der Atmosphäre einer Straßenecke mit, eine wissenschaftliche Abhandlung zu neoliberalen Transformationen im Tertiären Sektor etwas über den gesellschaftlichen Strukturwandel der Arbeitswelt in einem Bürostadtviertel. Wenn ästhetische und theoretische Wege der Annäherung an urbane Räume auch kategoriale Differenzen aufweisen, so befruchten sie sich mitunter doch gegenseitig. Sie eröffnen Denkweisen, in denen die abstrakte Stadt der Funktionen verständlicher wird, und sie bahnen Sensibilitäten an, dank derer die sinnliche Stadt in ihren Vitalqualitäten bewusst wird.

Wenn der »Leib der Stadt« die Aufmerksamkeit in diesem Buch lenken soll, so liegt das Thema weit abseits von den sozialwissenschaftlichen Diskursen zur Stadtforschung. Im Fokus der Leiblichkeit liegen nicht die Orte im relationalen Raum der Stadt, sondern spezifisch städtische Seins- und Erlebnisweisen. In der Perspektive subjektiver Beziehungen interessiert die Stadt als Raum rationaler Handlungen nur am Rande. Weit wichtiger wird nun ihre affekträumliche Wirklichkeit. Das Triptychon »Großstadt«, das Otto Dix (1891–1969) in den Jahren 1926/27 geschaffen hat, soll eine erste bildhafte Vorstellung jener Facetten urbaner Räume vermitteln, die hier im Zentrum stehen werden (s. Abb. 1). Die Bauten auf der Haut der Stadt spielen im Gemälde von Otto Dix auf den ersten Blick nur eine marginale Rolle. Gleichwohl sind architektonische Artefakte auf dem linken wie rechten Flügel des 1,81 × 4,02 Meter großen Triptychons als Zeichen der gesellschaftlichen Situation der 1920er Jahre inszeniert. Deshalb sind dies auch nicht nüchtern-funktionale Wände, sondern vorragende Elemente einer exzentrischen und ornamentalisierten Architektur. Dix lässt solche Dinge aufscheinen, um einen Kommentar zu den sozialen Realitäten seiner Zeit zu pointieren. Er ist nicht nur Repräsentant der Neuen Sachlichkeit. Zwar bedient er sich ihrer Stilmittel, aber kennzeichnend ist doch eher seine ganz charakteristische Art und Weise, die nach dem Ersten Weltkrieg enttäuschten Utopien der Menschen in beißenden Zynismen ins Bild zu setzen. So ist das dreiteilige monumentale Gemälde dem (moralischen) Gesicht der Großstadt gewidmet, in dem sich die Wesenszüge der Gesellschaft der 1920er Jahre widerspiegeln. Dix malte ein Zerrbild, dessen Essenz das *verlorene* Gesicht der Stadtgesellschaft zur Anschauung bringen sollte. Zugleich war es eben dieses Gesicht, das sich in den Ekstasen der »besseren Kreise« einer gespaltenen Stadtgesellschaft – gleichsam im Tanz auf dem Vulkan – selbst feierte.

Im Großstadt-Gemälde von Dix drücken sich die sozialen und kulturellen Gegensätze einer Gesellschaft in bizarren und exzentrischen Gestalten aus. Die situativ beinahe überschäumende Lebendigkeit der Stadtgesellschaft zeigt zwei sich krass entgegenstehende Gesichter, in denen sich etwas von den Lebensgefühlen der Menschen mitteilt, die auf weit voneinander entfernten Inseln im gesellschaftlichen Raum leben. Zum einen ist da die Bourgeoisie, die sich in der ekstatischen Selbstberauschung – ignorant gegenüber dem verbrannten Leben von Menschen aus gesellschaftlichen Randgruppen wie Bettlern und Kriegsinvaliden – im Erlebnis eines auf Dauer gestellten Festes auslebt. Zum anderen sind da die vom satten Bürgertum übersehenen Opfer einer gescheiterten nationalen Kriegs- und Wirtschaftspolitik. Alle drei Elemente des Triptychons zeichnen dieses Gesicht einer sich in der Polarisation innerer Widersprüche überschlagenden Gesellschaft. In den so verschiedenen Welten stoßen nicht nur zwei sich extrem ferne, fremde und dem gegenseitigen Verstehen gegenüber versiegelte soziale Räume aufeinander. Viel mehr noch sind es *Leibesinseln* der Großstadtgesellschaft, auf denen je eigene Wirklichkeiten gelebt werden – in luxurierten Nischen für Gewinner und in Resträumen für Verlierer. Der Puls städtischen Lebens teilt sich ästhetisch mit; dies auch in den sozial gespaltenen Bewegungskulturen, die über ihre Fixierung im Gemälde eindrücklich werden. Zum einen sind da die Tanzenden und sich selbst Zelebrie-

Abb. 1: Otto Dix: Großstadt (1927/28).

renden, zum anderen die vom Wohlstand Überrumpelten, die Opfer der Geschichte, die sich oft nicht nur symbolisch bestenfalls an Krücken noch fortbewegen können.

Es gehört zur Lebendigkeit der Großstadt, dass in ihr nicht nur die soziokulturellen und -ökonomischen Welten auseinanderdriften, sondern auch *sinnliche* Welten und *Sinn*-Welten. Das dichte Nebeneinander des Inkommensurablen samt aller damit verbundenen Zumutungen spiegelt sich im Gemälde als ein Charakteristikum großstädtischen Lebens wider. Dix konnte über den Horizont seiner Zeit nicht weit genug hinausschauen, um die rund 100 Jahre später sich nur variierende Wiederkehr der sozialen Wirklichkeit seines »Bildes« in einer dystopischen Gesellschaft eines urbanen Neoliberalismus auch nur erahnen zu können. Nicht erst in den historistischen Bauelementen im rechten Flügel seines Triptychons scheinen die postmodernen Absurditäten einer auf zynische Weise verspielten Gesellschaft vor. Dix' Großstadt ist eine Welt der Affekte, in der sich die Befindlichkeiten in einer geradezu berstenden sozialen Welt auf provozierende Weise kontrastieren.

Die sichtbar gemachte großstädtische Komplexität ist die einer urbanen Welt des frühen 20. Jahrhunderts. Zwar werden auch in diesem Buch Bilder und städtische Situationen jener Zeit eine Rolle spielen. Aber es werden doch Einblicke in eine ganz andere Stadt der Lebendigkeit und Urbanität sein, als sie uns die beißende Kritik von Dix vermittelt, in der die Spuren metropolitaner Dekadenz der 1920er Jahre noch warm sind. Die moderne Stadt der Industrie, und erst recht die postfordistische Metropole einer immer abstrakter werdenden Ökonomie, konfrontiert die Menschen – nicht nur als Bewohner, sondern auch als distanzierte (touristische) »Betrachter« – mit einer höchst vielfarbigen Komplexität auf der Haut der Stadt, in ihrem Gesicht wie in der Vitalität ihres Leibes.

1. Phänomenologie und Stadt

In der großen Menge ungezählter Theorien der Stadt führen phänomenologische Beiträge ein marginales Schattendasein. Das liegt unter anderem daran, dass die Wissenschaften insbesondere in der Spätmoderne auf eine Welt der technisch herstellbaren und ökonomisch verwertbaren Objekte fixiert sind. Im phänomenologischen Fokus liegen dagegen weder globale Kapitalströme noch spekulative Transaktionen von Akteuren der großstädtischen Immobilienwirtschaft – zumindest so lange nicht, wie sie nicht zu persönlich er- bzw. angreifenden Themen werden. Eine Phänomenologie der Stadt widmet sich dem sinnlichen und affektiven Erleben urbaner Räume; sie betrachtet diese aus der Perspektive des (vergesellschafteten) Subjekts.

Das vorliegende Buch gliedert sich in zwei Teile. In einem ersten wird der städtische Raum in drei Passagen erkundet. Der erste Pfad führt über die Haut der Stadt, der zweite über ihr Gesicht und der dritte über ihren Leib. Im ersten Teil des Buches (bis Kapitel 3) wird es um das sinnliche Erleben der Stadt gehen. Zum Gegenstand wird damit insbesondere der atmosphärische Raum, der mit Bedeutungen besetzt ist, welche sich in (bedeutungskomplementären) Gefühlen widerspiegeln. Der zweite Teil wechselt die Perspektive. Nicht die sinnliche Erlebniswirklichkeit des tatsächlichen städtischen Raumes steht nun im Zentrum, sondern sein fotografisches Bild. Dessen Fokussierung dient methodischen Zwecken – der Vermittlung des Denkens der Stadt in Kategorien der Phänomenologie. In seiner *Fixierung* fördert das Bild den gedehnten und nachdenkenden Blick auf ganzheitlich verklammerte Situationen. Was sich in der Wirklichkeit der Stadt in einem Prozess unaufhaltsamer Bewegung und Veränderung befindet, steht im Bild in ästhetisch ausdrucksstarker Weise still und fordert ein Nach–Denken im Modus der Dauer heraus. So liefert die Fotografie Bausteine einer Phänomeno*graphie*, auf deren Grundlage sich eine Phänomeno*logie* der Stadt als Projekt mikrologischen Verstehens in den Dimensionen gelebter Räume entfalten kann. Das Bild fungiert als erkenntnistheoretisches Hilfsmittel, das einer sensiblen

Wahrnehmung der Stadt als Medium dienen soll. Deshalb wird die Methode der Fotografie gegen Ende des Buches (Kapitel 5) auch wieder für die Ausdrucksgestaltung subjektiven Stadterlebens nutzbar gemacht. An die Stelle der Rezeption fotografischer Arbeiten zur Veranschaulichung der urbanen Lebendigkeit tritt dann die Produktion des fotografischen Bildes zur ästhetischen Explikation von Bedeutungen, die das subjektive Verhältnis zur Welt der Stadt bestimmen.

Gegenstand dieser Phänomenologie ist nicht »die« Stadt im Allgemeinen, sondern die Großstadt – aber nicht jene der Internationalen Statistikkonferenz von 1887, wonach große Einwohnerzahlen eine Stadt zur Großstadt machten. Der Charakter einer Großstadt lässt sich nicht allein nach formalen Kriterien definieren, wenngleich diese auch einen unbestreitbar wichtigen Beitrag zur Unterscheidung von Städten der verschiedensten Arten und hierarchischen Stufen leisten. In neoliberalen Zeiten drückt sich das Charakteristische einer Großstadt besonders in ökonomischen Strukturen aus. So sind Aufstieg und Niedergang einer jeden Stadt vom Erfolg abhängig, mit dem sich die in ihr ansässigen Unternehmen im globalen Netz der Ökonomie verorten, behaupten und konsolidieren. Solche ökonomischen Prozesse bleiben aber nicht »bei sich«; sie überschreiten sich vielmehr, berühren die soziale Welt der Stadt und stimmen das (kollektiv-)subjektive Gefühl, am Leben einer sich verändernden Wirklichkeit teilzuhaben.

So soll es hier nicht um die Stadt als Dichteraum der Ökonomie gehen. Großstadt soll vielmehr in einem *phänomenologischen* Sinne als komplexes räumliches Gebilde situativ wechselnden Erscheinens und Erlebens verstanden werden. Insbesondere der Rhythmus des Urbanen drückt etwas vom Charakter einer Stadt aus. Erkenntnisleitend ist ein Interesse am Verstehen großstädtischer Lebendigkeit. Damit rückt die Stadt als ein räumliches Gebilde in den Blickpunkt, das mit ganz spezifischen (eben großstädtischen) Lebensformen verbunden ist. Georg Simmel sprach mit dem Begriff des »Geisteslebens« einen aus seiner Sicht prägenden Charakterzug der Großstadt an. Alexander Mitscherlich richtete seine Aufmerksamkeit weniger auf ihre »geistige« Dimensionen, als auf (großstadtspezifische) Kombinationseffekte von Rationalität und Affektivität. Es gibt aber eine Brücke zwischen beiden Sichtweisen: In den Bewegungszyklen charakteristisch urbaner Lebendigkeit verbinden sich Logos und Affekt zu habituellen Einheiten. Im Fokus der Lebendigkeit werden die Merkmale, mit deren Hilfe sich ein metropolitaner Raum beschreiben, erklären und verstehen lässt, zu einem neuen Gegenstand der Betrachtung. In den Mittelpunkt rückt Urbanität als etwas Flüchtiges und Ephemeres. Sie kommt, bleibt und geht mit Situationen, in denen sich der gelebte Charakter der Großstadt gestaltreich ausdrückt und fortan variiert. Deshalb stellt sich der Begriff der Urbanität insofern auch als offen dar, als er sich nicht auf einem einfachen Wege wie ein viel weniger komplexer Gegenstand definieren lässt. Max Weber bedurfte in seiner soziologischen Reflexion von Merkmalen der Großstadt keines Urbanitäts-Begriffes. Aber er sprach Merkmale an, die für das Verständnis von Urbanität noch heute von grundlegender Bedeutung sind (u. a. die Stadt als Raum physischer Dichte und sozialer wie psychischer Heterogenität ihrer Bewohner).[1]

Im Begriff und Phänomen von Urbanität klingt neben großer Komplexität auch vielschichtige Heterogenität an. In einem singulären Begriff lässt sich aber kaum zusammenbringen, was in urbanen Lebensweisen zwischen Gefühl und Verstand mit dem Wechsel der Situationen variiert, um schon bald im Rahmen anderer Formen der Lebendigkeit wieder aufzugehen. Dem Verstehen des dynamisch gelebten Raumes der Stadt soll deshalb ein phänomenologisches Denken in *Situationen* entgegenkommen. Jeder zur Erscheinung kommende Ausdruck der Stadt (etwa durch die ästhetisierte Architektur von Hochhäusern) wirkt mehr oder weniger verändernd auf eine bestehende Situation ein. Und auch deren Erleben ist in vielfacher Hinsicht situativ gerahmt (durch Stimmungen, Interessen, Erwartungen, persönlich empfundene Spielräume des Handelns etc.).

Der Begriff der »Situation« soll hier und im Folgenden im Sinne von Hermann Schmitz verstanden werden. Sein phänomenologisches Situations-Konzept ist durch einen ganzheitlichen Zusammenhang von Bedeutungen gekennzeichnet.[2] Bedeutungen kommen in einer Situation auf drei Ebenen vor: (a) auf der Ebene der »Sachverhalte (daß etwas ist, überhaupt oder irgendwie), (b) der Programme (daß etwas sein soll oder möge) und (c) der Probleme (ob etwas ist)«.[3] Situationen bestehen mindestens aus Sachverhalten, oft auch aus Programmen und Problemen. Situationen bestehen mindestens aus Sachverhalten (z. B. der Wolkenkratzerbebauung der inneren City),

[1] Vgl. Weber 2005, S. 923–940.

[2] Im Einzelnen vgl. Schmitz 2003, S. 89 ff. sowie zum Situations-Verständnis von Hermann Schmitz Großheim 2005.

[3] Schmitz 2003, S. 89.

oft auch aus Programmen (z. B. der Normen und technischen Vorkehrungen zur Sicherung eines möglichst reibungslos fließenden Verkehrs) und Problemen (z. B. der unsicheren Frage nach dem sozialen Frieden unter dem Druck neoliberaler Transformationen der Gesellschaft). Innerhalb der systematischen Binnendifferenzierung seines Situations-Begriffs unterscheidet Schmitz unter anderem zwischen *gemeinsamen* und *persönlichen* sowie *aktuellen* und *zuständlichen* Situationen. Individuelle Formen des Erlebens städtischer Szenen sind den persönlichen Situationen zuzurechnen, die jedoch stets durch das Leben in und Erleben von gemeinsamen Situationen bestimmt werden. Auch Karlfried Graf von Dürckheim sprach – wenn auch in einem weitaus geringeren Grad der Differenzierung als Schmitz – von Situationen, »wobei wir unter ›Situation‹ jede sich für das erlebende Bewußtsein von Augenblick zu Augenblick als Einheit im Zugleich konstituierende Bewußtseinsmannigfaltigkeit verstehen wollen«.[4] Auch sein Interesse richtete sich also auf Einheiten des Erlebens. Solche Einheiten zeichnen sich dadurch aus, »daß sie dauern, während anderes sich verändert«.[5]

Situationen müssen nicht aus einem Verborgenen mühsam erst gehoben werden; sie verstehen sich in aller Regel von selbst. Sie bilden einen *selbstverständlichen* Wahrnehmungs- und Erlebnisrahmen, in dem auch die Keimzellen für Bedeutungen liegen, die Menschen aus ihrem Empfinden heraus mit etwas verbinden. Da Bedeutungen und ihre Zuschreibung situationsabhängig sind und sich, je nach Art und Funktion im kulturellen, sozialen, ökonomischen und politischen Leben schnell wandeln können, hat keine Stadt einen singulären Situationscharakter. Was sich auf die unterschiedlichste Weise von einer Stadt an ihren Orten ausdrückt, spiegelt nur höchst selten den Charakter der *ganzen* Stadt wider. Allein in begrenzten Räumen relativer Homogenität repräsentiert sich eine Gegend in für sie charakteristischer Weise.

Die inneren, zentralen Räume der Stadt zeigen sich im Gesicht einer urbanen Welt. Aber an ihrem Rand, in den oft nach akribischen Ordnungsprinzipien ästhetisierten Wohnstraßen der Einfamilienhaus-Quartiere, gibt es diese Urbanität nicht, viel eher dagegen eine die Welt nicht öffnende, sondern schließende Enge und Monotonie der Gestaltungen. Auch die Gewerbegebiete auf der »grünen Wiese«

---

[4] Dürckheim 1924, S. 267.
[5] Ebd., S. 267.

sind keine urbanen Räume städtischen Lebens, sondern funktionierende Orte spezieller Verrichtungen. Auf diesen so verschiedenen städtischen Inseln kommt nichts vom spezifisch lebendigen Charakter einer ganzen Stadt zum Ausdruck. Eindrücklich werden vielmehr räumliche Szenen, die sich – je nach Art und Funktion – *situativ* gerade in diesem oder jenem Bild zeigen.

In der Konstitution von Urbanität entfalten sich Atmosphären als spürbare »Vitalqualitäten« (Dürckheim) eines Raumes. Urbanität konstituiert sich deshalb als etwas Objektives (in Gestalt einer typisch großstädtischen Physiognomie) und als etwas Subjektives (als rationale aber eben auch emotionale Art, die Stadt in einem kulturellen Rahmen zu leben). Für eine Phänomenologie der Stadt ist der Blick auf die Modalitäten ihres sinnlichen und leiblichen Erlebens ebenso unverzichtbar, wie die Frage nach dem Charakter städtischer Vitalqualitäten. Im Folgenden wird jedoch keine Typologie städtischer Atmosphären angestrebt. Auf dem Hintergrund differenzierter atmosphären-theoretischer Ansätze[6] wird die phänomenologische Durchquerung der Stadt von einer Aufmerksamkeit gegenüber dem Wandel städtischer Situationen und der inner- und interatmosphärischen Dynamik der gelebten Stadt profitieren können. Dabei wird es nicht um das definierende »Fest«-stellen ephemerer Raumqualitäten gehen, sind diese doch einem im Prinzip permanenten Wandel unterworfen. Atmosphären »existieren« nicht nur für eine bestimmte Dauer, sie kommen und gehen, fangen an und hören auf, und sie verschwinden schließlich, weil sie in ihrer Beeindruckungsmacht verblassen oder sich als Folge der gesteigerten Eindrucksmacht einer anderen (konkurrierenden) Atmosphäre auflösen.

Die folgende Phänomenologie der Stadt entfaltet sich in ihrem Hauptstrang im theoretischen Feld der Neuen Phänomenologie des Philosophen Hermann Schmitz.[7] Die Bedeutung seiner »neuen« Phänomenologie für raumwissenschaftliche Forschungsgegenstände habe ich an anderer Stelle ausführlich diskutiert.[8] Ich werde mich daher hier auf Fragen der Anwendung beschränken, das heißt auf die phänomenologische Rekonstruktion der verschiedenen Erlebnisdimensionen der Stadt. Dabei gehe ich aber nicht mit gleichsam »reinen« phänomenologischen Methoden vor, wonach die Grenze zu Theorien

---

[6] Vgl. Schmitz 1993, Böhme 1995 sowie Hasse 2012.1.

[7] Schmitz 1964 ff.

[8] Vgl. Hasse 2005 sowie 2014.1.

der Gesellschaft zu »respektieren« und folglich nicht zu überschreiten wäre. Ich werde meine Argumentation vielmehr in den Kontext einer kritischen Phänomenologie des Raumes stellen.[9] Der Ertrag dieser, in gewisser Weise wissenschaftstheoretisch hybriden Herangehensweise wird sich gerade in Räumen erweisen, die mit gesellschaftlichen Konflikten geladen sind. Das Verstehen des komplexen sozialen, ökonomischen, technologischen und nicht zuletzt politischen Raumes der Stadt verlangt eine mikrologische Betrachtung, die sich nicht im Denkraum sozialwissenschaftlich-*abstraktionistischer* Theoreme verfängt.[10]

---

[9] Vgl. Hasse 2014.1.

[10] Eine komprimierte Zusammenfassung der ersten Kapitel dieses Buches ist erschienen in STUDIA PHÆNOMENOLOGICA, vgl. auch Hasse 2014.2.

2. Ausdrucksmedien des Urbanen

»Der wahre Anspruch der Großstadt ist, eine total von Menschen erdachte Welt zu schaffen, d.h. ›im inneren‹ der Phantasie leben zu wollen.«[1] So lässt sich die tatsächlich gebaute Stadt auch als Ermöglichungsraum des Lebens in imaginären Welten verstehen. Diese bilden in der Tat ein essentielles Moment von Urbanität. Keine Stadt geht aber in einer Sphäre des Imaginären auf. Städte geben sich zunächst in ihrer Physiognomie, also ihrer baulichen Gestalt zu erkennen – an großen Kirchen, hohen Profanbauten und einer dichten Bebauung. Daneben konstituieren sich Städte in höchst unterschiedlichen Systemfeldern (Industrie, Dienstleistungsgewerbe, Bildungseinrichtungen, Verkehrsinfrastrukturen etc.) als komplexe Räume mit vielfältigen Austauschbeziehungen zu anderen Städten und Regionen. Vor allem die Dimensionen der stofflichen und tatsächlich gelebten Stadt bilden die Koordinaten des Urbanen. Urbanität ist folglich nichts Einzelnes; sie ergibt sich aus Synthesen großstadtspezifischer Merkmale. So drückt neben der Enge der Bebauung eine große Dichte in der Gemengelage großstädtischer Situationen eine »Kultur der Überbevölkerung«[2] aus, die in vielfarbiger Weise an lokalen Orten lebendig wird. So sind auch die Ausdrucksmedien des Urbanen, die sich auf der Haut der Stadt zur Geltung bringen und ihr Gesicht prägen, äußerst mannigfaltig. In der subjektiven Teilhabe an den städtischen Rhythmen werden sie in einem leiblichen Sinne individuell wie kollektiv spürbar.

Die im physischen Sinne gebaute Stadt ist ein dreidimensionaler, von Menschen hergestellter Raum. Das ist die Stadt der Straßen, Brücken, Häuser und anderen Bauten – die Stadt der Immobilien. Immobilien sind aber nicht nur Orte der Ermöglichung und Lenkung kultureller Entfaltung. In ihrer Persistenz sind sie auch »Hemmungs-

[1] Vgl. Koolhaas 1979, S. 140.
[2] Ebd., S. 132.

anlagen der Hyperstadt«[3]. Wie und zu was die Stadt geworden ist, wird nicht zuletzt an ihren Immobilien und dem gesellschaftlichen Umgang mit ihnen sichtbar. Denkwürdig wird der Charakter einer Stadt auch in der praktizierten Kultur der Umnutzung vorhandener Baubestände, im Abbruch sowie in der kreativen »Neubespielung« und Rekontextualisierung des »Alten«. Die dreidimensionalen Gebilde im mathematischen Raum disponieren das Mögliche; und damit regulieren sie zugleich, was an einem Ort *nicht* sein soll oder kann. Mit anderen Worten: Immobilien spiegeln nicht nur die Entwicklung der Stadt wider. Sie hindern diese auch daran, anders zu sein. Das kulturelle Tempo ihrer Transformation wird durch Bauten vermittelt, gelenkt, abgebremst oder beschleunigt. Um den »Stand der Dinge« in Permanenz mit der unübersehbaren Menge chaotisch-dynamischer Prozesse in der Welt der Stadt zu synchronisieren, müsste sich der bebaute Raum in so kurzwelligen Zyklen wandeln, dass sich das Prinzip des *Bauens für eine Zukunft* ad absurdum führen würde. *Be*-baut wird nicht nur der Raum, sondern im weiteren Sinne auch die Zeit. Keine Stadt kann deshalb fortwährend in einem immer wieder neuen Gesicht erscheinen. Die gebaute Stadt ist aus einem anderen »Stoff« als ihre soziale und kulturelle Welt.

Eines der wichtigsten Ausdrucksmedien des Urbanen zeigt sich in großstädtischer Architektur, die sich mit Nachdruck in der Dimension der Wolkenkratzer realisiert. Auch sie stehen nicht nur im Raum, sondern auch in der Zeit. Trotz der Massenträgheit von Haus, Turm und Brücke ist die Stadt – auch als gebauter Raum – eine Welt des Werdens und Vergehens. Die Häufigkeit von Zerstörungsdarstellungen in der Ikonographie der Stadt deutet auf mitunter schnelle Häutungen hin. Besonders die durch militärische Bedrohungen allzeit gefährdete Stadt des Mittelalters drückte sich in einer ihrer historischen Situation gemäßen Weise aus. Der Holzschnitt »Zerstörung Jerusalems« aus der Schedelschen Weltchronik von 1493[4] zeigt einen dicht und hoch bebauten Raum, der von einer Stadtmauer umgeben ist und in seiner umfriedeten Gesamtgestalt als eine isolierte Welt erscheint. Das Gegenbild der Stadt ist bis in die Neuzeit der Garten – insbesondere der Paradiesgarten – utopischer Raum und das Andere

---

[3] Sloterdijk 2004, S. 664.
[4] LCI (vgl. Kirschbaum 1971) Bd. 4, Sp. 201.

der Stadt.[5] Deshalb ist neben der Stadt auch der Garten in seinem heterotopologischen Charakter umfriedet.

Ausdrucksmedien des Urbanen konstituieren sich auf dem Hintergrund der kulturell formatierten Stadt. Im Urbanitäts-Denken von Georg Simmel ist es insbesondere der Rationalismus, dessen Dominanz die Vorherrschaft des Geldes in metropolitanen Lebensformen bewirkt. Urbanität »lebt« in einem vitalistischen Sinne im Strom performativer Virulenzen. Dies drückt sich in einem Wandel städtischer Atmosphären aus, der letztlich nur widerspiegelt, was in der Stadt geschieht und in bestimmter Weise (bis auf Weiteres) *ist*. Helmuth Plessner sagt: »Ausdruck *dauert*, während die Handlung *abläuft*.«[6] Damit bringt er zur Geltung, was allen Ausdrucksmedien zueigen ist – eine erscheinungsbedingte Dehnung in der Zeit, der keine Intentionalität zugrunde liegt. Die sich performativ konstituierenden großstädtischen Atmosphären sind deshalb auch erst aus der leiblichen Teilhabe im Modus der Dauer zu verstehen – aus der vitalen Perspektive pathischen Mitschwimmens im Strom des Urbanen, in dem sich die Kräfte unwillkürlichen Dahinströmens mit denen ihrer Orientierung vermittelnden Lenkung vermischen. Die Stadt der Affekte und die Stadt des Logos bilden keinen Gegensatz; in einem integralen Beziehungsgefüge sind beide nicht nur aufeinander bezogen, sondern auch aufeinander angewiesen.

Der Rationalismus urbaner Lebensformen verlangt nach einer »Art Reizschutz, um der großstädtischen Diversität und der Versatilität der sinnlichen Eindrücke standhalten zu können«.[7] Viel spricht dafür, dass diese mentalitätsspezifische Haltung des Großstädters, die sich unter anderem in Form von Blasiertheit und Reserviertheit zeigt[8], weniger einen rationalen als vielmehr einen affektiven Kern hat. Die »Steigerung des Lebenstempos« und der »Zahl und Mannigfaltigkeit der einströmenden und einander ablösenden Eindrücke und Anregungen«[9] bewirkt in erster Linie eine ästhetische und ethische Selbst-Immunisierung. In seiner soziologischen Ästhetik sagt Simmel ganz in diesem Sinne: »Solange das Leben überhaupt noch trieb-

[5] Vgl. LCI, Bd. 3, Sp. 380.
[6] Plessner 1953, S. 148.
[7] Paetzold 2010, S. 294.
[8] Vgl. ebd., S. 294.
[9] Simmel 1998.1, S. 100.

haft, gefühlsmäßig, irrational ist, tritt die ästhetische Erlösung von ihm in so rationalistischer Form auf.«[10]

Wenn sich Urbanität an ihren pluralen Orten auf höchst unterschiedliche Weise darstellt (von der Physiognomie der Stadt bis zur affektiven Disposition ihrer Bewohner), dann hebt sich jedes singuläre Verständnis von Urbanität auf. Deshalb bedeutet sie auch »in Los Angeles etwas ganz anderes als in Paris, Rom, Berlin, Tokio oder in Amsterdam«.[11] In der strukturellen Hybridisierung der Stadt und des Städtischen mag ein Grund liegen, weshalb im *konkreten* Stadt(er)leben Urbanität weniger in *einzelnen* (atmosphärischen) Situationen gegenwärtig ist, als durch das, was Willy Hellpach einen atmosphärischen »Akkord« nannte.[12] Damit meinte er das plurale Gemisch einer unaufhebbaren Vielfalt von Eindrücken, das jeder analytischen »Introspektion« gegenüber versiegelt ist. In diesem Gemisch spielen die Atmosphären in ihrem Oszillieren, Kommunizieren, Kollidieren und Changieren eine herausragende Rolle. Der französische Schriftsteller Georges Perec konkretisierte einen solchen Gefühlsakkord einmal so: »Ich liebe meine Stadt, aber ich vermöchte nicht genau zu sagen, was ich an ihr liebe.«[13] Es bleibt ihm letztlich ein Geheimnis, was »in« diesem Akkord vor sich geht. Das ihn ausmachende Köcheln generiert jenen virulenten Prozess, der an lokalen Orten der Stadt in bestimmter Weise lebendig ist und sich in Gefühlen widerspiegelt, die für diesen Ort »authentisch« sind.

[10] Simmel 1998.2, S. 81. Generell ist von einer Verknüpfung von Gefühlen mit rationalem Handeln auszugehen. So muss, was der rationale Entwurf generiert, emotionale Zustimmung (etwa qua Identifikation, mitunter auch durch Dritte) finden. Zum Entwurf einer Handlung muss ein Individuum (hier in der Rolle des »Akteurs«) so viel Vertrauen haben, dass es an den Sinn einer Umsetzung glauben kann. Deshalb sagt Neckel: »Emotionen entstehen somit als integraler Teil sozialer Figurationen, auf die sie selbst wiederum aber auch einen gestaltenden Einfluss nehmen: Gefühle werden von Akteuren als Bewusstseinszustände erfahren, in denen sich das eigene Ich transformiert.« (Neckel 2006, S. 136). Das gilt auch für Gefühle in der sozialen Welt, wie für die sich im performativen Raum der Stadt konstituierenden flüchtigen atmosphärischen Situationen. Man kann ihnen nicht a-pathisch gegenüberstehen. Auch dann nicht, wenn man sie ablehnt, bedeutet doch auch jede Ablehnung schon eine affektive Situierung. Wenn Neckel Gefühle als »Bindeglieder zwischen Akteur und Gesellschaftsstruktur« anspricht (ebd., S. 135), so ist damit jener höchst komplexe Bereich der Verschiebung einverleibter gesellschaftlicher Bedeutungen ins Unbewusste mit gemeint.

[11] Paetzold 2010, S. 310.

[12] Hellpach 1946, S. 61.

[13] Perec 1994, S. 80.

Die *gelebte* Stadt ist nicht die Stadt der Dinge und der abstrakten Institutionen. Aber sie steht in einer direkten Beziehung zu ihr. Die verstehenden Zugänge zum multiplen urbanen Dichteraum folgen in diesem Buch dem Pfad der Phänomenologie und damit der ästhetischen Rekonstruktion der Medialität der Dinge und Situationen, die in der physischen Welt verortet sind. Dieser Erkenntnisweg setzt ein Denken »mit leiblicher Intelligenz, das in der Einleibung Situationen erfasst, umbildet und beantwortet«[14], voraus. Im Unterschied dazu setzen die modernen Sozialwissenschaften das Verstehen der Stadt als eine allein intellektualistische Aufgabe und Herausforderung an. So unverzichtbar die Anwendung kognitiver und propositionaler Wissensbestände auf die Lösung dieser Aufgabe auch ist, so stellt sich das Verstehen des vital gelebten metropolitanen Kosmos doch auch als ein pathisches Projekt dar, das Sympathie für die Stadt ebenso einschließt wie Empathie gegenüber jenen Kräften, die wir erst begreifen können, wenn sie uns bewusst berühren. Auf dem Hintergrund pathischer Einlassung auf ihr Milieu wird die Stadt auch im Hinblick auf ihre rationalen Dispositionen verständlicher, in ihrer sozialen und kulturellen Dynamik in einem tieferen Sinne nachvollziehbar, und das heißt nicht zuletzt, auch in ihren ökonomischen wie abstrakt-institutionellen Strukturen rekonstruierbar.

Die wirkliche Stadt geht erst in der *gelebten* Vernetzung ihrer heterogenen Milieus auf. Sie muss daher aus der Vielschichtigkeit und Interferenz atmosphärischer Situationen heraus verstanden werden, denn keine Stadt ist ein allein rationales Gebilde. Vor allem große Städte zeigen charakteristische Merkmale einer verdichteten Vernetzung von Intelligibilität und Affektivität. Die Kraft dieses Minotaurus sah Mumford im Begehren eines ziellosen Materialismus am Werke, den er als »Wesensprinzip des Stadtlebens« betrachtete.[15] Im Folgenden wird sich aber zeigen, dass das geistige und affektive Zentrum der Kultur der Stadt hierauf nicht zu reduzieren ist. Im zweiten Teil, der der *ästhetischen* Annäherung an den gelebten Raum der Stadt gewidmet ist, wird deutlich, in welcher Weise sich das »Wesensprinzip des Stadtlebens«[16] auch in ihrem Bild zeigt und zu denken gibt.

---

[14] Schmitz 2010, S. 94.

[15] Mumford 1951, S. 46.

[16] Ebd.

2.1 Die Haut der Stadt

Eine Phänomenologie der Stadt impliziert eine multiple Dermatologie ihrer Haut. Diese geht von den verschiedenen Schichten des Bodens und den realisierten Synthesen des Gebauten aus. Solch synthetisierendes Bauen ereignet sich aber nicht nur »auf« der Erde, sondern ebenso in unterirdischen Räumen wie solchen der Höhe. Rolltreppen führen in die Welt der Unterführungen und U-Bahnen, Fahrstühle in die Lufträume der Büro- und Wohntürme. In ihren Strukturen und Falten bildet die Haut der Stadt ein gestaltreiches Gesicht, das etwas vom Charakter ihrer Orte erzählt. Auf der städtischen Haut konstituieren sich *lokale* Gesichter in einem je eigenen ganzheitlichen Ausdruck. So sieht ein Bankenviertel nicht nur anders aus als ein gründerzeitliches Wohnquartier, auch die Lebensformen und -rhythmen unterscheiden sich von Grund auf im Hinblick auf Sinn und Sinnlichkeit.

Jedes Gesicht hat eine ihm eigene Ausstrahlung. Es teilt etwas von »seiner« Person mit, wie das gebaute und historisch gewachsene Gesicht einer Stadt deren Geschichten erzählt. Solche »Mitteilungen« haben keinen sprachlichen Charakter. Sie lassen sich auch nicht in einem semiotischen Verständnis aus einer Ordnung der Zeichen entziffern. Wie Menschen-Gesichter als leibliche Ausdrucksgestalten beeindrucken und vor jeder kritischen Analyse in sozialen Milieus *empfunden* werden, so beeindruckt das Gesicht eines Quartiers in seiner ästhetischen Präsenz stets insbesondere in seinem Bezug zu benachbarten Räumen.

Häute dienen dem Schutz sowie der Verdeckung und Verhüllung.[17] In dieser Funktion gibt es biologische und technische Häute – solche, die von selbst wachsen, und solche, die von Menschen gemacht sind, um etwas zu verdecken, zu bedecken und in einem umhüllenden Sinne zu schützen. Während biologische Häute in aller Regel durchlässig sind, gibt es technische Häute, die in ihrem One-Way-Charakter zur hermetischen Abschirmung von Einflüssen – aus einer äußeren in eine innere Welt oder umgekehrt – konstruiert worden sind. Generell ist die Haut ein Grenzmedium. Sie regelt Beziehungen zwischen einem Drinnen und einem Draußen, ist Umschlags-Ort und hat strukturverschiedene Brückenqualitäten. Die Stadt ist ein vielfältig umhäuteter Raum. Wie bei biologischen Lebe-

[17] Vgl. Grimm / Grimm 1991, Bd. 10, Sp. 701.

wesen teilt auch die Haut der Stadt etwas vom aktuellem Zustand städtischer Räume mit.

2.1.1 *Die Haut als Grenzmedium*

In den mittelalterlichen Stadtgründungen bildete die Stadtmauer eine offene und zugleich geschlossene Grenze. Erhaltene Reste bekunden diese historische Funktion noch in der Gegenwart. Die umfriedenden Mauern der Befestigungsanlagen schützten das Innen der Stadt. Im Außen – jenseits der sichernden Wand – war nicht nur der ländliche Raum, sondern auch die gefahrvolle Welt der Feinde und des Unerwarteten. Die äußere Haut der mittelalterlichen Stadt war ein sich nur punktuell (im Bereich der Stadttore) öffnender und wieder verschließender Panzer.

Häute, die sichtbar sind wie eine Stadtmauer, bringen meist zweierlei zur Anschauung. Sie zeigen etwas von ihrem eigenen (Haut-)Charakter und oft auch etwas vom Charakter des Umhüllten. Einer Stahlwand sieht man nicht nur die Härte des Materials an, sondern auch die dadurch suggerierte Schutzwürdigkeit des Umhäuteten. Die Häute der Stadt haben eine komplexere Funktion als einfache Medien der Isolation. Zu allen Zeiten fungierten Wände als Häute. Architekten bauten sie nach historisch je herrschenden Stilen und stellten dabei erwünschte Innen-Außen-Verhältnisse her. Während in der Renaissance, im Barock, vor allem aber in der Gotik »das Bedürfnis nach Vermittlung«[18] zwischen Innen- und Außenraum angestrebt wurde, setzte zum Beispiel die Revolutionsarchitektur andere Zeichen. »Die radikalste Trennung von Bauwerk und Umgebungsraum wird wohl durch Ledoux' Entwurf zu einem Haus der Flurwächter repräsentiert [...]. Die geschlossene Form der Kugel bildet einen in sich ruhenden Raumkörper, der wie ein eigenständiger Planet auf der Erdoberfläche lagert«[19] und von einer beinahe geschlossenen Haut überzogen ist.

Dass das durch Häute organisierte Innen-Außen-Verhältnis in den Bedeutungshöfen einer Situation steht, zeigt der Entwurf eines Domes, in dem Boullée eine riesige, beinahe hermetisch geschlossene Kuppel als Überwölbung des Zentralbaus vorsah. Die inszenierte Ge-

---

[18] Fayet 2003, S. 118.
[19] Ebd., S. 119.

schlossenheit und das massive Erscheinen der Baugestalt sollten eine Macht der Beeindruckung suggerieren, die dem Ziel folgte, die Größe Gottes spürbar zu machen. Mit jedem historischen und situativen Wechsel der Baukultur verändert sich auch die grenzmediale Funktion der Haut. In der Folge wandeln sich die Atmosphären, die in Vitalqualitäten den Zustand des Umhäuteten widerspiegeln.[20] Mit den Mitteln der Architektur werden über die Regulierung von Innen-Außen-Beziehungen zum Beispiel auch soziale Normen wahrnehmbar gemacht. Nicht zufällig macht man einen Unterschied zwischen einem offenen Durchgang, einer repräsentativen Tür und einem ekstatisch ornamentalisierten Portal.

2.1.2 Die menschliche Haut

Wenn ohne weitere Spezifizierung von »der« Haut die Rede ist, denken wir zunächst an die eigene.[21] An ihr wird sich der Mensch seiner Körperlichkeit, zugleich aber auch seiner Leiblichkeit gewahr. Als Grenze des eigenen Selbst ist die Haut ein sensibles Medium des Transversalen. Aufgrund ihrer Funktion als großflächiges Sinnesorgan bildet sie eine umfassende und weitgehend schutzlose Kontaktfläche gegenüber allem, was sich im weitesten Sinne in einem Außen befindet. Als Medium der Lust ist die Haut Schnittstelle der Intimität. Aber auch klirrende Kälte wie schwüle Hitze werden auf der Haut erfahren. Nicht zuletzt erkennt sich der Mensch selbst an seiner Haut. Sie ist das einzige Sinnesorgan, an dem – ohne Zuhilfenahme eines Spiegels – etwas vom eigenen Selbst wahrnehmbar ist.

Menschen verfügen aber nicht nur über ihre biologische Haut. Aus klimatischen wie aus sozialen Gründen umhüllen sie sich mit einer »zweiten« Haut aus physischen Stoffen (Tuch, Fell, Wand), die nicht zur eigenen Natur gehören. Die Art und Weise, wie Menschen sich umhäuten, sagt oft mehr über ihre mit- als umweltlichen Verhältnisse, denn die Haut ist nicht nur Abstands-, sondern auch Kontaktmedium. So dient die Bekleidung in modernen Gesellschaften – schon indem sie Moden folgt – in einem Hauptzweck der sozialen Distinktion und damit der Zuschreibung von Identität wie der Abwehr unerwünschter Identifizierungen. Ihre im engeren Sinne vor

[20] Vgl. Staatliche Kunsthalle Baden-Baden 1970, S. 64f.
[21] Vgl. auch Benthien 1999.

Klima- und Wettereinflüssen schützende Funktion ist dann oft nur noch ein Nebeneffekt. Vor allem Dinge, die sich als Medien der Distinktion anbieten (wie z. B. Schmuck und Automobile), erweisen sich als hoch artifizielle und symbolische Stoffe sozialer Umhäutung.

Auch die Wohnung verdankt ihre bergende Funktion der Wirkungsweise einer atmosphärisch umfriedenden Haut. Ihr Sinn besteht darin, einen Bewegungs-, Entfaltungs-, Schutz- und Begegnungsraum zu schaffen, der – im Sinne einer mikrologischen Analogie zur Stadtmauer – einen persönlichen Innenraum gegenüber einem öffentlichen Außenraum umfriedet. Deshalb sieht Peter Sloterdijk in der Wohnung ein Immunsystem, das nicht nur dem Schlaf einen geschützten Raum sichert.[22] In psychologischer Sicht wird die Wohnung auch als »dritte Haut« verstanden.[23] Der Qualität ihrer Häute verdankt sie ihre Abschirmung gegenüber dem lauten, kalten und schrillen Draußen einer dauerwachen Welt.[24] Die Wohnung ist vor allem ein atmosphärisch umfriedeter Raum.[25] Wie die Kleidung, so dient auch die Wohnung nicht allein einem schützenden, sondern mitunter sogar in herausgehobener Weise einem symbolisch repräsentativen Zweck (s. Abb. 2). Über ihre evidente Funktion hinaus sind die oft vernarbten Häute des Menschen ein »Depot für Erinnerungen«[26]. Während an der biologischen Haut besonders die Erinnerungsspuren vergangenen Tastens und Berührens sowie Betastet- und Berührt-Werdens eine Zeit lang haften bleiben, kleben soziale Erfahrungen in Gestalt affektiver Erinnerungssedimente vor allem an den Dingen der »zweiten« und den Behausungen der »Dritten Haut«. Die gemeinsame etymologische Verwandtschaft der Begriffe Haus und Haut weist hierauf schon hin.[27] Alle Häute des Menschen haben eine mehr oder weniger eindringliche mnemotechnische Funktion – je nach der Art der Haut in spezifischer Weise. Auch die physische Haut der Stadt ist eine solche Speichersphäre, in der zwischen individuell-biographischen und gesellschaftlich-kollektiven Gedächtnis-Orten zu unterscheiden ist. Im leiblichen Erinnerungsraum gibt es aber keine eindeutige Trennung zwischen einer Sphäre der körper-

---

[22] Sloterdijk 2004, S. 541 f.

[23] Vgl. Funke 2006.

[24] In der Sphäre der Alleinlebenden schrumpft die Wohnung zum Apartment – zur »atomare[n] oder elementare[n] egosphärische[n] Form«, Sloterdijk 2004, S. 569.

[25] Vgl. auch Hasse 2009.

[26] Benthien 1999, S. 95.

[27] Vgl. Grimm / Grimm 1991, Bd. 10, Sp. 701.

Abb. 2: Wohnquartier in Groningen, NL (2012).

lichen Dinge und einer mit Vitalqualitäten gleichsam übersäten atmosphärischen Welt. Im Leib der Stadt liegen die Spuren der Erinnerung in einem ephemeren Sinne über einem mitweltlichen Milieu affektiv geladener Orte. Nur scheinbar haften sie den Dingen tatsächlich an. Viel mehr sind sie Medien, die die Erinnerung an vergangene Situationen wecken – Spuren der Erinnerung, die oft weniger tatsächlich als in einem auratischen Sinne an Dingen und Orten lebendig geblieben sind. »Diese Spuren, zuweilen erscheinen sie uns fast wie Narben, verstehen wir zu lesen; unmittelbar darin sehen wir, was es mit dem Dinge ist.«[28] Wenn es auch weniger ein »Lesen« ist, als ein affektives Getroffen-Werden von gerade noch lebendigen Bedeutungen des eigenen Lebens, so vermögen wir sie doch schlagartig in einem ganzheitlichen Sinne zu erfassen, ohne erst den mühsamen Weg einer analytischen Entzifferung beschreiben zu müssen. Jene städtischen Orte, die in unseren Erinnerungen die Geschichte der Stadt oder unsere Geschichte mit und in ihr aufflackern lassen, will ich hier als städtische »Leibesinseln«[29] verstehen. Sie geben uns etwas von der Vitalität der gelebten Stadt zu spüren. In ganz ähnlicher Weise ist auch der *genius loci* eine solche Affektinseln, auf der sich die Spuren vergangener Begegnungen sammeln und einen Erdungspunkt persönlicher Identität bilden.

2.1.3 Metaphorische und synästhetische Häute

Die Haut hat in ihrer anthropologischen Bedeutung eine existenzielle Dimension. Die Etymologie spiegelt dies in Metaphern und Synästhesien wider: So ist zum Beispiel von einer »Jammergestalt« die Rede, die im Erscheinungsbild von »Haut und Knochen«[30] in Mitleid erregender Weise beeindruckt. Wer sich »mit Haut und Haaren« auf etwas einlässt, geht mit sich selbst aufs Ganze und riskiert dabei Leib und Leben.[31] Wer schließlich seine Haut verliert, steht nicht als Gehäuteter da, sondern als »unglückliche Haut«[32]. Der Unsensible hat nicht im physischen Sinne eine *dicke Haut,* sondern (in psychologischer Hinsicht) als Unempfindlicher und Gefühlloser.[33]

Die Haut hat hohe identitätsprägende Bedeutung. Deshalb ist sie auch Hauptschauplatz der ästhetischen Selbstsorge. Auch die Stadt macht ihre Haut zum Austragungsort ästhetizistischer Selbstinsze-

---

[28] Schapp 2004, S. 117.

[29] Hermann Schmitz spricht »Leibesinseln« als spürbare Felder an, die man in der Gegend einer Körperregion zu spüren bekommt. Leibesinseln sind aber nicht in die ortsräumliche Ordnung des Körpers eingegliedert, sondern »jede Leibesinsel hat ein verschwommenes prädimensionales Volumen ohne Flächen und Ränder«; Schmitz 2011, S. 8.

[30] Grimm / Grimm 1991, Bd. 10, Sp. 705.

[31] Ebd.

[32] Ebd., Sp. 708. Wer sich für den Kriegsdienst anwerben lässt, verkaufe seine Haut, heißt es bei den Gebrüdern Grimm (vgl. ebd., Sp. 704).

[33] Vgl. ebd., Sp. 701.

nierungen und -beschwörungen. Insbesondere in der Krise wird sie Programmen der Ästhetisierung unterworfen. Wie die Haut des Menschen das Medium schönheitschirurgischer Intervention par excellence ist und dem trügerischen Ziel eines Neustarts persönlicher Identität unterworfen wird, so dienen auch Maßnahmen zum städtebaulichen und architektonischen Lifting der Stadt letztlich einem (auto-)suggestiven Upgrading von Identität. Dieses folgt einem doppelten Zweck. Erstens der Entsorgung der Angst vor der unerwünschten Wahrnehmung trüber Spuren der Geschichte, und zweitens der Sedierung der kritischen Aufmerksamkeit in einer kulturindustriell imprägnierten Gesellschaft, in der Politik und Ökonomie auf Beeindruckung, aber nicht auf Kritik oder gar das Gewahrwerden idiosynkratischer Spannungen setzen. Ästhetische Chirurgie dient nicht nur der »Verschönerung« der Stadt; in einer zweiten Wirkungslogik kommt sie – am Menschen wie an den Fassaden der Stadt – einem Feldzug gegen die wache und gegenüber Nuancen sensible Wahrnehmung gleich. Sie ist eine dissuasive Form der Umlenkung der Aufmerksamkeit und damit eine mehr oder weniger spürbare Art der Manipulation. Sie geht mal *unter* die Haut (z.B. in der Realisierung von Hochbauprojekten), mal geht sie *in* die Haut und hat den Charakter einer Tätowierung (z.B. im ästhetischen Fassaden-Lifting), und dann wiederum entfaltet sie sich *auf* der Haut wie ein Palimpsest (z.B. in der Neubebauung eines innerstädtischen Raumes). Wie die Haut des Menschen, so ist die der Stadt das prädestinierte Medium der Mimik und damit ein atmosphärologisches Ausdruckssubstrat ihres Gesichts. Die »erneuerte« Haut will nicht von irgendetwas überzeugen oder auf irgend eine Weise »argumentieren«; sie will im Schein des Schönen auftrumpfen, um von strukturellen Problemen abzulenken. Solche Häute sind ideologische Medien der Verdeckung.

So bahnt die Ästhetisierung der städtischen Haut einen dissuasiven Weg, um zu beeindrucken und Identität zu stiften. Unternehmensberater, professionelle Experten des Stadtmarketing, Illuminations-Dienstleister, Grünraumplaner und andere »Bühnenbildner« des Urbanen engagieren sich im Projekt eines ästhetischen Upgrading der Stadt, in dem Verschwinden und Aufscheinen nur zwei Seiten einer Medaille sind.

2.1.4 *Wege und Straßen als urbane Transversalien*

Wie man im Anblick der Haut des Menschen nicht nur etwas über seine Oberfläche erfährt[34], so teilt die Haut der Stadt in Gestalt ihrer Bebauung etwas über ihre Eigenschaften mit, das nicht allein die Strukturen und Falten der Haut betrifft.[35] Die Hochhausstadt aus Stahl, Glas und Stein zeigt sich in einer anderen Haut als eine Marginalsiedlung in der Dritten Welt. Auch faltenartige Strukturen in der urbanen Epidermis – zum Beispiel Wege und Straßen – geben in ihrer Art und Beschaffenheit etwas vom Charakter der Stadt preis. Die Stadt-Autobahn dient dem innerstädtischen Schnellverkehr, der nicht befestige Weg der eher sporadischen Durchfahrt in einen Hinterhof. Eine Stadt mit Schnellstraßen ist eine andere, als hätte sie nur holprige Wege. Verkehrswege schaffen nicht nur Verbindungen, sie takten sie auch in einem chrono-logischen Sinne. Schließlich organisieren sie die soziale Zeit, weil sie Bewegungen zwischen den Orten vermitteln, die je spezifischen Rhythmen folgen. In ihrer Materialität wie in ihrer raumzeitlichen Bedeutung unterliegen sie dem Wandel der Zeit. Sie dienen der Ver- und Entsorgung der Stadt mit Strömen von Pendlern und Gütern. Da die Ströme der Mobilität ihre Zeiten haben, oszillieren sie in raumzeitlich wiederkehrenden Mustern. Sie drücken die Vitalität der Stadt aber nicht nur in der physischen Wechselwirkung von Massenströmen aus, sondern auch in atmosphärischen Spannungen, die sich unter anderem visuell und akustisch mit dem Takt des Verkehrs auf- und abbauen. Die Spannungsschwankungen spiegeln den Vitalton der Stadt wider. Diese erscheint deshalb am frühen Morgen in einem anderen Gesicht als zur Mittagszeit, am Abend oder in der Dunkelheit und Stille der Nacht. Letztlich sind es stets Situationen (mehr gemeinsame als persönliche), die sich über die Oszillogramme des Straßenverkehrs ins gleichsam mimische Gesicht der Stadt einschreiben. An anderer Stelle habe ich am Beispiel des klösterlichen Kreuzganges die atmosphärischen Raumwandlungen beschrieben, die sich mit dem Wechsel von gemeinschaftlichen Situationen der Mönche vollziehen und am selben Ort – bis auf wei-

---

[34] »Man redet von einer feinen, weichen, geschmeidigen, harten, hornichten, runzlichen, aufgesprungenen haut« (ebd.).

[35] Es ist in der Alltagssprache üblich, auch die äußere Hülle von Dingen mit dem Begriff der Haut anzusprechen; z.B. für die Schiffshaut: »die bretter und planken, womit das schiff von auszen verkleidet ist« (ebd., Sp. 710).

teres – eine je eigene Wirklichkeit entstehen lassen.[36] In seinen Illustrationen zum »Stundenleben« städtischer Straßen hatte August Endell gezeigt, dass »die Menschen ungleich die gleichartige Straße gehen«[37]. Die Straße nahm Endell nicht als Verkehrsinfrastruktur in den Blick, sondern als eine (lineare) »Leibesinsel« der Stadt. Kaum andere räumliche Strukturen als die städtischen Wege und Straßen unterliegen einem so eindrücklichen Wandel ihrer Atmosphären.

2.1.5 Das Atmen der städtischen Haut

Wie die Haut des Menschen sich ad hoc *und* im Prozess der Alterung verändert, so auch die Haut der Stadt. In einem kulturellen Verständnis »atmet« auch diese. Die Dinge existieren weder extra-territorial noch extra-chronologisch. Sie sind im Raum *und* in der Zeit. Deshalb zeigt sich die Stadt in der »RaumZeit« auch in zweifacher Weise. Die Dinge häuten sich in ihrem Gebrauch. Jeder städtische Wandel kommt einer Häutung gleich, in deren Durchgang sich die Dinge ändern. Wie die »atmende« Haut des Menschen eine Funktion in den organischen Stoffkreisläufen erfüllt, so die aufnehmenden und abgebenden Poren der Stadt im urbanen Leben. In die Metapher der Atmung fügt sich die Vorstellung der Haut als »Leinwand der Sinne«[38]. Auf ihr wird das städtische Geschehen in seiner aktuellen Lebendigkeit spürbar und sinnlich wahrnehmbar.

Die Haut der Stadt atmet nicht wie die lebender Organismen; vielmehr hat dieses Atmen den Charakter eines spezifisch städtischen Stoffwechsels, der sich im Bauen, Anbauen, Umbauen, Sanieren und Abreißen variantenreich artikuliert. Es ist die gleichsam atmende Äußerung der (Objekte auf der) städtischen Haut, in der sich direkt oder indirekt all jene metabolistischen Prozesse der Stadt zur Erscheinung bringen, die auch die Materialität der Stoffe berühren. Art und Reichweite baulicher Eingriffe in die Physiognomie der Stadt waren und sind nie allein eine Frage des Geldes und der bautechnischen Möglichkeiten. Zu allen Zeiten war der über das Gebaute sich vermittelnde Ausdruck der Stadt machtstrategisch zu wichtig, um ihn dem Zufall, der Beliebigkeit individuellen Handelns oder unkontrollierten

[36] Vgl. Hasse 2012.2, S. 105 f.
[37] Endell 1984, S. 49.
[38] Serres 1994, S. 88.

Mächten zu überlassen. Jedes im Kampf um Aufmerksamkeit platzierte und situierte Haus drückt nicht nur etwas von seinem Erbauer aus, sondern auch von der Stadt, in der es sich in aller Regel in einen schon existierenden nachbarschaftlichen Baubestand einordnen muss. So war die Hochbebauung der Stadt bis in die Neuzeit der Kirche vorbehalten. Die Macht über die Höhe erstreckte sich aber nur scheinbar allein auf die Vorrechte zur Überschreitung rein metrischer Höhengrenzen durch Kirchtürme. Vielmehr ging es um die Wahrung der Hoheit über die Beherrschung numinoser Gefühle und atmosphärisch suggerierbarer Bilder göttlicher Größe. In der Moderne ist die Symbolkraft der »Bebauung« des Himmels an ökonomische Monopole der Macht übergegangen. An die Stelle von Gefühlen des Numinosen sind die des ökonomisch Erhabenen getreten, an die Stelle des alle Bauten der Stadt überragenden Doms schon längst der Wolkenkratzer eines Global Player. Die Macht über das Geschehen auf der Haut der Stadt drückt sich formal noch heute in der Zuständigkeit der Kommunen für die Bauleitplanung aus.

Mădălina Diaconu[39] thematisiert die urbane Haut über ihre Bildhaftigkeit hinaus als Medium der Berührung.[40] Auch in der Taktilität atmet die Haut der Stadt im transversalen Sinne eines Aufnehmens und Abgebens. Wir bewegen uns auf ihr, wenn wir eine Straße überqueren, ein Kaufhaus betreten, mit dem Lift in die Tiefgarage fahren und uns in einem Haus einrichten. Wer zwischen den Orten der Stadt mobil ist, berührt ihre Haut und nutzt sie ab, schreibt seine Bewegungs- und Aktionsspuren in sie ein und hat teil an Bewegungsbahnen anderer Menschen in ihrem Austausch mit und in der Stadt. Bewegung bildet den Puls der Stadt[41], beschleunigt oder verlangsamt ihn. Sie verrät etwas vom Grad ihrer Vitalität – oder Morbidität. In den Phasen der Zuspitzung der schnellen städtischen Ströme »schwitzt« die Stadt in gewisser Weise, zum Beispiel in den hektischen Stunden des Straßenverkehrs.

In der Dauer der Zeit werden Dinge und Orte mit Spuren des Gebrauchs überzeichnet. Diaconu spricht sie mit dem Begriff der

[39] Vgl. Diaconu 2007, S. 101.

[40] Juhani Pallasmaa kritisiert Architektur und Architekturtheorie wegen ihres Visualismus. Der Tastsinn (m. a. W. die Haut) finde zu geringe Aufmerksamkeit; vgl. Pallasmaa 2012. Mehr noch sind es indes die Architekturvermittler in Gestalt der Massenmedien (Printmedien und TV), die der *Bildhaftigkeit* des Gebauten beinahe ausschließliche Aufmerksamkeit zollen.

[41] Vgl. Diaconu 2007, S. 113.

»Patina«[42] an. »Patina erinnert an die andauernde Hervorbringung von gelebtem Raum durch die physische Begegnung von Mensch und Architektur.«[43] Der Begriff der Patina hat synthetisierende Bedeutung. Spuren des Gebrauchs deuten aber nicht nur auf physische Berührungen hin. In ihnen lebt auch die atmosphärische Spannung vergangener Begegnungen, die im Erscheinen des Benutzten, Gebrauchten und Gelebten spürbar wird. In ihrem Atmen ist die Haut der Stadt ein Umschlagsmedium. Sie bahnt die Bewegung an und nimmt deren Spuren in einem physiognomischen Sinne in sich auf. Auf dieser vom gelebten Leben gezeichneten Haut konstituiert sich der immaterielle »Stoff« ephemerer Atmosphären, die weniger an die fünf Sinne appellieren als an die Simultaneität der leiblichen Wahrnehmung. So »hängt die Haut der Stadt zusammen mit *Sozialpraktiken,* die Berührungen mit sich bringen, mit physischen Kontakten, die öffentlich erlaubt oder verboten sind, mit Fragen manueller Arbeit und des Sozialstatus etc.«[44]

Alle Häute der Stadt umschließen einen kaleidoskopischen Raum, in dem die physischen Stoffe gerade dann erhöhte Aufmerksamkeit verdienen, wenn ihr Ausdruck und ihre Ausstrahlung ins Immaterielle und Ephemere eines städtischen Gesichts aufsteigen. Die Veränderung der städtischen Haut verdankt sich ganz unterschiedlicher Einwirkungen. Zum einen zeichnen sich in ihr die Spuren interessengeleiteter Handlungen sogenannter Akteure im Fluss aktuellen städtischen Geschehens ab. Im Menschenbild des Mainstreams der Sozialwissenschaften sind diese Akteure (handlungstheoretisch) als intelligible und rational kalkulierende Hyper-Subjekte vorausgesetzt. Im kritischen Blick auf die Lebendigkeit der Stadt schreiben neben den rational planenden Produzenten der Stadt aber auch die performativ im Strom der Geschehnisse gleichsam mitschwimmenden Patheure ihre Spuren in die Haut des städtischen Raumes ein. Kein metropolitanes Ereignisfeld erweist sich bei genauerer Betrachtung als *reines* Akteursmilieu. Das performative Atmen der städtischen Haut drückt jene Affektdynamik aus, die dem städtischen Leben oft erst eine Richtung gibt.[45] In diesem Sinne ist

[42] Diaconu 2007, S. 115.
[43] Ebd., S. 116.
[44] Ebd., S. 100.
[45] Alexander Mitscherlich wies in den 1970er Jahren auf diese affektive Seite der Stadt hin (vgl. Mitscherlich 1972). In den 1920er Jahren war es Richard Müller-Frei-

auch vom Rhythmus einer Stadt die Rede oder – auf die »mentale« Verfassung von Menschen in einer bestimmten historischen Phase bezogen – vom »Zeitgeist«. Das rationalistische Menschenbild akteurszentrierter Sozialtheorien ist schon jetzt antiquiert. Deshalb gehört auch die Illusion, der handelnde Akteur sei Herr über den urbanen Kosmos,[46] zu den Zerfallsprodukten gesellschaftstheoretischer Entwürfe.

Aber schon weit unterhalb jeder menschlichen Aktivität wirken Klima und Wetter unmittelbar auf das Raumerleben ein. Regen, Schnee, Nebel, Dunst, Wind und Hagel umhüllen und bedecken die Haut der Stadt. Ihr Atmen hat im Wechsel der Naturzyklen eine ganz andere, viel ursprünglichere Bedeutung als im Fokus menschlichen Verhaltens. Am Beispiel einer Beschreibung von Edgar Allan Poe war es das Licht, das die Eindrucksqualität einer innerstädtischen Szene veränderte, als er »an einem dämmernden Herbstabend«[47] im Bogenfenster eines Cafés saß:

»Mit zunehmender Dunkelheit wurde die Szene immer fesselnder für mich; denn allmählich vollzog sich eine gänzliche Wandlung im Charakter des vorüberziehenden Publikums. Seine gefälligen Züge verschwanden im gleichen Maße, wie die ordentlichen Leute sich zurückzogen, während alles Gröbere um so schärfer hervortrat, da die späte Stunde das Laster in jedweder Gestalt zum Vorschein brachte. Zudem hatten die Gaslaternen, die zunächst einen mühsamen Kampf mit dem schwindenden Tageslicht führten, mit der Zeit an Leuchtkraft zugenommen und warfen nun ein flackerndes Licht über alle Gegenstände. Alles war dunkel und doch erhellt, gleich jenem Ebenholz, mit dem der Stil des Tertullian verglichen worden ist.«[48]

Das Beispiel macht die Vorstellung der atmenden Haut der Stadt lebendig. Es illustriert zugleich, dass die städtische Haut auf der Maßstabsebene der Orte und mikrologischen Räume ein konkretes Austauschmedium ist, während das Atmen der »ganzen« Stadt im Sinne eines *unspezifischen* Wechselwirkungsverhältnisses in den Zyklen der gelebten Stadt gleichsam luftig und vage bleibt. Die Stadt atmet in lokal begrenzten Zonen in *situationsangemessenen* Rhythmen –

---

enfels, der die affektive Orientierung rationaler Entwürfe im lebensweltlichen wie im wissenschaftlichen Rahmen systematisch untersuchte; vgl. Müller-Freienfels 1922.

[46] In der Humangeographie ist dieses Denken noch hoch aktuell. So sieht Klaus Wolf die Stadt »in ihren Grund- und Aufrissen« als Ausdruck des »gestalterischen Willen [s] der für diese Ausprägungen verantwortlich Handelnden«; Wolf 2005, S. 1048.

[47] Poe 1966, S. 123.

[48] Ebd., S. 128.

auf einem Platz anders als hinter dem Bahnhof, in einer Hauptstraße anders als auf der Festwiese.

2.2 Das Gesicht der Stadt

Unter der dogmatischen Macht des Konstruktivismus scheint es sich von selbst zu verstehen, dass die Gesichter der Stadt in ihren besonderen lokalen Ausprägungen Produkt menschlicher Handlungen sind und auf der rationalistischen Grundlage von *Entscheidungen* wurden, als was sie erscheinen. Die Abstraktion von der prä-rationalen und gefühlsbezogenen Seite des Menschen ist indes Ausdruck einer in gewisser Weise weltfremden Subjekt-Idealisierung durch Konstruktivismus und Akteurstheorie. In phänomenologischer Sicht findet das Gesicht städtischer Räume Beachtung, weil sich in seinen aktuellen wie charakteristisch zuständlichen Zügen ganzheitliche Ausdruckssedimente nicht nur der produzierten, sondern auch der *gelebten* Stadt zeigen. Wo die Morphologie der Strukturen und Falten der städtischen Haut an spezifischen Orten in relativ einheitlicher Weise erscheint, spreche ich von einem Gesicht. Es verändert sich als Folge von Eingriffen in die Struktur der Haut. Aber in seinen Zügen zeigen sich auch die Spuren der Alterung und damit die Gravuren zeitlicher Dauer.

2.2.1 Ganzheitliche Singularitäten

Wenn Georg Simmel vom Gesicht sprach, meinte er das des Menschen. Es wird sich aber zeigen lassen, dass Grundlinien seiner Gedanken auf das Gesicht der Stadt übertragen werden können. Simmel betrachtete das Gesicht als ganzheitliche Ausdrucksgestalt, in der sich eine Vielheit einzelner Ausdruckselemente zu einer (ästhetischen) Einheit zusammenfügt.[49] Zwar kannte er auch »Teile« eines Gesichts, aber »jede Einzelgestaltung bedarf zum ästhetischen Effekt des Zusammennehmens, Zusammenhaltens ihrer Teile«.[50] Im »Aufeinanderhinweisen der einzelnen Züge«[51] sah Simmel die ganzheitliche

[49] Vgl. Simmel 1957, S. 153.
[50] Ebd., S. 155.
[51] Ebd., S. 154.

Wirksamkeit des Ausdrucksgeschehens. Wo ein Gesamteindruck durch verschiedene Elemente, die denselben Ausdrucksakzent tragen, gleichsam zusammengehalten wird, beeindruckt dieses ganzheitliche Ausdrucksgeschehen augenblicklich.

»Bei allen Objekten, die entweder in sich wandelbar sind oder in vielen einander ähnlichen Exemplaren vorkommen, entscheidet es sich von ihrem ästhetischen Charakter, wie umfassend eine Änderung ihrer Teile sein muß, damit eine Änderung ihres Gesamteindrucks resultiere.«[52]

Die Veränderung eines Gesichts steht unter der Macht einer gewissen Schwerkraft des Stofflichen. Insbesondere die persistenten Merkmale der physischen Haut beharren in ihrem Ausdruck (beim Menschen besonders Farbe, Behaarung und sonstige Modalitäten der Hautbeschaffenheit). Daneben bleiben aber auch physiognomisch-ästhetische Grunddispositionen ihrer Erscheinung relativ stabil. »Die menschliche Erscheinung ist der Schauplatz, auf dem seelisch-physiologische Impulse mit der physikalischen Schwere ringen.«[53]

Gesichter der Stadt sind über die bereits genannten Gründe ihrer fließenden Dynamik hinaus vor allem dann einem Wandel unterworfen, wenn sich eine der sie *tragenden* Situationen verändert. Auf marginalem Niveau geschieht das fortwährend – meist ohne große Bedeutung für die Fortentwicklung einer Stadt. So gibt es kurzlebige Gesichter, die spontan – in welcher Weise auch immer – beeindrucken, aber im Kontext des Wandels anderer Gesichter schnell verblassen. Zwar verändert sich auch mit dem Wechsel des Wetters die (aktuelle) Situation der Stadt und damit ihr Gesicht. Aber dies sind nur temporäre, kurzwellige Wandlungen. Weitreichendere und in der Dauer der Zeit anhaltende Auswirkungen auf das Gesicht eines Quartiers haben *strukturelle* Veränderungen zum Beispiel ökonomischer Merkmale. Anhaltende Strukturkrisen führen beinahe zwangsläufig zum Niedergang ehemals bestimmender zuständlicher Situationen. Aber es gibt auch gesichtsphysiognomische Grundzüge, die selbst dann noch beharren, wenn vieles sich verändert – zum Beispiel der maritime Charakter einer Hafenstadt, der nicht nur in logistischen Quartieren am Wasser oder in der Nähe seeschifftiefer Hafenbecken

---

52 Ebd., S. 157.

53 Ebd., S. 155. Mit der Lebendigkeit und Ausdrucksmacht mimischer Veränderungen des Gesichts hatte sich in den 1920er Jahren Philipp Lersch grundlegend befasst; vgl. Lersch 1932.

lebendig ist, sondern überall in der Stadt, wo sich etwas Hafenspezifisches vernehmen lässt.

Wie verschiedene Atmosphären in einem Verhältnis zueinander stehen, so hat auch eine Stadt mehrere Gesichter, die im Sinne eines Dialoges miteinander kommunizieren und in chaotisch-mannigfaltiger Weise zur Erscheinung kommen. Die in dieser Hinsicht oft nicht bedachten Töne spielen dabei eine wichtige Rolle. Was Wilhelm Schapp über das Mitwahrnehmen beim Hören von Klängen sagte, lässt sich auch auf typische Stadtgeräusche übertragen:

> »Hört man einen mit Eisenstangen beladenen Wagen über die holprige Straße fahren, ohne ihn zu sehen, so hat man unmittelbar die Holprigkeit der Straße, die Schwere des beladenen Wagens, die Menge der geladenen Stangen und andere Bestimmtheiten des Gegenstandes vor sich.«[54]

So klingt im Nebelhorn eines Schiffes, das wir in der hafenfernen Mitte der Stadt hören, nicht nur das Tönen des Hornes; das Geräusch ist nicht nur akustisches Signal, sondern Anzeiger und Kommunikationsmedium, das uns ebenso etwas von der Dichte der Luft (z. B. im Nebel) mitteilt wie von der Nähe oder Ferne des Schiffes und nicht zuletzt sogar etwas von seiner Größe, denn die Signalhörner kleiner Kähne entfalten keine so tiefe und mächtige Resonanz wie die der Ozeanriesen. Schließlich sagt uns das Tönen in einem synästhetischen Sinne etwas vom Hafencharakter der Stadt. Der Ton stellt uns also »etwas im Raum vor, das nicht selbst Ton ist, sondern etwas dingartiges«.[55] Mehr noch lässt sich sagen, dass Geräusche in einem synästhetischen Sinne Partner der leiblichen Kommunikation sind, die den Wahrnehmenden in einem atmosphärischen Raum situieren.

Verstehen wir ein Gesicht in seinem Ausdruck als Widerspiegelung einer Atmosphäre, die etwas vom Charakter des Gesichtsträgers zur Anschauung bringt, so geht diese »Botschaft« weit über das nur in einem semiotischen Sinne Lesbare hinaus. Im übrigen setzt schon der Begriff des Gesichts voraus, dass es sich nie durch rein optisches »Sehen« verstehen lässt, vielmehr in einem empathischen Sinne erschlossen werden muss. Ein Gesicht spricht die leibliche Kommunikation an; es verlangt das ganzheitliche Verstehen seines Ausdrucks und nicht die quasi-textliche Entzifferung. In der alten japanischen Philosophie fokussiert der Begriff des *keshiki* eine im Raum gleich-

[54] Schapp 2004, S. 28.
[55] Schapp 2004, S. 44.

sam »anstehende« Atmosphäre. *Keshiki* meint nichts Visuelles oder gar etwas rational Rekonstruierbares. Yuho Hisayama weist darauf hin, dass die Wahrnehmung des *keshiki* nur durch Anschauung gelingt und nicht auf dem Wege optischen Sehens.[56] Auch in einem Gesicht scheint immer etwas von der aktuellen leiblichen Präsenz einer Gestalt (Person, Tier oder Stadt) vor, das der Einfühlung bedarf.

Simultanes Wahrnehmen vom Charakter eines *Mitwahrnehmens* baut wesentlich auf Anschauung und hat nichts mit einem Assoziieren zu tun, denn die Wahrnehmung schließt das Gehörte nicht in einem kognitiven Sinne mit Begriffen kurz. Vielmehr verbindet sich das im Wahrnehmen Erlebte mit komplexen, einverleibten Erlebnisbildern, die sich im pathischen Wissen um das, was uns biographisch in signifikanter Weise begegnet ist, sedimentiert haben. Was Schapp mit dem Ding-*artigen* ansprach, präzisiert sich im Blickwinkel der Neuen Phänomenologie im Charakter der Halbdinge, denen wir nicht nur in den Tönen, Klängen, Geräuschen und Gerüchen, sondern auch in den Atmosphären begegnen.

Die Gesichter lebender Wesen ändern sich mimetisch mit dem Wandel aktueller Situationen. Sie spiegeln dann wider, was dem gefühlsmäßigen Erleben und Empfinden entspricht und sich deshalb auf bestimmte Weise im Gesicht ausdrückt. Zwar hat auch das Gesicht der Stadt eine Mimik. Doch wird diese durch die beinahe endlose Vielzahl der Orte nie in einem singulären Sinne erkennbar. Sie ist situations- und ortsgebunden. Die Materialität der Stadt hat in ihrem mimischen Spiel eine bühnenhafte Funktion. Im physischen Raum sind die Dinge zu einem Teil mobile Requisiten, zu einem anderen Teil statische Immobilien. Damit gehören sie zu einer anderen Zeit als das sich in ihrem Milieu ereignende Leben. Trotz der Persistenz der immobilen Dinge ändern sich die Gesichter – zum Beispiel durch das Erscheinen des natürlichen Lichtspiels auf den Glasfassaden der Hochhäuser. Auch die »Mobilien« des täglichen Lebens (Automobile in Hauseinfahrten, Blumenkübel in Vorgärten etc.) haben am Wechselspiel der Situationen im Raum teil. Ich habe das an anderer Stelle am Beispiel der »Dingfamilien«, das heißt der symbolischen Homogenität situationsspezifisch vernetzter Ausdrucksmedien (eines Quartiers) verdeutlicht.[57] Das Gesicht der gebauten Stadt ist in sei-

[56] Vgl. Hisayama, Yuho: Erfahrungen des *ki* – Leibessphäre, Atmosphäre, Pansphäre. (= Welten der Philosophie, Bd. 14). Freiburg und München 2014, S. 101.
[57] Vgl. Hasse 2012.1, S. 25 f.

nem Ausdrucksvermögen ungleich träger als das lebendiger Wesen, insbesondere das der Menschen. Relativ schnell mobilisieren sich lediglich solche Gesichtszüge, die durch Naturprozesse (Licht, Regen, Wind etc.) bestimmt werden oder sich des performativen Oszillierens menschlicher Ströme verdanken (man denke an das hektische Verkehrstreiben in den Innenstädten zur Zeit der Rush Hour). Dies sind die flüchtigen Gesichter der Stadt, die sich temporär im Fluss von Strömen verschiedenster Art variieren.

Ein Gesicht weist in seinem Ausdruck ganzheitlich-bildhafte Merkmale auf. Deshalb gab das Bild eines Menschen für Schopenhauer auch etwas von seinem Träger preis. Schon zu Schopenhauers Zeiten stand das Bild der Malerei in Konkurrenz zum Bild der Daguerreotypie. Aber nicht das technisch erzeugte Bild eines menschlichen Gesichts sah Schopenhauer kritisch, sondern den *naiven Blick* auf das Bild, mit anderen Worten Schopenhauers: den »Thoren«, dem »das Aussehen des Menschen nichts zu bedeuten hätte«[58]. Das Gesicht galt ihm als Ausdruck des Menschen. Auch er diskutierte die Frage, in welcher Beziehung das Einzelne eines Gesichts zu dessen Ganzem steht. Im Laufe der Zeit, so Schopenhauers Argumentation, graben sich die Spuren der immer wiederkehrenden Ereignisse in die Physiognomie eines Gesichts ein.[59]

Doch ist die Erkenntnis seines Charakters schon dann verwirrt, wenn sich eine Person nicht nur zeigt, sondern auch in wörtlicher Rede äußert. Deshalb wollte Schopenhauer das Gesicht und sein Studium von anderen Äußerungen derselben Person trennen: »sprich nicht; damit ich dich sehe.«[60] Das verstehende Studium der Physiognomie sollte gegenüber Verstellungskünsten abgeschirmt werden. Damit trennte er das Gesicht zunächst von anderen (hier sprachlichen) Formen der Äußerung über das eigene Selbst. Die Separierung folgte dem Ziel der ungestörten und unbeeinflussten Aufdeckung des ganzheitlichen Ausdrucks eines *Gesichts*. Dieser verstehende Prozess sollte nicht durch andere Ausdrucksmedien verwirrt werden. Gleichwohl sah Schopenhauer die Ästhetik des Gesichts auch in einem Kontext mit anderen präsentativen Äußerungsformen einer Person, denn die Menschen »haben ihren Ausdruck

---

58 Schopenhauer 1977, S. 689.
59 Vgl. ebd., S. 692.
60 Ebd., S. 693.

nicht nur am Gesicht und Mienenspiel, sondern auch am Gange, ja, an jeder Bewegung, so klein sie auch sei«.[61]

Beim Gesicht städtischer Orte ist das sehr ähnlich. Eine Hafenstadt ist unter anderem durch die Schifffahrt und das Seeklima geprägt und eine Bankenmetropole durch repräsentative Bürogebäude-Architektur und kulturelle Vielsprachigkeit. Doch bereits die kaum geschärfte Aufmerksamkeit belehrt uns darüber, dass schon jede mittelgroße Stadt nicht nur *ein* Gesicht, sondern viele Gesichter hat. Sie alle bilden ein plurales ästhetisches Ausdrucksgefüge, das sich dort, wo die unterschiedlichen Quartiere im Charakter einer Collage, aber auch einer Kollision aneinander grenzen, ein vielfach durch Grenzverläufe geprägtes Muster zeigt. Die Gesichter der Stadt liegen in ihren verschiedenen Zügen neben- und übereinander. In ihnen drücken sich räumliche Vitalqualitäten aus, nach denen sich die Viertel unterscheiden – Wohnquartier, Gewerbegebiet, Rotlichtviertel, Einkaufszone, die langweilige Ausfallstraße mit ihren ungezählten Automobilhändlern oder das Neubaugebiet mit monotonen Reihenhäusern am infrastrukturell frisch erschlossenen Rand der Stadt. All diese Gesichter bleiben ästhetisch aber nicht bei sich. In einem weit gespannten diskursiven Rahmen, aus dem heraus sich die Quartiere einer Stadt darstellen, werden sie durch die verschiedensten medialen Äußerungen (Bild, Film, Text) narrativ überschrieben. So steht der ästhetische Ausdruck stadträumlicher Gesichter im Kontext ergänzender, aber auch widerstreitender Zuschreibungen von Identität.

Gesichter lassen in ihrem Ausdruck den Betrachter vor allem dann nicht kalt, wenn sie etwas Existenzielles zeigen und etwas vom Leben an einem Ort oder Raum zu erkennen geben. Dann werden sie atmosphärisch eindrücklich und in gewisser Weise »zudringlich«. Auch sozialräumliche, politische und sozioökonomische Quartierseigenschaften werden in der Gegend eines Viertels nicht nur »für sich«, sondern auch an ihren Grenzen atmosphärisch spürbar. Über New York schreibt Thomas Schmid:

»Alle New Yorker bewegen sich in ihrer Stadt wie in Feindesland: eine, vielleicht zwei, höchstens drei Straßen um ihre Wohnung mag sicheres Terrain sein – doch schon ein wenig weiter: unsichere Gegend, tags kaum und nachts überhaupt nicht durchquerbar.«[62]

---

[61] Ebd., S. 694.
[62] Schmid 1980, S. 110.

Atmosphären bleiben selten lange, wie sie sind. Mit dem Gesicht städtischer Orte verändern auch sie sich in einem fließenden Sinne.

2.2.2 Das Gesicht – zwischen Charakter und Situation

Schopenhauer war sich der Grenzen des Gesichtsverstehens und der Probleme der Identifizierung des menschlichen Charakters einer sich zeigenden Person bewusst. Zwar glaubte er, den *intellektuellen* Charakter einer Person am Gesicht leicht ablesen zu können, während in Fragen der *moralischen* Verfassung nicht mit derselben Transparenz zu rechnen sei.[63] Allerdings blieb er gegenüber der letztendlichen Treffsicherheit des Urteils im Gesichtsverstehen eher skeptisch. Insgesamt erschien ihm die physiognomische Deutung des Gesichts als riskantes Unterfangen:

> »Dennoch steht es so, daß wir, physiognomisch urtheilend, uns leicht für einen Menschen dahin verbürgen können, daß er nie ein unsterbliches Werk hervorbringen; aber noch wohl, daß er nie ein großes Verbrechen begehn werde.«[64]

Für das Verstehen einer Person wie einer Stadt dürfte es fraglich bleiben, ob das Gesicht mit den verdeckten Spuren seiner historischen Wandlungen und Transformationen unter Abscheidung des Diskursiven eine profunde Basis für das Verstehen bilden kann. Im Bereich lokaler städtischer Gesichter wird es von der Art der Erscheinung abhängen, inwiefern der Regress auf diskursive Medien das Verständnis rein ästhetischer bzw. nicht-diskursiver Ausdruckselemente erst abrunden kann. Dieser Regress wird immer dann unverzichtbar sein, wenn die repräsentationsorientierte Inszenierung zum Beispiel städtischer Bauten oder Plätze integral mit einer diskursiven (insbesondere sprachlichen) Zuschreibung von Identität verbunden ist (s. das Beispiel des Düsseldorfer Medienhafens in Kapitel 3.4.3).

Zu guten Teilen sind Schopenhauers Bemerkungen zum Gesicht des Menschen auf das Gesicht der Stadt übertragbar. Auch dieses prägt sich historisch im Fluss der Zeit in seinen Zügen aus. In der Originalität individueller Orte, die auch im Durchlauf der historischen Ereignisse und trotz des Wandels ihres Gesichts diese Orte

---

[63] Vgl. Schopenhauer 1977, S. 696.
[64] Ebd.

bleiben, bündeln sich die Spuren städtischen Geschehens in einem charakteristischen Gepräge, das dank der oft sichtbaren Schichtung der Phasen seines Werdens Verwandlungsspuren durchscheinen lässt. Im Gesicht der Stadt sind, mehr noch als in dem einer Person, Phasen der Werdung erkennbar wie übereinander liegende Häute. Aber der Charakter der Stadt liegt nicht nur im Ausdruck der Physiognomie ihres Gesichts. Er liegt auch in seinem Mienenspiel (dem lokalen und temporären Aufblühen des Urbanen), seinem Gang (der kulturellen, politischen und ökonomischen »Haltung« einer Stadt in der Geschichte) und in der Bewegung (den tagtäglichen Rhythmen der Stadt im Kommen und Gehen der Menschen wie der Ereignisse).[65]

Wenn wir es bei »gezeichneten« Gesichtern jeder Art auch mit Spuren zu tun haben, so kann man diese nicht lesen wie den Text eines aufgeschlagenen Buches. Die Schwierigkeiten seines Verstehens verschärfen sich für Schopenhauer aber noch einmal dadurch, dass »Gesichter ihren vollen Eindruck nur das erste Mal«[66] machen. Diese Schwäche ist weniger eine des Bildes (eines Gesichts) als eine der Fähigkeit des Menschen, auch beim zweiten und dritten Blick auf ein und dasselbe Bild von den Eindrücken einer je vorhergegangenen Wahrnehmung nicht absehen zu können. Der Einwand gegen die »Befangenheit« des »zweiten Blicks« gibt zu denken. Auch Städte machen auf den ersten Blick einen in der Nachhaltigkeit anderen Eindruck als in Situationen späterer Anschauung. Schon in jede weitere Begegnung und Berührung schleichen sich die Spuren der Erinnerung ein und vermischen sich mit Protentionen, den Grundstoffen von Wunschprogrammen. Man sieht dann, was man sehen möchte oder (kulturindustriell disponiert) sehen soll. So ist oft schon im zweiten Blick etwas virulent, das mehr mit erwünschten Zügen der Stadt zu tun hat als mit einem im phänomenologischen Sinne zur Erscheinung Kommenden – die Imagination bildet den Treibsand, auf dem das vermeintlich Objektive real zu sein scheint.

Was Hermann Schmitz in seiner Philosophie über die Vielschichtigkeit von Situationen systematisch und in der Sache differen-

---

[65] Was Schopenhauer mit den dynamischen Begriffen *Mienenspiel, Gang* und *Bewegung* in einem mehr synästhetischen denn metaphorischen Sinne ansprach, um etwas Treffendes über den Ausdruck eines Menschen zu sagen, findet sich in ähnlicher Form später bei Georg Simmel im Begriff des *Geisteslebens* des Großstädters wieder; vgl. Simmel 1998.3.

[66] Schopenhauer 1977, S. 690.

ziert entfaltet hat, bietet sich auch für das Verstehen der Stadt an. Auch sie erscheint in einer Situation auf der Objektseite, das heißt in einer Weise, über die jedermann Treffendes aussagen könnte. Aber sie wird auch in einer Situation auf der Subjektseite in einer orts- oder raumspezifischen Affektresonanz erlebt. Die Stadt des subjektiven Erlebens wird von individuellen (und einverleibten kollektiven) Bedeutungshöfen getragen; diese leiten die Wahrnehmung. Es sind aber nicht nur individuell-biographische Sedimente, die die subjektive Wahrnehmung akzentuieren und selektieren, sondern auch aktuelle Situationen, die sich auf einem temporären Hintergrund verändern.

Auch im Fokus *persönlicher* Situationen verändern sich die Gesichter der Stadt. Dieser Wandel vollzieht sich nicht im tatsächlichen Raum, sondern auf dem Horizont von Bedeutungen, die in persönlichen Betroffenheiten wurzeln, oft aber auf eine Veränderung im physischen Gesicht der Stadt nur reagieren. Der Wandel makroökonomischer, zum Teil globaler Strukturen der Wirtschaft hat zum Beispiel in den Altindustrieräumen des Ruhrgebietes auf dem Niveau objektiver Situationen zu einer tiefgreifenden strukturellen Krise geführt, in der viele Städte der Region noch heute verharren. Dieser situative Einbruch hat sich in die Welt kollektiver Situationen auf der Subjektseite durchgeschrieben. Die objektiven Wandlungen im Gesicht der betroffenen Räume spiegeln sich in der affektiven (persönlichen wie gemeinsamen) Situation der Menschen dann oft wider. Leer stehende Häuser, gewerbliche Brachen, verfallende Fertigungshallen der Schwerindustrie und eine bestimmende Präsenz von Senioren im Straßenleben nach dem Wegzug arbeitsfähiger junger Menschen suggerieren Stimmungen der Hoffnungslosigkeit, Resignation, Schwermut und Starre, unter deren Last das Stadterleben grau und trübe wird.

2.2.3 Das Gesicht als »Ausdrucksspur«

In den 1920er Jahren studierte Philipp Lersch die Ausdruckserscheinungen des menschlichen Gesichts. Eine umfassende Studie erschien 1932.[67] Darin wandte Lersch seine Aufmerksamkeit auf das im alltäglichen Umgang mit den Dingen und Menschen Übersehene:

---

[67] Lersch 1932.

»Wir stehen im zwischenmenschlichen Verkehr dauernd, ohne es im einzelnen zu wissen, unter der Wirkung des Fluidums feinst nuancierter Ausdruckserscheinungen, von denen wir die allerwenigsten objektiv zu bestimmen imstande sind.«[68]

Lersch unternahm erstmals den Versuch, die »mimischen Erscheinungen«[69] des Menschen zu systematisieren, indem er sich mit Ausdruck und Bewegung des Gesichts auseinandersetzte. Seine Studien zur Mimik und Physiognomik machten die »Ausdrucksspur«, in deren Gestalt sich ein (historischer) »Ausdrucksprozess« niederschlage, zu einem Gegenstand der Interpretation[70]. Lersch war an keiner Charakter-Typologie interessiert, sondern allein an der Erforschung allgemeiner Modi mimischen Geschehens. Dabei machte er einen Unterschied zwischen der »Architektur« eines Gesichts als Gegenstand der Physiognomik zum einen und dem mimischen Geschehen zum anderen. Wenn Lersch mitunter dennoch charakterologische Brücken schlägt (Ausdruck des Schizothymen und des Diplomaten[71]), so werden ethische Grenzen sichtbar. Der Ertrag der Studien wird hier darauf begrenzt gesehen, dass sich Lersch den persönlichen Situationen widmete, die im Ausdrucksgeschehen der Mimik (als Spiegelbild einer Person) sichtbar werden. Diese sprach er als »Spannungszustände« und »Spannungsverläufe«[72] an.

Die Mimik drückt nicht immer in einem authentischen Sinne etwas Charakteristisches von einer Person aus. Mimik kann auch kontrolliert und gezielt als Beeindruckungs- und Manipulationsmittel eingesetzt werden. »Über den Ausdruck meines subjektiven Erlebens kann ich die Emotionen, die Stimmung, das Befinden anderer Personen beeinflussen.«[73] Das dürfte auch Lersch bewusst gewesen sein. Wenn er diese Seite seiner Ausdrucksanalyse auch nicht explizit zum Thema gemacht hat, so muss ihm doch klar gewesen sein, dass »der Diplomat« nicht von Natur aus strategischer Herr über sein Mienenspiel war, vielmehr in der Form seiner Selbstbeherrschung (insbesondere als Diplomat in seinem beruflichen Handeln) eine *erlernte* Professionalität (der Verstellung) zum Ausdruck kam.

---

[68] Ebd., S. 11.
[69] Ebd.
[70] Vgl. ebd., S. 20.
[71] Vgl. ebd., S. 143.
[72] Ebd., S. 160.
[73] Ellgring 2010, S. 62.

Das Ausdrucksgeschehen des Menschen folgt keiner Kausalität im naturwissenschaftlichen Sinne. Wenn Ernst Cassirer in der Frage des Gesichtsausdrucks auch von einem »echten ›Urphänomen‹«[74] sprach, so zeigt die Manipulierbarkeit des Gesichts bzw. die dem selbstbestimmungsfähigen Menschen offenstehende Möglichkeit der bewussten Steuerung seiner Wahrnehmung durch andere, dass sich Ausdrucksmedien grundsätzlich als solche der Beeindruckung und damit auch zum Zwecke der kommunikativen Steuerung anbieten und deshalb ebenfalls in diesem Sinne verstanden werden müssen. Das gilt nicht allein für die Mimik, sondern für alle Bereiche präsentativen Erscheinens (Habitus, Kleidung, Sprache etc.)

Während es in der Frage der Mimik des menschlichen Gesichts um den Ausdruck eigenleiblichen Empfindens geht, haben wir es bei den verschiedenen Formen von Gesichtern der Stadt mit einem weitaus vielschichtigeren, aber auch chaotischeren Ausdrucksgeschehen zu tun. Es ist vielschichtiger, weil die zur Verwirklichung drängenden planerischen Ziele, Ideen, Vorstellungen und Wünsche der Veränderung der Stadt unterschiedlichen Rationalitäten folgen und nicht selten in einem Konfliktverhältnis zueinander stehen. Wenn kommunale Kulturpolitik das Erscheinen städtischer Gesichter auch zu beeinflussen sucht, so heißt das doch nicht, dass in der Verwirklichung ästhetischer Programme allein rationale Wege beschritten werden. Dasselbe gilt für die repräsentationsorientierten Strategien von Unternehmen und Konzernen, die in einem kosmetischen Updating schon existierender Architektur danach streben, Reputations- und Imagegewinne zu realisieren, wenngleich die Gestaltungsmöglichkeiten auf der Basis des schon Existierenden begrenzt sind.

In aller Regel beschränken sich ästhetische Investitionen in das Erscheinen städtischer Gesichter auf ein Oberflächen-Lifting, das in einem identifikationsorientierten Sinne beeindrucken soll. Oft folgen solche Maßnahmen dissuasiven Zielen der Ablenkung von gärenden gesellschaftlichen Konflikten oder Problemlagen. Dem römischen Prinzip »Brot und Spiele« folgend, streben ästhetizistische Oberflächenveredelungen dann zuvorderst die Maskierung des eigenen Charakters an. Auf die Gesichter der Stadt wirken schließlich chaotische Ausdrucksprozesse ein, denn vieles, wodurch das Erscheinen städtischer Räume geprägt wird, ist weder durch das Handeln von Akteuren initiiert worden, noch hat es überhaupt irgendetwas mit

[74] Cassirer 2002, S. 104.

Absichten zu tun. Die zufälligen Bewegungsströme der Passanten in einem Straßenraum prägen sich in die Züge eines urbanen Gesichts ein wie die Atmosphären des Wetters. Auch der Puls städtischer Viertel, der in seinem performativen Charakter wechselnden und eigenartigen Rhythmen folgt, geht nicht auf Kreateure zurück. Als diachronische Oszillation sozialen Lebens spiegelt er den Gesichtswandel des gelebten Raumes der Stadt wider.

Über das sich atmosphärisch wandelnde Gesicht bestimmter Orte inmitten von New York schrieb Lewis Mumford um 1900:

»Sind die Straßen schmutzig, so steht doch der Glanz des Himmels darüber. Sind die Gäßchen und Höfe faulig, schwer von uraltem Schmutz, von den Ausdünstungen der Kloaken und Fabriken, so führt der erste Windhauch vom Atlantik den Geschmack von Salz mit sich. Der kalte Seenebel im Frühjahr, der am späten Nachmittag landeinwärts zieht, ruft so gebieterisch zum Ozean wie das stolze tiefe Geheul des Dampfers, wenn er bei der Ausfahrt in die See freie Fahrt heischt. So halten der Ozean, der Himmel und die Ströme die Stadt umklammert [...].«[75]

2.2.4 *Gesicht – Fassade – Maske*

Insbesondere die Gesichter innerörtlicher Räume drücken im Grad der Ästhetisierung ihrer Bauten mitunter etwas Maskenhaftes aus, das sich mit der metropolitanen Großstadt verbindet. Genau genommen spiegelt sich darin aber weniger der Charakter innerstädtischer Räume wider als die Disposition einer urbanen Kultur des Spiels mit Identitäten und Suggestionen, einer Kultur der ästhetischen Neuerfindung wie fortwährenden Fraktalisierung ihrer selbst. Es ist diese *Kultur*, die sich mit dem *Raum* in einer Weise verbindet, die eine Trennung zwischen beiden urbanistischen Dimensionen beinahe unmöglich macht. Die Gesichter metropolitaner Architektur beeindrucken als Fassaden und nicht durch das, was *in der Sache* hinter ihren Wänden geschieht, wenngleich es gerade dieses ist, was die Fassade als Gesicht zeichnet. »›Fassade‹ meint ja Gesicht, und zwar jenes Gesicht, unter dem sich Gebäude maskieren, um ein öffentliches Ansehen zu haben und, um eine Rolle zu spielen.«[76] In Zeiten des High-Tech-Hochhauses haben Fassaden im physischen Sinne oft keine bau-

[75] Mumford 1951, S. 48.
[76] Flusser 1991/92, S. 65.

statisch tragende Aufgabe mehr. Dennoch dienen sie einer Funktion. Sie bilden die Haut eines Hauses, in der sich dessen Gesicht zeigt, auch wenn es nur ein »vorgesetztes« ist. High-Tech-Fassaden sind Ausdrucksmedien, die sich weitgehend unabhängig vom funktionalen Charakter des umkleideten Bauwerks mit wechselnden Bedeutungen laden lassen. Deshalb spricht man zu Recht dann vom *Face-Lifting*, wenn unabhängig von einer Veränderung funktionaler Gebäudestrukturen nur dessen äußere Erscheinung zum Zwecke PR-strategischer Inszenierungen aufgefrischt wird. Wo das Face-Lifting der Maskierung dient, steht das äußere Bild eines Hauses in einem verschlüsselten Verhältnis zu seinem Zweck.

Die Wandlungsfähigkeit eines Gesichts setzt eine gewisse Dynamisierbarkeit seiner Haut voraus. Im Unterschied zu lebenden Wesen ist diese bei Bauwerken im Prinzip erheblich eingeschränkt. Beweglichkeit, Dynamik und Wandlungsfähigkeit kann aber technisch simuliert werden. Fassaden bestehen im modernen Hochhausbau oft nicht nur aus relativ leicht und schnell austauschbaren Glas-, (Kunst-)Stein-, Metall- oder Kunststoff-Elementen. Vermehrt werden High-Tech-Fassaden als screen-artige Medien ausgeführt, die gegenüber den auf ihnen abgespielten Inhalten neutral sind. High-Tech-Fassaden dienen einer Maskierung, die im Medium der Atmosphären einen scheinbar der Kunst verpflichteten *ästhetischen* Ausdruck suggeriert, in aller Regel aber doch viel mehr in repräsentativ-strategischen Bedeutungsordnungen aufgeht. Maskenhafte Fassaden vermitteln ein Spiel mit pluralen Identitäten. In Bezug auf das Sein der Dinge stellte schon Hermann Lotze heraus, das Sein der Dinge sei »ein Stehen in Beziehungen«, und was von ihnen zur Escheinung kommt, spiegelt vielfältige Wechselwirkungen nur wider:

> »Jeder Augenblick ihres Bestandes ist das hinfällige Ergebnis einer Wechselwirkung zwischen Vielem, einer steten Erneuerung derselben bedürftig, um auch nur einen kleinen Augenblick mit scheinbar ruhiger Dauer erfüllen zu können.«[77]

Die im Sinne des Wortes *glänzende* Fassade des Hauptverwaltungssitzes der Deutschen Bank in Frankfurt am Main fesselt (s. Abb. 3a und b) über ihre Funktion als Gebäudehaut hinaus in ihrem ästhetischen Erscheinen die Aufmerksamkeit auf zwei Wegen. In ihrem

---

[77] Lotze o.J., S. 8.

Abb. 3a / b: Fassade der Deutschen Bank im Wechsel des natürlichen Lichts (2014).

Glanz, der sich mit den tageszeitlich wechselnden Phasen des natürlichen Lichts schon in kurzen zeitlichen Zyklen facettenreich und auf oft faszinierende Weise verändert, vermittelt sie Eindrücke des (ökonomisch) Erhabenen. Die Ästhetik der Architektur kommt dem Unternehmensimage auf einem doppelten Wirkungspfad zugute. Zum einen adelt sie das Unternehmen als einen herausragenden *kulturellen* Ort. Zum anderen »reinigt« sie das ethisch angeschlagene Image einer ganzen Branche in einem Schein der Faszination.

Nicht jedes Spiel mit dem Erscheinen muss Teil einer Maskerade sein. So waren die Vexiergestalten der griechischen Mythologie mit ihren doppelten bis pluralen Gesichtern keine Masken, sondern in ihren Bedeutungen mächtige symbolische Gestalten, die der Sache ihrer Mitteilung wegen der Mehrdeutigkeit bedurften. Gerade der Mythos verlangt angesichts der Komplexität seiner ineinander verzahnten Bedeutungen nach einem differenzierten bildlichen Ausdruck. So ist der zweigesichtige Janus als Gott des Anfangs und des Endes mit seinen zwei *gleichzeitig* sichtbaren Gesichtern ein transversales Symbol der Überbrückung der Zeiten; das Doppelgesicht ist zugleich auf Vergangenheit *und* Zukunft gerichtet.[78] Auch die drei Köpfe des Cerberus dienen nicht der Darstellung einer singulären Bedeutung und der Verdeckung einer *anderen*, sondern einer Allegorisierung des furchtbaren Höllenhundes, der den Hades in seiner Unentrinnbarkeit ängstigend ins Bild setzen sollte.[79] Cerberus erscheint in Gestalt eines Hundes, einer Schlange oder anderer luziferischer Figuren, steht aber auch für den dreigesichtigen Teufel und damit für die Wurzel der Sünde.[80] Dreigesichtig ist auch die Prudentia (Klugheit), deren drei Kräfte (memoria, intelligentia, providentia) die Zeit beherrschen.[81]

Von solcher mythologischen Kommunikation von Bedeutungen unterscheidet sich die in ihrer Fassade mehrfach codierte architektonische Maske, die als das zweite Gesicht eines Hauses nach außen tritt. Sie ist nicht wie das mythologische Doppelgesicht in eine einheitliche Bedeutung gebunden, nicht Ausdruck eines Typs der Mehrdeutigkeit; sie ist in ihren Bedeutungen fragil, wandelbar und selten endgültig auf *ein* Verständnis festgelegt. So fungiert auch die architektonische Maske wie jene im ethnologischen Sinne, die Hans Lipps (als Maske des Menschen) deshalb auch nicht aus sich selbst heraus versteht, sondern von anderen her.[82] Auf andere und deren Wahrnehmung ist auch der Ausdruck eines maskierten Gesichts gemünzt. Eine Maske ist nicht – wie das »authentische« Gesicht – *Ausdrucksspur* eines *Ausdrucksprozesses* (i. S. von Lersch), denn sie bildet sich nicht im Zuge biographischer Werdung. Sie ist vielmehr von vornherein bildhafter Widerhall eines sich an wechselnde Situationen anpassenden Gesichts. Masken fallen nicht vom Himmel. Bauherren entscheiden sich nach dem Entwurf von Architekten für die eine oder die andere. Eine »Maske verleiht Anonymität und suspendiert ihren Träger gleichsam von sich selbst.«[83] Deshalb bietet sie sich für das dissuasive Spiel mit einer demonstrativen Identität an, die auf einen Zweck gerichtet ist. Der Dreifaltigkeit von Gesicht, Fassade und Maske liegt kein additives, sondern ein integrales Verhältnis zugrunde. Was ein Gesicht (städtischer Räume) über seine Fassade zur Maske macht, verdankt sich der *Situierung* eines Bauwerkes im Raum der

---

78 LCI, Bd. 2, Sp. 142.
79 Vgl. Tripp 1974, S. 288 f.
80 LCI, Bd. 1, Sp. 538.
81 Vgl. ebd.
82 Vgl. Lipps 1977.1, S. 177.
83 Vgl. Lipps 1977.2, S. 26.

Stadt für eine bestimmte Situation sowie einer auf sie bezogenen Form der Wahrnehmung. Dank ihrer Sichtbarkeit ist eine Fassade Ge-*Sicht;* zur Maske wird sie in der narrativen Dimension ihrer *dissuasiven* Überschreibung. Das maskenhafte Gesicht eines Bauwerkes bedarf a priori einer Fassade. Ob ein Gesicht letztlich als Fassade oder als Maske empfunden wird, ist Resultat der Beziehung eines Rezipienten zum Objekt. Deshalb verstand Lipps die Maske von anderen her.

2.2.5 Das Gesicht als Medium der Kommunikation

Das menschliche Gesicht wendet sich als kommunikatives Medium an andere in der sozialen Welt. Zugleich wird es von dort »in der hierbei aufgenommenen Richtung sichtbar«[84]. Mit »Richtung« ist aber nicht nur eine Aus-Richtung im tatsächlichen Raum gemeint, sondern auch eine *programmatische* Gerichtetheit. Das gilt auch für die Gesichter der Stadt, die sich auf ihrer Haut zeigen. Gesichter der Stadt sind nicht a priori »selbstbewusste« Ausdruckgestalten. Oft existieren sie nur, weil es die Stadt gibt und sich in ihrer Physiognomie die Spuren lokaler Geschichte zur Geltung bringen – als *Ausdrucksspur* eines autopoietischen *Ausdrucksprozesses.* Wie die Gesichter der Menschen so werden auch die der Stadt aus der Richtung und (programmatischen) Gerichtetheit sichtbar, in die sie weisen. Damit konstituiert sich ein Wechselspiel der Kommunikation, das im Unterschied zu einem linguistischen Verständnis auch dann ein zweiseitiges ist, wenn die Dinge der Wahrnehmung und der Anschauung tot sind wie Bauten, Türme und Straßen. Die Kommunikation zwischen einem Gegenstand und dem, der ihn wahrnimmt, wird später unter dem Begriff der »leiblichen Kommunikation« zu vertiefen sein (s. Kapitel 2.3.1). An dieser Stelle soll der Hinweis darauf genügen, dass das Erscheinen spitzer, runder, spiegelnder oder matter Formen aufgrund ihrer suggestiven Eindrücklichkeit ein weiter gefasstes Verständnis von Kommunikation rechtfertigt. Kommunikation setzt danach nicht zwei, sondern nur einen Partner voraus, der über Sinne verfügt, die sich im leiblichen Erleben als lebendige Brücken der Wahrnehmung erweisen. Hans Lipps merkte zu Recht an, dass zum

---

[84] Lipps 1977.1, S. 25.

Wesen des Ins-Gesicht-Sehens Kommunikation gehört.[85] Das gilt aber nicht erst für das sensorische Sehen mit den Augen, sondern schon für jenes gleichsam passive Sehen, in dem sich ein Gegenstand zeigt. Eine glatte und polierte Granit-Fassade kommuniziert über ihre gestaltsuggestive Eindruckswirkung eine gleichsam abwehrende bzw. abweisende Geste der Geschlossenheit – im Unterschied zu einer rauen und gebrochenen Oberflächengestalt desselben Steins an einer anderen Fassade. Das Raue suggeriert (im engeren kommunikativen Sinne der »Ansprache« sinnlicher Empfindungen) etwas Offenes und Zugängliches – unabhängig von der Frage tatsächlicher Offenheit oder Geschlossenheit; das Glatte Exkludierendes und sich Abschirmendes – unabhängig von der Frage tatsächlicher Exklusion oder Abschirmung.

2.2.6 *Gesichter zwischen Körper und Leib*

Zwar gehört das menschliche Gesicht in der Materialität seiner Haut zu »seinem« individuellen Körper. Aber es geht doch in einer körperlichen Substanz nicht auf. In seinem atmosphärischen Ausdruck spiegelt es ein aktuelles *leibliches* Befinden wider – es zeigt sich in *diesem* Gesicht, teilt Gefühle mit, bahnt leibliche Richtungen und macht auf dem Wege der Mimik Bedeutungen spürbar. Nicht nur in ihrer physiognomischen Gestalt, sondern auch in ihrer Mimik sind Gesichter (im Metier des Pathischen) Medien prädiskursiver Kommunikation.

Auch das Gesicht der Stadt hat in seiner Materialität körperlichen Bestand. Als Sachverhalt geht es jedoch über seine Körperlichkeit weit hinaus. Jedes *lebendige* Gesicht eines städtischen Ortes hat zwei Dimensionen: eine der Gesten des Gebauten und eine der sich in architektonischen Strukturen ereignenden urbanen Lebendigkeit. Architektonische Gesten entfalten sich »als *Kraftfelder*, als in den Raum greifende und den Benutzer *er*greifende Wirkmächte, die den Raum für Bewegung und Haltung allererst artikulieren«[86] und sich auf anziehende oder aversive Weise mit dem menschlichen Leben verbinden. Dies impliziert, dass die Dinge auf der Haut der Stadt nicht nur ihre Funktion im engeren Sinne haben, sondern auch Medien der Responsivität sind. Indem wir auf die präsentativen Qualitäten von

[85] Vgl. ebd., S. 28.
[86] Jäkel 2010, S. 182.

Architektur – in Form von Größe, Höhe, Materialität, Geschlossenheit oder Offenheit etc. eines Gebäudes – reagieren, in bestimmter Weise also auf das auf uns einwirkende Ausdrucksgeschehen ansprechen, erfahren wir uns als unmittelbar ins Milieu der vitalen Stadt gestellt. All diese Gesten, insbesondere die der Verführung, sprechen uns in aller Regel nicht *bewusst* an. Die Rundungen oder Spitzen zum Beispiel einer Ecke[87] berühren aufgrund ihrer Bewegungssuggestionen in einem synästhetischen Sinne leiblich. Sie »sagen« uns aber nicht, was sie bedeuten. In der Art und Weise, wie wir im Wechselspiel dieses mehrdimensionalen Angesprochen-Werdens und Sichansprechen-Lassens (Responsivität) mit den Dingen auf der Haut der Stadt kommunizieren, konstituiert sich die be- und gelebte Stadt – nicht als die Stadt äußerer (zum Beispiel verkehrlicher) Rhythmen, sondern als Milieu gelebter Vitalqualitäten. So entsteht ein urbaner Puls, der uns situativ einbettet in eine Oszillographie wechselnder Atmosphären.

Wenn sich *Elemente* des Gesichts städtischer Räume aus einer analytischen Perspektive auch isolieren lassen, so entfaltet jedes Gesicht seine Eindruckswirkung doch nur in einem ganzheitlich-atmosphärischen Sinne. Wie das Porträt »das Wesen dieses Menschen in einer Einheit [zeigt], die nicht an einem endlich erreichten Entwicklungspunkt eintrifft, sondern die Ganzheit einer stetigen Entwicklung zusammenfaßt«[88], so erscheint uns auch das Gesicht eines städtischen Raumes als etwas *in Gänze* Eindrückliches, in dem sich ein »Gemisch« aus zuständlichen und aktuellen Situationen zur Geltung bringt. Darin sind historische Spuren einer Entwicklung ebenso lebendig wie die aktuellen Virulenzen städtischen Lebens. In den lokalen Gesichtern der Stadt spiegelt sich die »Ganzheit einer stetigen Entwicklung«[89] wider, in der die städtische Physiognomie und ihre situative Belebung in einer unaufhebbaren Gleichzeitigkeit aufgehen.

2.2.7 *Intuition und Gesichtswahrnehmung*

Jedes am sinnlichen Erscheinen von »etwas« Maß nehmende Ausdrucksverstehen ist Kommunikation mit einem Begegnenden. Neben

[87] Vgl. Hasse 2012.1, S. 101 f.
[88] Simmel 1916, S. 45.
[89] Ebd.

dem rationalen Verstehen spielt darin die Intuition eine privilegierte Rolle. In der Intuition werden die Dinge nicht fokussiert, nicht in einer thematisch bewusst ausgerichteten Aufmerksamkeit erfasst. Vielmehr wird das Individuum von der Ausdrucksmacht eines Erscheinenden umgriffen, gestimmt und in einem pathischen Sinne situiert. Nicht nur das menschliche Gesicht hat einen ätherisch-atmosphärischen Ausdruck; auch das in der Gegend eines städtischen Raumes sinnlich und leiblich erlebbare Gesicht eines Ortes hat ephemeren Charakter und entzieht sich der scheinbar evidenten (signifizierenden und fixierenden) Feststellung. Was begegnet, auf vitale Weise berührt und das Befinden bestimmt, löst sich in seinem Charakter in einem vorbegrifflichen Erscheinen auf. Deshalb steht die Intuition auch der identifizierenden Signifikation gegenüber; sie erfasst Situationen in lebendigen Bildern und nicht in denotativen Begriffen.

Intuition basiert auf Anschauung, die sich in der Simultaneität mehrerer Sinne kategorial vom allein visuellen »Sehen« unterscheidet. Die Intuition erschließt der Wahrnehmung und dem Denken die Ganzheit einer mitweltlich gegebenen Sache und nicht die theoretische Ordnung ihrer Einzelheiten. Henri Bergson spricht sie als die »natürliche Wahrnehmung« an, die nicht durch die Schärfe von Begriffen diszipliniert und thematisch gerichtet ist. Die rationalistische und kognitivistische »Schwäche« der Intuition ist gleichsam ihre Stärke in der Erfassung eines situativ ganzheitlich Zusammenhängenden. So ist es nur Ausdruck einer szientistischen Ideologie, die denotative Präzision der wissenschaftlichen (Fach-)Sprache als einzig denkbaren Weg gelingender Erkenntnis anzusehen. Jede Wahrnehmung, die (auch in der Lebenswelt) der wissenschaftlichen Logik der analytischen Isolation einzelner Dinge folgt, hat indes dort ihre Schwäche, wo es auf die situationsadäquate Erfassung von Ganzheiten von der Art eines Gesichts ankäme. In der Logik der exakten Wissenschaften gilt diese Stärke als Schwäche. Und so merkte Henri Bergson an:

> »Ich sagte schon, daß nur die Unzulänglichkeit der natürlichen Wahrnehmung die Philosophie dazu getrieben hat, die Wahrnehmung durch den Begriff zu vervollständigen, damit dieser die Lücke zwischen den Gegebenheiten der Sinne und des Bewußtseins ausfülle, und so unsere Erkenntnis zu vereinheitlichen und zu systematisieren.«[90]

---

[90] Bergson 1985, S. 153.

Diese Vereinheitlichung und Systematisierung hat dort ihren Sinn und Gebrauchswert, wo es auf die Analyse segmentierbarer Mikrologien ankommt. Im Erfassen situativer Ganzheiten zerlegt sie dagegen, was zusammengehört und nur als Zusammengehöriges sich dem »umfassenden« Verstehen anbietet. Eine Auflösung des Gesichts in *einzelne* Züge, physiognomische Merkmalsinseln, mimische Sequenzen etc. macht den ganzheitlichen Bild-Charakter des Gesichts zunichte.

So führt auch zwangläufig auf einen erkenntnistheoretischen Holzweg, was die modernen Sozialwissenschaften mit dem »Lesen« von Spuren (in einem semiotischen Sinne) meinen, sobald mit solchem Lesen mehr beansprucht wird als ein *punktuelles* Begreifen, denn decodierende Entschlüsselung ist immer auf Zerteilung, Segmentierung, Isolierung und Signifizierung angewiesen. *Semiotisches* Lesen begründet eine Rationalität des Verstehens, die sich der Logik des Konstruktivismus fügt, dem es nie um ganzheitliche Situationen geht, sondern um Konstellationen von Einzelnem bzw. von vereinzelbar Gedachtem. Der leiblich »spürende« Weg der Annäherung[91] an die Bildhaftigkeit eines Gesichts vollzieht sich nicht im »Lesen«, sondern in einem »Begegnen«, in dem charakteristische Merkmale des Begegnenden intuitiv erschlossen werden. Die Beredsamkeit des Gesichts (von Menschen wie von städtischen Räumen) teilt sich in ihrem atmosphärischen Ausdruck im Milieu der Intuition viel eher mit, als unter dem terminologischen Druck begrifflich-systematischer Analyse.[92] Gesichter werden im Regelfall der verständigungsorientierten Kommunikation daher auch nicht theoretisch analysiert, sondern ästhetisch erfasst.[93]

Gesichter sind einfühlungsbedürftige Gestalten. Sie drücken etwas aus, das sie nur bedingt selbst sind. Im Medium der Atmosphären kommunizieren sie aktuelle Gefühle durch die »gravierende« Macht

---

[91] Vgl. Großheim / Volke 2010, S. 15.

[92] Michael Großheim und Stefan Volke machen darauf aufmerksam, dass das wissenschaftliche Interesse am Ausdrucksverstehen seit den 1970er Jahren schwindet und durch eine positivistische Haltung gegenüber den Dingen verdrängt wird. Darin drückt sich jener bis in die Gegenwart gestärkte Positivismus aus, der vor allem Distanz zu den performativen Oszillogrammen des Lebens und der Bedeutung der Gefühle im Denken bezieht. Nicht zuletzt unter dem dogmatischen Druck des Konstruktivismus und der Utopie des handelnden Subjekts schwinden noch einmal die erkenntnistheoretischen Spielräume in der verstehenden Annäherung an Ausdrucksgestalten (vgl. Großheim / Volke 2010).

[93] Vgl. auch Griffero 2014, S. 19.

des Pathischen, aber ebenso durch die Spuren lebensgeschichtlicher Zeichnung. So dient jedes Face-Lifting auch nur scheinbar einer Verjüngung (bzw. »Ent-Alterung«) der Haut sowie einer Ent-Sorgung vermeintlicher Verluste des Ästhetischen. Sowohl die Ästhetisierung des menschlichen wie des städtischen Gesichts strebt im engeren Sinne die Revitalisierung auratischer Anziehungskräfte an – sie ist eine dissuasive Geste im Kampf um Aufmerksamkeit. Auch die Gesichter der Stadt sind atmosphärische Ausdruckmedien, die (programmatisch) beeindrucken sollen. Deshalb können sie nur auf der Grundlage pathischer Sensibilität gegenüber mitweltlichen Situationen in einem nachvollziehenden und begreifenden Sinne verstanden werden.

Der Begriff der »Gesichtspflege« hebt in seiner Doppeldeutigkeit zum einen auf die unmittelbare Manipulation der eigenen Haut ab, zum anderen auf die positivierende Arbeit an der Fremdwahrnehmung des eigenen Selbst. »Gesichtspflege« zielt in der ihr zugrunde liegenden Programmatik auf eine atmosphärische Justierung der Ausstrahlung, der die *physische* Arbeit am Erscheinen eines Gesichts nur dient. Auch das schönheitschirurgische Prinzip des offensiven Anti-Aging kennt die Kulturpolitik der Städte. Sie setzt es als Mittel eines permanenten Upgrading vor allem innerstädtischer Gesichter ein. Am Beispiel der architektonischen Inszenierung des neuen Campus der Universität Frankfurt am Main habe ich zusammen mit Oliver Müller gezeigt, wie unmittelbar die Arbeit am neuen Gesicht eines ganzen Campus das hochschulpolitische Programm und neoliberale Selbstverständnis des *Unternehmens* »Universität« auf spürbare Weise ins Bild setzt.[94] Hier, wie in zahllosen anderen Fällen architektonischer Intervention, geht es um die Justierung von Atmosphären, über deren affektives Milieu Bedeutungen weniger visualisiert, als auf immersive Weise vielmehr leiblich spürbar gemacht werden sollen. Das Gesicht der Stadt entfaltet seine volle Wirkungsmacht nicht im Metier der Visualität, sondern im leiblichen Herumraum städtischer Leibesinseln.

Wie ein Mensch sein »Gesicht verlieren« kann, so auch eine Stadt. Ihr physiognomisches Erscheinen muss davon nicht berührt sein. Als Folge skandalöser politischer Entscheidungen, fremdenfeindlicher Bekenntnisse oder einer ruinösen Fiskalpolitik verliert eine Kommune an kultureller Macht und Autorität im wirkungsvollen Appell an moralische Impulse. Dann kann sie in der Einhaltung

---

[94] Vgl. Hasse / Müller 2014.

von Normen durch ihre Bürger nicht mehr auf emotionale Identifikation mit deren Richtigkeit und Angemessenheit bauen, sondern nur noch auf die Wirksamkeit formaler Instrumente zu deren ordnungsstaatlicher Durchsetzung. Eine Stadt, die ihr »inneres« Gesicht verliert, büßt mit ihrer Autorität auch ihre Glaubwürdigkeit und damit den Boden für die Identifikation der Bürger mit *ihrer* Stadt ein. Sinnlich wahrnehmbar ist ein solcher Gesichtsverlust indes nur auf dem Hintergrund expliziten Wissens um ein fragwürdiges Tun. Nicht alles, was den zuständlichen oder auch nur aktuellen Charakter einer Stadt ausmacht, ist an ihrem morphologischen Gesicht auch *sichtbar;* aber oft ist es im Mit-Sein im Leib der Stadt *spürbar,* wenn auch nicht für jedermann, der sich im Raum der Stadt aufhält und bewegt. Von diesem Gefühl kann der Bürger erfasst werden, wenn er sich – auch gegen seinen Willen – mit *dieser* Stadt (gewissermaßen auf einem objektiven Niveau) identifiziert hat. Der Tourist dagegen bleibt unbehelligt von solchen atmosphärischen Transzendenzen – er sieht auch dann das physiognomische Gesicht der Stadt noch als deren »authentischen« (s. auch Kapitel 6) Ausdruck, wenn sie ihr »inneres« bzw. charakteristisches Gesicht schon längst verloren hat.

2.3 Der Leib der Stadt

Wenn nun der Leib *der Stadt* ins Zentrum rückt, so folgt die Betrachtung keiner biologistischen Analogie, wonach die Stadt als ein »bewundernswerter Organismus«[95] der Kreisläufe und Ströme des Sozialen, des Geldes und der Stoffe gedacht würde. Im Begriff vom *Leib der Stadt* soll vielmehr die vitale Essenz ihres *urbanen* Charakters anschaulich werden. So ist es vor allem die spürbare Vitalität der Stadt, die sich in Gestalt von Organismus-Metaphern im Diskurs über Urbanität und Urbanismus auf verschlüsselte Weise ausdrückt.[96] Aus phänomenologischer Sicht bildet sich der Kern von Urbanität als eine Form städtischer Lebendigkeit. Die Perspektive der Leiblichkeit ist die Konsequenz aus der Thematisierung atmosphärischer Ausdrucksformen, die von der städtischen Haut und ihrem Gesicht ausgehen. Mit dem »Leib der Stadt« kommt jene Lebendigkeit in den

---

95 Gramsci 1967, S. 49.
96 Vgl. Bianchi 2012, S. 35.

Blick, die im Folgenden mit »Urbanität« verbunden werden soll (s. auch Kapitel 2.3.2 f.).

Bereits die vorangehenden Kapitel haben Argumente für eine vitalistische Betrachtung der Stadt geliefert. Vorausgesetzt ist dabei ein Erkenntnisinteresse am urbanen Charakter von Räumen, die auf spezifisch städtische Weise »lebendig« sind. Der urbanistische Vitalismus kommt ganz ohne romantizistische Naturalisierungen des Menschen aus, will er doch im hier verstandenen Sinne allein die Performativität und Dynamik menschlicher Aktivitäten in städtischen Milieus fokussieren. Dies ist ein kategorial anderes Vitalitäts-Verständnis als das naturwissenschaftliche, welches Lebendigkeit in einem humanbiologischen und medizinischen Sinne versteht. Die Nutzbarmachung des phänomenologischen Leib-Begriffes soll ein tieferes Verstehen der *urbanen* Stadt vermitteln. Als Leib der Stadt sei im Folgenden mit Hermann Schmitz, Jean Paul Sartre, Helmuth Plessner, Michel Serres und anderen phänomenologischen Denkern die sich in ihrer Vitalqualität von Ort zu Ort verändernde Spürbarkeit gelebter Räume verstanden. Letztlich ist der Begriff vom Leib der Stadt eine Metapher. Sie erfasst die vielen mitweltlichen Milieuqualitäten städtischer Räume, deren Erleben weniger rational als affektiv gestimmt ist.

Mit einer anderen Metapher widmet auch Mădălina Diaconu ihre Aufmerksamkeit der spürbar lebendigen Seite städtischer Wirklichkeit. Sie begreift die Haut der Stadt als einen »Spiegel der Seele«[97]. Auch sie gebraucht damit eine Metapher, in der eine immaterielle »Konsistenz« urbaner Räume anklingt, die sich nicht aus dem Substrat der Dinge schöpfen lässt. Damit verliert der physische Charakter der städtischen Haut aber keineswegs seine unzweifelhaft große Bedeutung, ist diese doch a priori »Träger- und Gestaltungs-Stoff« städtischer Gesichter, die in ihrem Ausdruck ins Ephemere der Atmosphären transzendieren.

Im Folgenden werde ich den Leib-Begriff der Neuen Phänomenologie für ein erweitertes Verständnis von Urbanität als spezifische Form städtischer Lebendigkeit nutzbar machen. Als gebaute und physisch hergestellte Welt ist die Stadt ein materielles Gebilde von hoher Komplexität. Was sich in der Gestalt ihrer Haut als Gesicht herausbildet, verdankt sich zunächst der Stofflichkeit von Stein, Holz, Stahl, Glas, Kunststoff usw. Aber kein Gesicht – auch nicht das der Stadt –

97 Diaconu 2007, S. 101.

geht in der Substanz reiner Stoffe auf. Das Gesicht urbaner Räume – das sich von dem großstadtferner und ländlich-peripher Siedlungen auch atmosphärisch wie lebensweltlich unterscheidet – konstituiert sich zwar in einem stofflichen Milieu. Die Dimension seiner Lebendigkeit kommt aber doch erst in spezifisch großstädtischen Geisteshaltungen, Affektkulturen sowie *spürbaren* Rhythmen zu sich. Diese spezifisch großstädtische und an konkrete Orte gebundene Lebendigkeit werde ich als *Leib der Stadt* in drei Schritten diskutieren. Zunächst soll der Begriff des Leibes auf dem Theoriehintergrund der Neuen Phänomenologie dargestellt werden (2.3.1). Dieses Leib-Verständnis wird sich in einem vitalistischen Denken des dynamischen Gebildes der Stadt als nützlich erweisen (2.3.2). Auf diesem Hintergrund kann ein spezifischer Begriff von Urbanität entfaltet werden, der sich kategorial von dem der Stadtsoziologie unterscheidet. In Kapitel 2.3.3 werden diese Differenzen beispielhaft herausgestellt. Drei weitere Kapitel (2.3.4 bis 2.3.6) werden die Metapher vom Leib der Stadt vertiefend nach weiteren Fragestellungen entfalten.

2.3.1 Zum Begriff des Leibes

Der Begriff des Leibes steht im Kontrast zu dem des Körpers. Hermann Schmitz macht den Unterschied an zwei Wegen der Selbstgewahrwerdung fest. Zum einen biete sich der Weg der Erkundung des eigenen Körpers an. Der von ihm eingenommene Platz ist ein relativer Ort. Der Körper des Menschen nimmt neben anderen menschlichen und nicht-menschlichen Körpern im relationalen Raum Platz ein. Er besteht aus Körper-Teilen, die sich unter bestimmten Voraussetzungen durch technisch hergestellte »Bauelemente« (z. B. Herzschrittmacher) oder Ersatzorgane (als Wirtschaftsgüter der Transplantationsmedizin) austauchen lassen.

Im Unterschied dazu biete sich als zweiter Weg der Selbstgewahrwerdung das leibliche Spüren des eigenen Selbst an, »das ohne Anleihen beim Besehen und Betasten des materiellen Körpers und ohne Rücksicht auf die Einordnung von Gegenständen in räumliche und zeitliche Verhältnisse auskommt«.[98] Nun ist nicht der Körper, sondern der Leib angesprochen. Während der relationale Raum wie

[98] Schmitz 2011, S. 1 f.

die sich in ihm befindenden körperlichen Dinge dreidimensionalen Charakter haben, die Dinge also nach Abständen auf einer Fläche lokalisiert werden können, ist die Ausdehnung des leiblichen Raumes flächenlos. Er dehnt sich nicht in einem dreidimensionalen Sinne aus, sondern als »prädimensionales Volumen«[99]. Nicht euklidische *Abstände* bestimmen die Ausdehnung des leiblichen Raums, sondern zwischen Enge und Weite sich ausbildende Gefühle. »Die ganze Skala spürbarer Zustände, die in der Dimension von Enge und Weite angesiedelt sind [...] bezeichne ich als den Bereich der *leiblichen Regungen.*«[100] Diese werden »in Gestalt von Leibesinseln« gespürt; der Leib ist folglich ein »Gewoge verschwommener Inseln«.[101] So wird zum Beispiel ein starker winterlicher und von vorne kommender Wind *im Gesicht* als Stechen und Schneiden, ein Schmerz im Herzen als Stechen *in dessen Nähe* oder ein Gefühl unbelasteter Freude in sommerlicher Wärme als Leichtigkeit empfunden, die in der Mitte des eigenen Körpers verortet werden kann. Wahrgenommenes wird im Fokus der Leiblichkeit nicht als sensualistischer Reiz in einem physiologistischen Sinne verstanden (visuell, olfaktorisch, akustisch, taktil, gustatorisch), sondern als spürbarer und *vielsagender* Eindruck, der affektiv berührt. Die Wahrnehmung solcher Eindrücke vollzieht sich in einem ganzheitlichen Erfassen von Situationen. Schmitz spricht hier, wie vor ihm schon Karlfried Graf von Dürckheim, von »schlagartiger« Wahrnehmung.[102] Die dynamische Beziehung, in der wir zu den Herden dieser Eindrücke stehen, nennt Schmitz »leibliche Kommunikation«:

»Man spürt am eigenen Leibe, was der vielsagende Eindruck zu sagen hat. So verstehen wir in der Wahrnehmung durch Einleibung auch andere Menschen vor jeder Deutung oder Einfühlung, indem wir am eigenen Leibe etwas spüren, was ihm nicht angehört, hier den anderen, oder was dank der leiblichen Kommunikation gewissermaßen von ihm ausgeht, nicht viel anders als das Wetter, die im drohenden oder geschehenden Sturz uns niederreißende Schwere, den Wind oder den elektrischen Schlag, die gleichfalls am eigenen Leibe [...] gespürt werden.«[103]

---

[99] Ebd., S. 7.
[100] Ebd., S. 4.
[101] Ebd., S. 8.
[102] Dürckheim 1932, S. 402. Schmitz spricht hier von der Wahrnehmung »mit einem Schlage« (1967, S. 21).
[103] Schmitz 1998, S. 40.

»Partner« leiblicher Kommunikation sind nicht nur kommunikationsfähige Wesen (Personen und höher entwickelte Tiere), sondern neben Dingen auch Phänomene, die in der Natur vorkommen (wie der Wind oder die Wärme der Sonne). Man kann sie als »ansprechende« *Halbdinge*[104] spürend bemerken – mal im Gefühl einschnürender Enge, mal im Gefühl entspannender Weite. Solche Medien leiblicher Kommunikation können aber auch einen rein artifiziellen Charakter haben und in industriellen Fertigungsprozessen hergestellt worden sein. So sprechen uns beinahe alle industriell erzeugten Güter über ihr Design unmittelbar leiblich an, das heißt die atmosphärische Inszenierung ihrer Haut, die den Dingen ein Gesicht gibt. Mit einem gegenstandsbezogenen Gefühl sind in aller Regel auch (kulturell kommunizierte und gesellschaftlich zirkulierende) Bedeutungen verbunden. Die Übertragungsmedien im Prozess leiblicher Kommunikation sind insbesondere Bewegungssuggestionen und Gestaltverläufe[105], zum Beispiel die Spitzen von »Diamantquadern«, die die vorbeigehenden Passanten zur Zeit der Renaissance leiblich und autoritätsgebietend auf Distanz halten sollten (der Diamantquader fungierte in der Errichtung von Palästen aufgrund seiner latenten Abwehrgeste als Medium der Kommunikation von Macht).[106]

Plessner hob in einer Differenzierung zwischen Körper und Leib auf eine besondere Form der Vitalität ab. Danach empfange »ein belebter Körper zwar Wirkungen« und übe solche auch aus, aber niemals »›sieht‹ oder ›greift‹«[107] er. Im phänomenologisch verstandenen Sehen und Greifen kommt etwas vom leiblich vitalen Antrieb zur Geltung, der sich gerade in der Bewegung äußert. Da der vitale An-

104 »Halbdinge« unterscheiden sich von Dingen unter anderem dadurch, »daß sie verschwinden und wiederkommen, ohne daß es Sinn hat, zu fragen, wo sie in der Zwischenzeit gewesen sind« (Schmitz 1994, S. 80; vgl. auch Schmitz 1978, bes. §245). So gibt es auf die Frage, wo ein peitschender Sturm ist und was er tut, wenn er das Meer nicht mehr aufwühlt, keine sinnvolle Antwort. Man kann nur danach fragen, in welcher Weise ein Wind weht, ob er tobt oder seicht übers Land streicht, ob er von hinten oder von vorne kommt usw. Sein Gesicht ist wandelbar, sein Charakter – das Wehen – dagegen nicht. Auch eine Atmosphäre wird als ein »durch Einleibung fesselndes Halbding« (Schmitz 1978, S. 127) zudringlich. Halbdinge sind in ihrem Erscheinen flüchtig, in ihrem Erleben aber immersiv. Indem sie sich mit den Dingen verbinden, fügen sie auch diesen ein Moment des Transitorischen und Temporären hinzu.

105 Zum Begriff der »Bewegungssuggestion« sowie des »Gestaltverlaufs« vgl. auch Schmitz 1978, S. 38 ff.

106 Vgl. auch Hasse 2012.1, S. 106.

107 Plessner 1953, S. 139.

trieb von den Affekten und Bedeutungen einer Situation getaktet wird, unterscheiden sich die eigenleiblichen Bewegungen von Passanten in einer Fußgängerzone auch von denen eines Waldspaziergängers, eines Bade-Touristen am Strand oder von jemandem, der sich in der Nähe eines Feuers befindet.

Mit dem leiblichen Raum setzte sich auch Karlfried Graf von Dürckheim in seiner Studie über den »gelebten Raum« auseinander: »Im gelebten Raum ist der Mensch mit seiner ganzen Wesens-, Wert- und Lebenswirklichkeit drin.«[108] In dieser Weise kann man nicht in einem euklidischen Raum sein; in ihm befindet man sich an einer (relationalräumlichen) Stelle oder auf dem Weg zwischen zwei Koordinaten im »tatsächlichen Raum«[109]. Ähnlich wie Schmitz, so verstand schon Dürckheim den leiblichen Raum als »Herumwirklichkeit«[110] und »Herumraum«.[111] Solches *Herum* hat keinen relationalräumlichen und keinen körperlichen Charakter, und es ist nicht durch messbare Abstände gekennzeichnet, sondern durch Erlebnisqualitäten, die am eigenen Leib spürbar werden:

> »Der Raum wird nicht nur in seiner gegebenen Mannigfaltigkeit ›gesehen‹ und gegenständlich ›erfaßt‹ oder ›vor-gestellt‹ oder ›angeschaut‹, sondern ist in seiner jeweils leibhaftigen und bedeutungsvollen Ganzheit ›gegenwärtig‹ in Gesamteinstellung, Haltung, Gerichtetheit und Zumutesein, man hat ihn im ›Innesein‹, hat ihn in den Gliedern und im Gefühl.«[112]

In den »Gliedern« hat man nichts Tatsächliches, sondern ein Gefühl – das Gefühl des Erfasstseins von einem atmosphärisch spürbaren Herumraum. Seiner Gefühle wird man sich nicht in einem körperlichen, sondern in einem leiblichen Sinne gewahr. In der synästhetischen Redewendung der »Glieder« klingen bereits die Leibesinseln an, deren Erlebnisbedeutsamkeit Schmitz später systematisch herausarbeiten sollte (s. oben). Was es heißt, sich leiblich wahrzunehmen, drück-

---

[108] Dürckheim 1932, S. 389.

[109] Mit dem Begriff des »tatsächlichen Raumes« sprach Dürckheim jene Seinsform des Räumlichen an, in der die Dinge zu »raumerfüllenden Körpersachen« werden, »deren Sein sich wesentlich in ihrer exakt angebbaren Lage zueinander erschöpft«. Es ist dies der Raum, in dem die Leiblichkeit vom Erleben abgezogen ist, »d.h. sinninnhaft-beseelte Leibhaftigkeit von bestimmter Gestalt wird zu sinnentleerter Körperhaftigkeit einer nur meßbaren Form« (1932, S. 434f.).

[110] Dürckheim 1932, S. 395.

[111] Ebd., S. 402.

[112] Ebd., S. 399. Vom *Zumutesein* spricht auch Helmuth Plessner; vgl. 1980, S. 336.

te Dürckheim am Beispiel einer Situation *plötzlichen* affektiven Orientierungsverlustes mit einem geflügelten Wort aus, das selbst in der Alltagssprache vorkommt: »Man verliert den ›Boden‹ unter den Füßen.«[113] Weder geht es dabei um einen tatsächlichen Boden auf der Haut des Erde noch um die tatsächlichen Füße, die den sicheren Stand verlieren. Gemeint ist das schwindende *Gefühl* der Sicherheit und Orientiertheit in einer mit Bedeutungen geladenen Situation. Der leibliche Raum, von dem hier die Rede ist, ist nicht der Planungs- und Verfügungsraum von Subjekten und Institutionen, sondern ein mitweltlich widerfahrendes Herum.[114] »Der Erlebende steht also nicht nur in dem Raum, sondern dieser wird auch in ihm lebendig.«[115]

In der methodologischen Selbstverortung der Sozialwissenschaften ist ein solches Denken das Andere dessen, was man unter dem Einfluss des Konstruktivismus denken kann und um der Einhaltung des wissenschaftstheoretischen Burgfriedens innerhalb der *scientific community* denken darf. Danach gilt die Überzeugung: »Raum existiert nur als wissenschaftliche Abstraktion, in der Wechselwirkung zwischen Struktur und Handeln konstituieren sich Räume immer im Plural.«[116] Noch deutlicher heißt es schließlich bei Martina Löw:

> »Eine Soziologie des Raumes muß demnach heute die Entstehung von Raum aus der (An-)Ordnung der sozialen Güter und Menschen heraus erklären und nicht als eigene Realität den Gütern und Menschen dualistisch gegenüberstellen.«[117]

Auch Julia Lossau sieht Raum als ein Produkt symbolischer Konstruktion.[118] Aus phänomenologischer Sicht bringt sich darin ein gnadenloser Reduktionismus zur Geltung, der allein für theoriewürdig erachtet, was Resultat menschlicher Hervorbringungen ist.

Weil es Phänomenologen wie zum Beispiel Dürckheim nicht so sehr um die Frage ging, ob Gefühle im Raum Produkt menschlicher Interventionen sind (dass sie das sein können, aber nicht müssen, ver-

---

113 Ebd., S. 404.

114 Im Wesentlichen geht es in dem gesamten Werk von Bollnow mit dem Titel »Mensch und Raum« um das Leben in und mit diesem pathischen Raum; vgl. Bollnow 1963.

115 Dürckheim 1932, S. 407.

116 Löw 2001, S. 271.

117 Ebd.

118 Lossau 2012, S. 194.

steht sich von selbst), richtet sich ihr Interesse auf die Tiefenstrukturen der gefühlsmäßigen Beziehung zu Räumen. Daraus resultiert ein bedachtvoller Umgang mit Begriffen, die in Psychologie und Sozialwissenschaften in ihrer Selbstverständlichkeit weitgehend vorausgesetzt werden. So stempeln die Begriffe »Bewußtsein« oder auch »Bewußthaben« die »Raumbewußtheit zu sehr zu einer Angelegenheit des Kopfes und der Sinne [und] verleiten allzu leicht, das Raumerleben in den Wirkungskreis kognitiver Funktionen zu verhaften«, so dass der erlebte Raum zu »abständig« werde.[119] Stattdessen soll nach Dürckheim die Rede sein von »Gegenwärtigsein«, »Gegenwärtighaben« und »Innesein«.[120] Damit ist impliziert, dass von Räumen, die individuell wie kollektiv nicht nur *er*lebt, sondern auch *ge*lebt werden, affizierende Impulse ausgehen, die das Zumutesein im Herumraum stimmen. Das Ausdruckspotential solcher Gestimmtheit durch einen Raum nennt Dürckheim einen »Vitalton«[121]. Vom umgebenen Raum gehen schließlich »Zumutungen«[122] aus, die in atmosphärischen Erlebnisqualitäten seinen Charakter (Artungscharakter) zum Ausdruck bringen – wie zum Beispiel die Strenge, Leichte, Schwere sowie das Liebliche oder Weiche der physiognomisch erlebten Landschaft.[123]

Solche nicht zuletzt in spezifischer Weise auch im Raum der Stadt anstehenden Vitalqualitäten sind zwar wirksam, deshalb aber nicht auch schon »bewusst« im Sinne eines zur Aussprache drängenden »Gegenwärtig-seins«. Jürg Zutt weist als phänomenologisch arbeitender Psychiater darauf hin, dass der *gelebte Leib* kein Gegenstand der Reflexion, die Welt dem Individuum vielmehr im Milieu der Gefühle erschlossen sei – zum Beispiel in der Wärme, der Kälte,

---

119 Dürckheim 1932, S. 389. Dass Dürckheim zu seiner Zeit schon anmahnte, »der konkrete Raum des entwickelten Menschen ist ernst zu nehmen in der ganzen Fülle der in ihm erlebten Bedeutsamkeiten« (ebd.), war vorausschauend, zeigt aber auch, dass der Gehalt dessen, was seit Husserl und Heidegger Thema der Phänomenologie ist, als Folge eines rationalistischen Blicks auf Mensch und Raum stets ein Schattendasein führte.

120 Ebd., S. 398.

121 Ebd., S. 412.

122 Ebd., S. 425.

123 Ebd., S. 441. Selbstverständlich wissen auch Vertreter der Sozialwissenschaften um solche Gefühle, nicht zuletzt, weil sie durch kulturindustrielle, werbestrategische oder kulturpolitische Interventionen arrangiert werden können. Nur erklären sie diese nicht als Phänomene des Erscheinens, sondern münzen sie in Projektionen und damit in Stoffe der sozialen »Produktion von Raum« um.

dem Hunger etc.[124] Gleichwohl kann der Mensch »aus dem gelebten Eingefügtsein im gelebten Leben heraustreten und auf uns und unsere Situation reflektieren. [...] Ich bin nicht nur in der Situation, ich *weiß*, daß ich in der Situation bin«.[125] Die darin liegende Option intellektueller wie pathischer Selbstgewahrwerdung in affektiv geladenen Situationen hat das Potential jener *Technologien des Selbst*, die Foucault als Bedingung der »instrumentelle[n] Herausbildung eines neuen Selbst« ansieht.[126] Mit der Fokussierung der Leiblichkeit kommt eine Lebendigkeit in den Blick, die sich von der Vitalität der Menschen auf die der Stadt überträgt.

2.3.2 Zur »Lebendigkeit« der Stadt

Wie lässt sich *Lebendigkeit* im Kontext des Urbanen verstehen? Die Alltagssprache macht in der Rede über menschliche Eigenschaften einen Unterschied zwischen einer *lebenden* und einer *lebendigen* Person. Wer oder was in einem biologischen Sinne lebt, ist lebend. Der Begriff des Lebendigen ist dagegen in seiner Bedeutung stärker und erhöht.[127] Er schließt eine lebendige Lebensäußerung ein. Als Gegensatz zum *Toten* wird daher auch weniger das *Lebende* verstanden, als das *Lebendige*.[128] Die Frage der Lebendigkeit stellt sich weniger als eine biologische, denn als eine der dynamischen Bewegung und Fähigkeit, sich bewegen zu lassen. Das Spezifische menschlicher Lebendigkeit lässt sich als vielfältig wechselnde Bewegbarkeit charakterisieren. Deshalb ist in der Rede des Volksmundes das Lebendige auch »der sitz der lebenskraft«.[129] Diese kann sich auf verschiedene Weise äußern – über die Phantasie, die körperliche Bewegung, das Denken, die Erfindung wie den Gebrauch von »lebendigen« Begriffen und Vorstellungen, in lebendigen Worten vorgetragene Erzählungen und Schilderungen oder im Ausdruck des Gesichts.[130] Daraus folgt, dass es keine Lebendigkeit ohne Leiblichkeit gibt. Das Gesicht verdeutlicht in

---

124 Zutt 1963, S. 449 f.
125 Ebd., S. 451 f.
126 Foucault 1993, S. 62.
127 Vgl. Grimm / Grimm 1991, Bd. 12, Sp. 426.
128 Vgl. ebd., Sp. 432.
129 Vgl. ebd.
130 Vgl. ebd., Sp. 429.

seiner Mimik beispielhaft die Übertragung leiblicher Regungen in einen äußerlich wahrnehmbaren Ausdruck.

Zwar kann man vom *lebenden* wie vom *lebendigen* Körper sprechen, nicht aber vom lebenden Leib; der Leib ist immer Medium und Ausdruck von Lebendigkeit, die durch motorische Bewegungen und die Bewegtheit durch das »lebendigste« Gefühl[131] gestimmt wird. Auch die etymologisch weitgehend vergessene Redewendung, jemanden »an das lebendige greifen, ihn an der empfindlichsten stelle fassen«[132], bringt den leiblichen Charakter von etwas Lebendigem deutlich zum Ausdruck. Der Lebendige ist in einem vitalistischen Sinne voller Leben: »das ist ein höchst lebendiges kind; du hättest sehen sollen, wie sie darauf (in einem gespräch) lebendig ward, und sich alles an ihr regte.«[133] Zwar ist das Regen auf die sichtbaren Bewegungen des Körpers bezogen, aber diese drücken doch eher eine Dynamik des Leibes aus, als die Motorik von Haut und Knochen. So steht der Begriff des *Lebendigen* etymologisch ebenfalls für »lebenswarm«[134] und damit zugleich für »munter« und »wach«. Auch der lebendige Glaube eines religiösen Menschen ist Ausdruck einer leiblichen Ergriffenheit, die die Art und Weise stimmt, das eigene Leben zu führen. Jede dieser und anderer Metaphern des Lebendigen setzt biologisches Leben voraus. Der Lebende lebt; die Art und Weise, wie er sein Leben führt, ist dabei von sekundärer Bedeutung. Der Lebendige dagegen bringt sich in der Nutzung seiner (Lebens-)Kräfte und durch die von ihnen vermittelten Bewegungen kraftvoll und tatkräftig hervor. Solche lebendigen Kräfte sind ebenso am Habitus wie an den bewegten Zügen des Gesichts erkennbar: »Das spiel seiner augen war höchst lebendig.«[135] In diesem Sinne ist auch die Rede von lebendiger Teilnahme und Aufmerksamkeit zu verstehen. Schließlich verbindet sich der Begriff des »Wirklichen«[136] mit dem der Lebendigkeit, ist das Wirkliche doch das durch ein *Wirken* in Bewegung und Veränderung Befindliche.

Solche Bewegtheit kommt auch in der Natur vor. So nennt die alte Fachsprache der Förster das zum Beispiel am Baumstumpf wieder

---

[131] Ebd.
[132] Ebd., Sp. 432.
[133] Ebd., Sp. 428.
[134] Ebd.
[135] Ebd., Sp. 429.
[136] Ebd.

ausschlagende Holz[137] – nicht ohne metaphorischen Akzent – das »lebendige Holz«. Der Baum entfaltet – obwohl er eigentlich gefällt ist und schon »beinahe« nicht mehr existiert – an einer Stelle erneut seine Kraft und gibt sich in neuem (*wirk*-lichen) Wachsen Gestalt. Als lebendig gelten schließlich der das Laub der Bäume bewegende Wind und die Wellen von unruhigem Wasser.[138] Beide zeichnen sich durch Bewegung und (in ihrer Gestalt unterschiedliche) Bewegungsrhythmen aus.[139] Lebendig können auch Zeiten sein. So ist ein *lebendiger Tag* einer, an dem viel geschieht.[140] Auch die christliche Metaphorik kennt die Bedeutung des Lebendigen: »die lebendigen himmel jauchzen in tausend engelstimmen um den thron.«[141] Was als lebendig gilt, muss also nicht in einem tatsächlichen Sinne lebend sein. In diesem Sinne spricht man auch davon, dass die Erinnerung an einen Verstorbenen *lebendig* bleibt, weil dieser in den Gedanken der Nachfahren fortlebt.

Die geflügelte Rede vom »lebendigen Kopf« vernetzt die materiell-stoffliche Seite des Menschen mit der seiner persönlichen Äußerungen. Die Metapher hat nämlich zwei Bedeutungen. Zum einen meint sie den mit Ungeziefer gleichsam »kontaminierten« Kopf und damit das unerwünschte mikrologische Getier, das sich auf und in der Haut sesshaft gemacht hat. Zum anderen spricht die Metapher aber auch den in seinem Denken kreativen Kopf an, der originelle und authentische Gedanken hervorbringt. In dieser doppelten Rede steht neben der Bedeutung des Körpers die des Leibes.

Auch die Lebendigkeit der Stadt hat diese beiden Seiten. Was an ihr lebendig ist, äußert sich auf der Haut ihres so gestaltreichen Körpers, und es zeigt sich in den physiognomischen Zügen ihres Gesichts. In Bewegung sind unter anderem die Verkehrsströme, die auf der Haut der Stadt in Straßen, Gassen und Wegen rhythmisch pulsieren, morgens anders als am Mittag und wieder anders als am Abend. Diese Ströme sind auf multiple und oft chaotische Weise ineinander verstrickt. Die Überlagerung und Durchdringung des Vielen

---

137 Vgl. ebd., Sp. 431.

138 Vgl. ebd.

139 *Lebendigkeit* steht in der Naturbeschreibung für viele sich verändernde Situationen. Ihnen gemeinsam ist eine gewisse vielgestaltige Dynamik, deren genaue Verläufe im Einzelfall unbestimmt sind. So heißt es auch: »in den alpen wird der schnee lebendig, wenn er sich zu lawinen ballt und herabstürzt« (ebd.).

140 Vgl. Sp. 430.

141 Ebd.

drückt sich aber nicht nur in Verkehrsströmen aus. Das Prinzip kurzwelliger Synthetisierung, Collagierung, Fraktalisierung und Hybridisierung der Geschehnisse ist charakteristisches Merkmal der Großstadt. Darin spiegelt sich jene Lebendigkeit wider, die für ihren lebendig *gelebten Raum* charakteristisch ist. Sie äußert sich auch in den »inneren« Bewegungen der Stadt, die sich in ihrer Vielfältigkeit, Vielstimmigkeit und schnellen Wechselhaftigkeit in einer kraftvollen Dynamik stets aufs Neue reproduziert. Die eigentümliche, eben urbane Vibration des städtischen Leibes stellt sich als etwas Spürbares und nicht als etwas visuell Sichtbares oder semiotisch »Lesbares« dar.

Zur spezifischen Lebendigkeit der Stadt gehört auch das unvorhersehbare Ausschlagen von Lebenskräften, die schon als abgestorben galten. In der Lebendigkeit ihrer Rhythmen erzählt die Stadt ihre Geschichten, bringt Ideen der Selbstbehauptung wie -überwindung hervor und entsteht im *dauernden* Strom der Ereignisse immer wieder auf neue und andere Weise. Der Raum der Stadt ist auch darin lebendig, dass das Leben in ihm kurzfristig wechselnden Situationen der Beschleunigung und Verlangsamung – meist auf unvorhersehbare Weise – folgt. Lebendigkeit in diesem vielfältigen Verständnis des Heterogen-Dynamischen und Vielstimmigen soll hier als Kern von Urbanität verstanden werden. Urbanität ist am Gesicht einer Stadt erkennbar, wenn auch nicht in einem engeren Sinne sichtbar. Sie kann als vitales Potential der Stadt und deshalb auch als ihre leibliche Energiequelle verstanden werden.

Es gibt lebendige, aber doch keine lebenden Städte. Sie sind nicht lebendig wie lebende Wesen, bestehen vielmehr aus komplexen »Kunststoffen« und konkreten wie abstrakten Gebilden, die im gesellschaftlichen Leben als Medien der Lebendigkeit in einem autopoietischen Sinne fungieren. Der Stadt mangelt es im Unterschied zu Mensch und Tier an einem physiologischen Basis-Metabolismus, aus dessen Kraft und Dynamik sich der Antrieb des Urbanen letztlich speisen könnte. Die Lebendigkeit der Stadt setzt ihre Belebtheit voraus und das heißt mit anderen Worten, den Willen ihrer Bewohner und Benutzer, ein soziales, gesellschaftliches und nicht individualistisch vereinzeltes Leben zu führen. Eine von Menschen verlassene Stadt ist in einem urbanistischen Sinne nicht mehr lebendig – auch dann nicht, wenn sie sichtlich vom Zahn der Zeit zersetzt, von Vegetation überwuchert wird und zu Ruinen zerfällt (s. auch Kapitel 4.3.1).

Die Lebendigkeit der Stadt ist in ihrer besonderen Eigenart auch hörbar. Eine Großstadt klingt anders als eine Kleinstadt und erst Recht anders als ein Dorf. Die klangliche Qualität städtischer Lebendigkeit spielt üblicherweise im thematischen Spektrum der Stadtforschung keine Rolle. Im sozialwissenschaftlichen Denken konstituiert sich die Stadt im Milieu des physischen Raumes als eine gesellschaftliche, ökonomische und politische, mit anderen Worten als eine materielle und als eine abstrakte Welt. In den Fokus der *sinnlichen* Stadt gelangt vor allem das *visuell* Wahrnehmbare, das unmittelbar auf die körperliche Verfassung der (dinglichen) Stadt verweist. Dieser eingeschränkten Aufmerksamkeit entgeht der Sachverhalt, dass gerade in der sinnlichen Dimension des *Hörbaren* städtische Lebendigkeit in ihrem dahinströmenden Charakter zur Geltung kommt. Es wäre aber falsch, für die Beschreibung dieser Eindrücke den (metaphorischen) Begriff einer »Sprache der Stadt« zu beanspruchen. Dem gleichsam hörbaren Gesicht der Stadt mangelt es an jeder Form der Intentionalität, und so gibt es im engeren Sinne auch nichts Ausgesagtes oder Bezeichnetes. Nur in wenigen Situationen fällt das, was zu hören ist, in den Bereich der Sprache; zum Beispiel da, wo ein Lautsprecherwagen der Polizei oder der Feuerwehr durch die Straßen fährt und anlässlich einer bevorstehenden Sprengung zum Schließen der Fenster aufruft oder wo durch einen Werbelautsprecher die vermeintlichen Vorzüge einer Ware angepriesen werden.

Es ist aber nicht diese gleichsam »sprechende« Seite der lebendigen Stadt, die in phänomenologischer Hinsicht Beachtung verdient, sondern all das, was im Sinne von Willy Hellpach in einem lautlichen »Akkord«[142] aufgeht und sich zu einer chaotischen Vielheit des Hörbaren zusammenbraut, so dass es ganz sinnlos wäre, diese im Tönen spürbar werdende Virulenz städtischen Lebens in einzelne »akustische Elemente« auflösen zu wollen. Zur Großstadt gehört (weit mehr als zu jeder Kleinstadt) eine beinahe ununterbrochene Dauerkulisse der Geräusche, Töne und Klänge. Einen meist überhörten Grundton bilden so disperse Geräusche wie die Klänge der (eigenen) Schritte, die auf dem Kopfsteinpflaster anders tönen als auf dem Asphalt.

Das lebendige Geschehen städtischer Räume ist weit über das nur *akustisch* Hörbare hinaus zu *spüren*. Im Spüren des Hörbaren lebt die Lebendigkeit der Stadt geradezu auf. In das leiblich eindrücklich Vernehmbare ist man unausweichlich hineingezogen. Gegenüber

[142] Hellpach 1946, S. 61.

dem Sichtbaren hat man stets die Wahl der Abwendung des Blickes, wodurch es zu einem nur noch *optional* Wahrnehmbaren wird. »Im Hören fällt das Moment des Abstandes fort.«[143] Geräusche dringen gleichsam unaufhaltsam in uns ein und stimmen uns in einem zudringlichen Sinne leiblich.

»So wie man auch Töne hoch und tief, breit gelagert *(barys)* oder spitz und scharf *(oxys)* nennt, so folgen unsere Empfindungen den Anmutungen solcher Töne, indem sie uns einladen oder zwingen, mit unserem leiblichen Spüren in dieser oder jener Weise im Raum anwesend zu sein.«[144]

Nicht nur die Töne und Klangfolgen der Musik nehmen in einem pathischen Sinne mit, sondern auch die sich situativ variierenden Geräusche der Stadt.

In der situativen Gemengelage typisch großstädtischer Geräusch-, Klang- und Ton-Quellen spielen die Automobile eine besonders eindringliche, oft lärmende Rolle. Nur aus den Fußgängerzonen sind sie verbannt. Sie drücken die tageszeitlichen Rhythmen der Stadt aus, indem sie sich mit dem Anschwellen der lebendigen Ströme intensivieren, in einem Grundrhythmus verstetigen, in der Zeit des Abends langsam abflauen und in der Nacht fast ganz verschwinden. Akustisch herausragende Klangbilder künden vom dystopischen Charakter des »fließenden« Verkehrs – so die Martinshörner oder Sirenen der Polizei-, Feuerwehr- und der Sanitätswagen. Zwar drängen sie sich auch in der ländlichen Lebenswelt ins Gehör. Aber dort sind sie eher selten, so dass sie die Menschen aufhorchen lassen. Und oft drängt sich dann die gleichsam personalisierte Frage nach den Betroffenen von einem möglicherweise tragischen Geschehen auf. Nicht zu vergessen sind schließlich in vielen Städten die metallenen Geräusche der Straßenbahn, die sich in den Kurvenfahrten oft in ein polterndes Quietschen steigern.

Zu den gleichsam ekstatischen Geräuschen im Luftraum der Metropolen gehört das Rauschen und Pfeifen der startenden und landenden Flugzeuge. Das Thema ist durch einen emissionstechnischen Lärm-Diskurs so besetzt, dass die *gedämpfte* Hörbarkeit sich nähernder oder entfernender Flugzeuge als atmosphärisch bergendes Gefühl großstädtischer Lebendigkeit gar nicht bedacht wird. Zur Lebendigkeit der Stadt gehören aber *alle* ihre Geräusche, die in einem akkord-

143 Plessner 1980, S. 344.
144 Böhme 2013, S. 168.

artigen Spektrum klanglicher Präsenz aufgehen. Auf die spezifische Lautlichkeit typisch großstädtischer Gebäude wie Kaufhäuser, Bahnhöfe oder U-Bahn-Stationen weist Gernot Böhme unter dem Aspekt der »akustischen Möblierung« durch hintergründige und unterschwellige Musik ebenso hin wie auf die ganz spezifische Lautlichkeit, die man in hoheitlichen Gebäuden wie Gerichten zu spüren bekommt.[145] Sie alle dienen subversiven Zwecken, die durch das Arrangement dissuasiver oder erhabener Eindrücke mit den Mitteln architektonisch-szenischer Disziplinierung Dispositive der Macht entfalten.

Die phänomenologische und etymologische Sicht auf die urbane Lebendigkeit der Stadt unterscheidet sich methodologisch von der Perspektive der Stadtsoziologie. Während es im phänomenologischen Fokus um die mitweltliche Dimension von *Lebendigkeit* in einem geisteswissenschaftlichen Verständnis von Urbanität geht, werden in der Soziologie eher abstrakte Beziehungen wie »transnationale Urbanität«[146] oder das Wechselwirkungsverhältnis von Differenzierung und Integration[147] in einem normativen Sinne relevant.

2.3.3. *Das soziologische Urbanitäts-Denken*

In der soziologischen Urbanitäts-Debatte ist ein ursprünglich im Jahre 1938 erschienener Aufsatz von Louis Wirth zum Thema »Urbanität als Lebensform« wegbereitend.[148] So allgemein der dem Beitrag zugrunde gelegte Stadt-Begriff bleibt, so offen ist auch Wirths Begriff der Urbanität. Eine Stadt definiert er »als eine relativ große, dicht besiedelte und dauerhafte Niederlassung gesellschaftlich heterogener Individuen«.[149] Der Stadt-Begriff verdichtet sich sodann in der näheren Bestimmung dessen, was Wirth mit »Urbanität« verbindet. »Je größer, je dichter besiedelt und je heterogener eine Gemeinde ist«, desto stärker werden »die mit Urbanität assoziierten Merkmale« hervortreten.[150] Die Merkmalsgruppen zur Definition beider Begriffe bilden je ganzheitliche Einheiten. Eine Zusammenwirkung der Ele-

[145] Vgl. Böhme 2006, S. 90.
[146] Vgl. Wildner 2012.
[147] Vgl. Eckardt 2004, S. 34.
[148] Wirth 1974.
[149] Ebd., S. 48.
[150] Ebd., S. 49.

mente ist dabei vorausgesetzt. Über einzelne isolierte Merkmale kann weder auf »Stadt« noch auf »Urbanität« geschlossen werden.

Bemerkenswert ist Wirths Charakterisierung von Urbanität als *Lebensform*. Damit stellt er nicht physische Eigenschaften einer städtischen Siedlung in den Vordergrund, sondern solche der individuellen wie kollektiven Selbstkonstitution der Subjekte im sozialen Raum. Urbanität ist danach nicht am morphologischen Bild der Stadt zu erkennen, sondern an der Art und Weise, wie die Stadtbewohner und -benutzer ihre Stadt leben. Gleichwohl haben die physisch-realen Strukturen der Stadt (das, was im *tatsächlichen Raum* ist) ihren Einfluss auf die Herausbildung der Art und Weise, nach der die Menschen im städtischen Raum ihr Leben führen. Auch die sozialen Organisationssysteme einer urbanen Gesellschaft und deren »Bestand an Haltungen und Gedanken«[151] sind mit dem materiellen Bestand im physischen Raum einer Stadt verklammert. Insgesamt bleibt Wirths Urbanitäts-Begriff recht offen. Zwar nennt er eine Reihe von Merkmalen, die auf eine urbane »Persönlichkeit« hinweisen und sich in kollektivem Verhalten ausdrücken. Dies sind aber eher formale Strukturen und Konstitutionsbedingungen urbaner Lebensformen (u.a. differenzierte Funktionsteilung der Stadt, Abhängigkeit der Massen von »Manipulation durch Symbole und Stereotype«[152], Bildung von »Gruppen fiktiver, geistiger Verwandtschaft«[153]). Für sich genommen weisen sie noch nicht auf Urbanität hin. Hinweise auf *affektive* Dispositionen des urbanen Menschen lassen sich aus Wirths stadtsoziologischer Behandlung des Urbanitäts-Begriffes interpretativ zwar ableiten, sie werden aber nicht explizit diskutiert. Daran hat sich auch in der aktuellen stadtsoziologischen Diskussion von Urbanität nicht viel geändert.

Urbanität als normativer Begriff

Vor allem in der Gegenwart stehen in der Perspektive der Stadtsoziologie die Vorstellungen von Urbanität in einem mit Normen aufgeladenen Theorierahmen. So ist nach Häußermann und Siebel die urbane Stadt »ein Ort, wo verschiedene Lebensweisen, Anschauungen und Kulturen nebeneinander existieren können und zugleich in pro-

---

[151] Ebd., S. 58.
[152] Ebd., S. 63.
[153] Ebd.

duktiven Austausch zueinander treten«.[154] Die »Figur des Fremden ist der Kern aller soziologischen Definition von Urbanität.«[155] Schon bei Max Weber hieß es in diesem Sinne und im Hinblick auf das großstädtische (urbane) Leben, »daß die einst dem Nachbarverband spezifische, persönliche gegenseitige Bekanntheit der Einwohner miteinander *fehlt*«.[156] Wenn Weber damit auch eher die mitunter schnell fluktuierende Zusammensetzung der Bevölkerung ansprach, so implizierte seine soziologische Diagnose auf einem allgemeinen Niveau die Situation der Fremdheit des Menschen in der (großen) Stadt. Analytische und normative Kategorien verlaufen auch bei Georg Simmel an den theoretischen Rändern ineinander. In einer Stadtgesellschaft, die sich unter der Bedingung großer Dichte und räumlicher Enge konstituiert, bildet sich nach Simmel ein ganz spezifischer kultureller Boden für ein gedeihliches Leben (s. o.). Und so resümieren auch Häußermann und Siebel:

> »Urbanität ist die Fähigkeit, diese krisenhafte Existenz zu leben, die Differenz wahrzunehmen, sie auszuhalten und produktiv werden zu lassen für sich und für andere.«[157]

Urbanität wird als kulturelles und im Wesentlichen geistiges Vermögen diskutiert. Dabei wird übersehen, dass Urbanität nur als wache und empathische Form leiblicher Kommunikation gelingen kann. Nur der kleinste Teil dessen, was ein friedliches und produktives wie gemeinsames Leben in der Stadt ausmacht, wird »ausgehandelt«. Ein Boden der Übereinkünfte oder (weit diesseits jeder normativ unterfütterten Akzeptanz) auch nur der stummen Toleranz bildet sich *situativ* im Milieu leiblicher Kommunikation. Es mag Ausdruck eines in der Gegenwart verbreiteten rationalistischen Bildes von Subjekt und Gesellschaft in den Sozialwissenschaften sein, dass diese Seite der *gelebten* Stadt kaum Beachtung findet.

Im Rahmen soziologischer Theorien wird *Urbanität* im Grad ihres Gelingens auf das dialektische Verhältnis von Privatheit und Öffentlichkeit bezogen. So wird sie an die *demokratische* Verfasstheit einer Gesellschaft gekoppelt, generieren sich auf deren Hintergrund doch andere Wechselwirkungsverhältnisse zwischen Privatheit und

---

[154] Häußermann / Siebel 1997, S. 303.
[155] Ebd., S. 305.
[156] Weber 2005, S. 923.
[157] Häußermann / Siebel 1997, S. 305.

Öffentlichkeit als in nicht-demokratischen Gesellschaften. So gesehen gilt Urbanität (i. S. von Bahrdt) als ein »Verhaltensstil«, der sich nur in demokratischen Spannungsverhältnissen zwischen Privatheit und Öffentlichkeit herausbilden kann. Urbanität erhält damit – als theoretische Kategorie und Gegenstand der Analyse – ideologischen Charakter. Sie ist nicht systemunabhängig durch *vitale* Ströme und Rhythmen der Stadt gedacht, sondern durch bestimmte kulturell bis politisch vordefinierte Austauschprozesse zwischen großstädtischen Subjekten disponiert. Urbanität geht in diesem Verständnis nicht in einem phänomenalen Strömen der Menschen zwischen Orten auf. Dieses Strömen wird stets in normativer Abhängigkeit von kulturellen, politischen und anderen Bedeutungen verstanden.

Das Verhältnis von Privatheit und Öffentlichkeit ist indes einem starken Wandel unterworfen, der selbst innerhalb demokratischer Gesellschaften zur Herausbildung immer wieder neuer sozialer Ordnungen führt. Mit diesen Wandlungen verflüssigen sich auch die mit Urbanität identifizierten demokratischen Werte. Deshalb merkt Ulfert Herlyn zum Verhältnis von Öffentlichkeit und Privatheit an,

> »das Hauptproblem heute [scheint] eher die zu enge Verzahnung der beiden Sphären zu sein: die Öffentlichkeit dringt z. B. durch die modernen Kommunikationsmittel (Fernsehen und Internet) stärker als je zuvor in die private Sphäre und durchtränkt sie.«[158]

Daraus folgt letztlich, dass sich Urbanität nie auf einem *allgemeinen* Hintergrund demokratischer Strukturen einer (Stadt-)Gesellschaft konstituiert, sondern in einem präpolitischen Rahmen *existierender* Strukturen und ablaufender Geschehnisse – mögen diese nun mehr oder weniger demokratischen Charakter haben.

Indes ist in der stadtsoziologischen Verständigung über Urbanität die normative Orientierung wegweisend. Diese greift auch dann noch, wenn Urbanität als »das ›missing link‹ zwischen Architektur und städtischer Gesellschaft«[159] entworfen bzw. gesucht wird. In dieser Neutralisierung wird Urbanität aber weniger für eine fruchtbare Neudefinition geöffnet, als vielmehr in Gänze zur Disposition gestellt. Das »missing link« könnte kategorial (und normativ) auch ganz anders bestimmt werden denn als eine urbanistische Kategorie. Und

158 Herlyn 2004, S. 129.
159 Eisinger 2004, S. 96.

so verfährt Eisinger dann auch, wenn er dafür plädiert, das Modell *Urbanität* durch das der *Nachhaltigkeit* zu ersetzten.[160]

Auch bei Walter Prigge ist die zentrale Bedeutung von Urbanität eine »symbolisch leere Stelle, die für die demokratische Integration der gesellschaftlichen Beziehungen notwendig ist«. Die »Begegnung mit dem Fremden«[161] ist auch für ihn von grundlegender Bedeutung. Die ideologische Beladung des Urbanitäts-Begriffes wird besonders in der Rede von *demokratischen* gesellschaftlichen Beziehungen deutlich. Danach könnte es in nicht-demokratischen Stadtgesellschaften, in vielen afrikanischen und asiatischen Metropolen, keine Urbanität geben. Der Akzent des soziologischen Urbanitäts-Denkens liegt nicht auf den in einer endlosen Vielfältigkeit denkbaren Figurationen der *lebendigen* Stadt, sondern nur in der Art und Weise, wie *demokratisch* gesinnte Menschen ihre Stadt leben.

Urbanität und Stadtentwicklung

Für einen weitgehend normenfreien Gebrauch des Begriffes und städtebaulichen Programmes »Urbanität« spricht sich Klaus Selle aus.

> »An die Stelle eines Bildes von ›Verfall und Ende‹ sollte daher das eines kontinuierlichen Wandels treten. Gesellschaftliche Anforderungen und städtische Räume finden – nicht ohne Reibungen und Konflikte – stets aufs Neue zueinander.«[162]

Auch die *autopoietische* Transformation spätmoderner Stadtgesellschaften spricht für eine gegenüber Normen distanzierte Handhabung des Urbanitäts-Begriffes. Zwar sind es in aller Regel politisch motivierte Handlungen oder bereits machtvoll verfestigte Strukturen, die solche Transformationen einleiten und umlenken. Daraus resultieren jedoch städtische Austauschbeziehungen, die als lebendige Prozesse aufgefasst werden können, weil sie bestimmten Zyklen und Rhythmen folgen. Dabei ist nicht zu bestreiten, dass diese durch Motive politischer und ökonomischer Rationalität gelenkt werden. In der phänomenologischen Perspektive auf die Lebendigkeit des Urbanen kommt es zunächst auf den Strom der Bewegungen an, dem Bedeu-

---

160 Vgl. ebd., S. 99.
161 Prigge 1995, S. 74.
162 Selle 2004, S. 145.

tungen und damit auch Sinnorientierungen folgen – wie könnte städtische Lebendigkeit sonst *gerichtet* strömen.

In der spätmodernen, insbesondere der neoliberalen Entwicklung der Stadt rückt das in existenzphilosophischer Sicht bedeutsame Wohnen stark in den Hintergrund richtungsweisender Themen des Städtebaus. Dieser orientiert sich mit zunehmender Ausschließlichkeit an Zielen schnellstmöglicher Profitmaximierung. So verdrängen vor allem im Zentrum der Städte profitable gewerbliche Nutzungen die Option des Wohnungsbaus weitgehend. Die Zeiten, in denen im Sinne von Le Corbusier »die Wohnung zum ›lebendigen Zentrum des Städtebaus‹«[163] wurde, sind vorüber. Damit verändert sich das Muster urbaner Ströme in der Stadt von Grund auf. Die Stadt folgt einem anderen Puls, als wäre sie in erster Linie ein Raum des Wohnens. Der Wandel von der Wohnstadt zur Stadt des tertiären und quartären Sektors dokumentiert sich auch in der Antiquiertheit eines (in den Sozialwissenschaften) normativ unterlegten Urbanitäts-Verständnisses, folgt Stadtentwicklung doch ohnehin nicht der Spur eines moralisch Guten und Richtigen, sondern (im Wettbewerb der Systeme) den Spuren wirksamster Systemoptimierung. Schon die Unterzeichner der CIAM-Erklärung von La Sarraz waren sich im Jahre 1928 des Umstandes bewusst, »daß die Strukturveränderungen, die sich in einer Gesellschaft vollziehen, sich auch im Bauen vollziehen«[164]. In der Konsequenz heißt dies aber doch nur, dass für eine wirkungsvolle Gestaltung der Stadt außerhalb autopoietischer Kräfte bestenfalls marginale Spielräume für Politik und Architektur existieren[165] und damit für (wissenschaftlich verkündete) Normen kein Platz ist, sofern sie ihre Funktion nicht ohnehin in der Autopoiesis der Stadt schon haben.

Es dürfte kein Zufall sein, dass ausgerechnet eine asiatische Literaturwissenschaftlerin die zentrale Bedeutung der Gefühle im Leben in der Stadt herausstreicht.

---

163 Domhardt 2012, S. 32.

164 »CIAM« 2001, S. 103.

165 Noch deutlicher bekannte sich Ludwig Mies van der Rohe zu einer städtebaulichen und architektonischen Arbeit in den Grenzen des im herrschenden Zeitgeist nur Möglichen: »Die neue Zeit ist eine Tatsache; sie existiert ganz unabhängig davon, ob wir ›ja‹ oder ›nein‹ zu ihr sagen«; van der Rohe 2001, S. 114.

»Emotional citizenship functions both as an adjective that describes features of citizenship and so as a toll of analysis for studying the emotional representations and subjectivities that give rise to the politics of citizenship.«[166]

Schon Wölfflin wies 1886 in seinen Prolegomena zu einer Psychologie der Architektur darauf hin, dass die gebaute Welt – dasselbe gilt im Prinzip für die ästhetische (Um-)Gestaltung der Stadt – unaufhebbar mit Gefühlen zu tun habe. »Unterdrückung des Ausdrucks ist Unterdrückung des Affekts.«[167] Ausdruck ist immer eine Sache der Gefühle; alles in *rationale* Begründungen Gekleidete ist in Gefühlen fundiert. Deshalb erschließt sich das Bauen wie das Leben (in) der Stadt gegenüber einem vertiefenden Verstehen auch erst aus der Perspektive einer integralen Berücksichtigung der Gefühle und der leiblichen Verwicklungen in herumwirkliche Räume. Dieses Verstehen ist als Option aufgeklärter Verfügung über das eigene Selbst aber weitgehend verschüttet. Aus psychoanalytischer Sicht merkte Alfred Lorenzer deshalb an:

»Der Funktionalismus [in Architektur und Städtebau, J. H.] hat so eine unanfechtbare Form gefunden. Der notwendige Schritt ist getan: das emotionale Engagement ist annulliert; die nach dem Zerbrechen der Antithese von ›Zweckbindung und Zweckfreiheit‹ illegal gewordene Phantasie ist ganz aus dem Spiel gedrängt. Nur zweckdienlich isolierte Rationalität soll gelten.«[168]

Diese Teilanästhesie der Wahrnehmung tangiert auch und vor allem die dem Bauen der Stadt zugrunde liegende Logik. Und so verliert die Planung die Beherrschung über alles sich funktionalistischer Nützlichkeit im engeren Sinne Entziehende und damit auch über die Wege zur Anbahnung eines *urbanen* Raumes der Lebendigkeit. Urbanität kann sie ebenso wenig zielstrebig geradewegs herstellen wie die atmosphärische Qualität eines innerstädtischen Platzes. Auch die Stadt im Ganzen entzieht sich jeder zielgenauen Planung. Sie konstituiert sich in chaotisch-mannigfaltigen autopoietischen Prozessen. Dass die so gewissermaßen aus sich heraus entstehenden Städte aber dennoch – gleichsam a priori – auch Räume der Lebendigkeit sind, versteht sich aus der Eigendynamik eines städtischen Ganzen, das einzelne Planungsbereiche überschreitet. Eine große Stadt – allzumal eine Metropole – ist im Prinzip ein unbeherrschbarer Minotaurus. Gerade

---

166 Lynn-Ee 2009, S. 801.
167 Wölfflin 1999, S. 13.
168 Lorenzer 1968, S. 56.

darin liegt der Quellpunkt urbaner Lebendigkeit wie aller Potentiale zur autopoietischen Selbstüberschreitung der Stadt.

Der szientistische Verzicht auf die Gefühle im Urbanitäts-Diskurs

Das vorherrschende Denken über die Stadt und (ihre) Urbanität kommt sowohl im populären gesellschaftlichen wie im wissenschaftlichen Diskurs weitgehend ohne die Thematisierung von Gefühlen aus. In den meisten soziologischen Urbanitäts-Theorien bzw. -Thesen ist die Diskussion von Gefühlen unerheblich. Die oben angesprochenen Theorien illustrieren das. Nur wenn die Gefühle immens an Evidenz gewinnen und sich essentiell mit Situationen verbinden (etwa in Architekturen der Freizeitgesellschaft, der Gastronomie oder des Sports), wird die vitale Dimension des Urbanen, die sich unabhängig von gesellschaftlichen und dem Zeitgeist unterworfenen Normen performativ konstituiert, bewusst. Dennoch besteht auch dann die distanzierte Fremdheit gegenüber den menschlichen Gefühlen fort. In zivilisationshistorischer Sicht hat das westlich-christliche Denken eine weitgehende Entfremdung gegenüber (einer *expliziten* Thematisierung von) Gefühlen hervorgebracht. Im Schatten einer vielschichtig herausgebildeten Verschwiegenheitskultur konnten Ressourcen der systemischen Ausübung von Macht über den »zivilisierten« Menschen entfaltet und zuletzt durch die kulturindustrielle und politisch-ideologische Verfeinerung konsolidiert werden. Wer wenig über seine Gefühle zu sagen vermag, bietet sich der programmatisch ausgefeilten subkutanen Lenkung dieser in dunkel empfundener »Innerlichkeit« wirkenden Mächte in besonderer Weise an. Die Ethnopsychoanalyse befasst sich schließlich mit der wissenschaftlich systematischen Rekonstruktion der Bemächtigung der Gefühle durch Politik, Ökonomie und Kulturindustrie.[169]

In der ethnologischen Stadtforschung bahnt Rolf Lindner eine Richtung des Mitdenkens der Gefühle und der Leiblichkeit, wenn er vom »Habitus der Stadt« spricht und damit die pfadabhängige Herausbildung von Stadtidentität meint. Der Akzent liegt im Bedeutungshof dessen, was mit dem »Charakter von Orten« angesprochen wird. Damit bringt Lindner zur Geltung, »dass auch Städten aufgrund ›biographischer‹ Verfestigung bestimmte Entwicklungslinien

[169] Vgl. insbesondere Erdheim (mit Nadig) 1994.

näher liegen, andere ferner stehen«.[170] Was »Habitus« etymologisch bedeutet, weist gewisse Bezüge zum hier intendierten Bedeutungshof des Habituellen auf, drückt ein Habitus doch den besonderen Charakter eines Individuums aus (das ist hier keine Person, sondern eine Stadt) und teilt damit etwas Charakteristisches von dessen Disposition und Situation mit. Auch der Begriff des Habitus *impliziert* einen Begriff der Leiblichkeit, in dem sich nun aber nicht eine lebende Person, sondern eine lebendige Stadt zur Erscheinung bringt.

In der Gegenwart wird der urbane Charakter der Stadt aber auch bestritten.[171] Das »Ende der Urbanität« wird dann zum Beispiel an egozentrierten Subjektivierungskulturen vom Typ eines postmodernen, mehr aber noch eines neoliberalen Individualismus festgemacht, wonach sich das persönliche Handeln an den Leitlinien maximaler Selbstprivilegierung orientiert. Es ist nicht zu bestreiten, dass die selbstbewusste, durchsetzungsstarke sowie sozialen und gesellschaftlichen Verwerfungen gegenüber ignorante Selbstsituierung von ökonomischen (Globalisierungs-)Gewinnern in der Mitte der großen Städte zu einer tiefgreifenden kulturellen Transformation und Spaltung der sozialen Welt führt. Gleichwohl dämmert nicht deshalb schon das Ende der Urbanität. Aber sie wird einem atmosphärischen Wandel unterworfen. Das Leben im pluralen Dichteraum der Stadt bringt in einem autopoietischen Sinne eine neue urbane Form *segmentierten* Miteinanders hervor, dessen Lebendigkeit nur an veränderte gesellschaftliche Verhältnisse angepasst ist. Noch einmal sei an diesem Punkt mit Nachdruck darauf hingewiesen, dass sich in Urbanität in dem hier zugrunde gelegten nicht-normativen Verständnis spezifische Formen großstädtischer Lebendigkeit, aber keine moralischen Gewichte zur politischen oder ideologischen Ausrichtung einer Kultur der Stadt zur Geltung bringen. Urbanität ist das Vermögen der Städter, mit den Bedingungen der Großstadt auf situationsangepasste Weise zu leben. Nichts anderes macht auch die Pointe von Simmels Analyse zum *Geistesleben des Großstädters*[172] aus.

---

[170] Lindner 2003, S. 52.

[171] Vgl. kürzlich und beispielhaft die Diagnose von Metzger: »Mumfords Ausblick auf eine Anti-Urbanität ist längst in der Mitte des Zusammenlebens angekommen.« (2014, S. 354f.).

[172] Vgl. Simmel 1998.

Urbanität und Leiblichkeit

Wie sich gezeigt hat, schert der sich mit einem leiblichen Verständnis der Stadt ankündigende konzeptionelle Weg aus den Theorieroutinen des wissenschaftstheoretischen *Mainstream* aus. Innerhalb wie außerhalb sozialwissenschaftlicher Disziplingrenzen dürfte die Rede vom Leib der Stadt irritieren, bestenfalls als exotisch gelten, wenn nicht gar als befremdlich oder gar als irrational. Dagegen reproduziert sich die Rede vom »Körper der Stadt« im Zentrum sozialwissenschaftlicher Sprachroutinen immer wieder aufs Neue. In einer Programmankündigung des *Kompetenzzentrums für Raumforschung und Regionalentwicklung in der Region Hannover* heißt es zum Beispiel (beinahe satirisch): »Der Stadtkörper entsteht somit in den Köpfen der Menschen, die in der Stadt leben.«[173] Die unbedachte Rede vom »Körper der Stadt« reproduziert sich im Zentrum sozialwissenschaftlicher Sprachroutinen variantenreich. Susanne Hauser merkt dazu kritisch an:

> »Es geht selten, wenn Körper und Architektur in Zusammenhang treten, um den Leib, um jene merkwürdige authentische und individuelle, empfindende Entität, von der die Phänomenologen sprechen.«[174]

Der terminologische Verzicht auf einen Begriff des Leibes im urbanistischen Diskurs ist Produkt erkenntnistheoretischer Abstraktionismen. Die strukturelle Ausblendung der Leiblichkeit ist als Folge der Macht kollektiver »Denkstimmungen«[175] der sozialwissenschaftlichen *scientfic community* so tief verankert, dass sie sich im intellektualistischen Habitus des Mainstream-Wissenschaftlers unbewusst gemacht und festgesetzt hat. Die Übergehung der Leiblichkeit hat System, weil Begriff und Konzept des Leibes dem paradigmatischen Selbstverständnis der Sozialwissenschaften widersprechen. Die Vorstellung einer allein durch das Handeln intelligibler Akteure bewegten sozialen Welt hat keinen Platz für affektive, ästhetische, atmosphärische und leibliche Wahrnehmungs- und Ausdrucksformen. Die theoretische Abscheidung des Leibes aus dem Denken einer aus Substanzen und Akzidenzien imaginierten Welt dient nicht der bes-

---

173 Faltblatt zur am 07.02.2014 stattfindenden Veranstaltung »Stadtkörper« des *Kompetenzzentrums für Raumforschung und Regionalentwicklung in der Region Hannover.*

174 Hauser 1997.

175 Vgl. Fleck 2011.

seren Erkenntnis von Sachverhalten, sondern der Theoriehygiene und der diskursiven Sicherung disziplinpolitischer Macht. Weil sich der Begriff des Leibes weder in den Rahmen des Konstruktivismus noch in den der Handlungstheorie fügt, wird er durch Ignoranz ausgeräumt oder durch Gleichsetzung mit dem Begriff des Körpers in seiner Bedeutung zersetzt. Schon Helmuth Plessner merkte an, der Begriff des *Körpers* decke »diejenige einheitliche reale Eigenschaftshülle [ab], auf welche das Bedürfnis nach exakter Bestimmung den anschaulich gegebenen Leib reduziert«.[176] Übrig bleibt neben der Rationalität eines seine Ziele bewusst anstrebenden Subjekts der Glaube an die eindeutige Bestimmbarkeit einer Welt der Materialitäten und Ideen. Für die gegenstandslogische Konstitution von Fragestellungen unter anderem der Stadtforschung läuft das aber auf die nachhaltige Isolierung und Abscheidung nicht-rationaler, nicht-kognitiver und vor allem irrationaler Dimensionen menschlichen Verhaltens ebenso hinaus wie auf die Ausblendung des dynamischen Flusses der städtischen Lebendigkeit des Urbanen. Es gibt keine gleichsam »leibfreie« Urbanität.

2.3.4 Die leiblich »gelebte Stadt«

Mit der Frage der Leiblichkeit rücken Gefühle der Lebendigkeit in den Mittelpunkt, die am eigenen Selbst erfahren werden oder erfahren werden können. Auch die gelebte Stadt ist in der jeweiligen Aktualität ihrer vieldimensionalen Bewegungen lebendig.[177] Zu dieser Lebendigkeit gehört der situative Wechsel des atmosphärischen Erscheinens ihrer Leibesinseln, das heißt ihrer milieuspezifisch spürbaren Viertel. Wie die physische Stadt infolge der Entscheidungen von Akteuren durch ihren Um- und Neubau an veränderte gesellschaftliche

[176] Plessner 1953, S. 140.

[177] Der Leib der Stadt wird im Blickwinkel der Urbanistik indirekt (als Metapher für ihre Lebendigkeit) auch mit Begriffen wie »Beziehungsgeflecht« und »Interaktion« angesprochen: »Für den Sozialwissenschaftler ist die Stadt ein Beziehungsgeflecht, das durch die Interaktionen der Bürger entsteht und lebendig bleibt« (Helle 1974, S. 13). Gleichwohl stehen dieser Sichtweise auch zahlreiche abstraktionistische bis idealistische Vorstellungen vom Charakter der Stadt entgegen. So fasst die Geographin Elisabeth Lichtenberger die Stadt als »ein zentriertes System« (Lichtenberger 2002, S. 69) auf, und der Kulturgeograph Klaus Wolf als einen Raum »verantwortlich Handelnder« (Wolf 2005, S. 1048).

Erfordernisse angepasst wird, so die im Fluss befindliche soziale und ökonomische Stadt durch Neuerungen verschiedenster Art und Herkunft. Der auf vielfältige Weise vor sich gehende Wandel spiegelt sich in der Transformation des Milieus städtischer Leibesinseln wider. Deren *spürbare* Lebendigkeit »fließt« im Strom der Geschehnisse in einem prozessualen und performativen Sinne. Was die Stadt in ihrem Gesicht von sich und ihrem Charakter zu erkennen gibt, wird in der individuellen Teilhabe am Leben dieser Leibesinseln lebendig. Der gelebte Raum der Stadt ist in seinen baulichen und technischen Haut-Strukturen kulturell und ökonomisch situiert. Damit wird auch der leibliche Raum der Stadt zu einem politischen Raum.

Wie zum Leib des Menschen ganz wesentlich Richtung und Gerichtetheit gehört, so bahnen auch die gestischen Weisen des Sichzeigens von Bauten, Plätzen und Straßen Richtungen im städtischen Raum. Aber sie haben nicht den Charakter von Himmelsrichtungen. Sie bilden sich vielmehr gestisch in der Art und Weise, wie Räume und Orte sich atmosphärisch präsentieren, positionieren und situieren. So entstehen nicht nur attraktive Quartiere, die in der Gunst der Bürger stehen, sondern auch Viertel, die *aufgrund* ihrer wiederum eigenen programmatischen Gerichtetheit von sozialen Gruppen gemieden werden. Auch weite und enge Räume kommunizieren in ihrer Bau- und Erscheinungsweise leibliche Qualitäten. So können enge Räume je nach der Art und Situation ihrer baulichen Gestaltung als behagend oder ängstigend erlebt werden. Umgekehrt können offene und großflächige Umgebungen (z. B. in der Inszenierung öffentlicher Plätze) mit einem Gefühl leiblicher Weite und Entspannung korrespondieren, aber auch ein Gefühl der Verlorenheit in der offenen Weite einer Fläche vermitteln. Im Sinne einer kritischen Phänomenologie des Raumes[178] darf nicht vergessen werden, dass sich leibliches Raumerleben mit sozialen Bedeutungen verknüpft, also gesellschaftlich bedingt ist. Räumliches Erleben ist dort in besonderer Weise mit gesellschaftlichen Bedeutungshöfen vernetzt, wo Interessen einen starken Einfluss auf die Entstehung eines Raums hatten. Persönliche und gemeinsame Situationen greifen in einer quartiersspezifischen Weise ineinander und modulieren in gewisser Weise die Bedeutungsreliefs, auf deren Hintergrund eine Gegend in diesen oder jenen Gefühlen erlebt wird.

An anderer Stelle habe ich die Differenz im Erleben der archi-

[178] Vgl. Hasse 2014.1.

tektonisch gebauten räumlichen Weite der Vorhalle eines Versicherungsgebäudes illustriert (Inszenierung von Größe, Höhe und Offenheit). Der Vergleich unterschiedlich situierter sozialer Gruppen zeigte sehr schnell, dass das Erleben der Weite von der (gesellschaftlich bedingten) persönlichen Situation des Erlebenden abhängig war, hier von der Beziehung zum Versicherungsunternehmen. Für die sich mit dem Unternehmen identifizierenden Personen (im Hause Beschäftigte) vermittelt der *weite* Innenraum in einem aufnehmenden und empfangenden Sinne auf formal würdigende Weise ein leibliches Gefühl der *Schwellung*. Dagegen drückt sich derselbe architektonische Raum für Fremde (erst Recht für Bittsteller) nicht in einem aufnehmenden und begrüßenden Gefühl der Schwellung aus, sondern in einem kleinmachenden und unter die symbolische Macht des Konzerns unterwerfenden Gefühl der *Spannung*.[179] Am Beispiel der studentischen Wahrnehmung von postmoderner, repräsentationsorientierter Universitäts-Architektur habe ich mit Oliver Müller gezeigt, dass das synästhetische, bewegungssuggestive Form- und Materialerleben erst auf dem Hintergrund gesellschaftlicher Selbstverortung mit konkreten Bedeutungen verknüpft wird, die an ihnen korrespondierende leibliche Gefühle gekoppelt sind.[180] Auch hier verbindet sich die Weite und Offenheit des Campus-Platzes samt der um ihn herum arrondierten neuen Universitätsgebäude nur dann mit einem (positiven) Gefühl der Schwellung, wenn sich die Studierenden mit den baulichen Formen und dem, was sich in ihnen repräsentiert, identifizieren können. Im Falle einer idiosynkratischen Beziehung zum Erlebten und den mit ihm verbundenen gesellschaftlichen Bedeutungen tritt an die Stelle des leiblichen Eindrucks der Schwellung der (negativ empfundene) Eindruck der Spannung.

Jürg Zutt bietet eine leibphänomenologische Differenzierung an, die auch das tiefere Verstehen der Leiblichkeit der Stadt erleichtert. Er unterscheidet zwischen dem *erscheinenden* und dem *tragenden* Leib. Der *erscheinende Leib* ist der sich zeigende Leib,

> »er ist ein Gesehenwerden, er ist ein Erblicktwerden. Leib ist natürlich ebenso ein Sichverstecken, ein Sichverbergen, ein Sichnähern, ein Angreifen, ein Drohen, ein Irgendwoeintreten, ein Sichentfernen.«[181]

---

179 Vgl. Hasse 2005, S. 153 ff.
180 Vgl. Hasse / Müller 2014.
181 Zutt 1963, S. 454.

Diese Seinsweisen sind in Prozesse willkürlichen Tuns eingebunden. So wendet sich der »erscheinende, willkürlich bewegliche Leib« den Gegenständen oder lebendigen Wesen zu.[182] Er steht für das Auftreten einer Person auf einer Bühne der Geschehnisse, für das Sich-Hinwenden zu wie das Sich-Abwenden von etwas. Im erscheinenden Leib richtet sich das Individuum subjektiv aus, womit es sich zugleich in bestimmter Weise situiert.

Der *tragende Leib* ist durch das *unwillkürliche* Erleben bestimmt, zum Beispiel das Müde- und Wach-Werden. »Die Müdigkeit trägt uns in das Schlafen der Nacht, das Wachsein trägt uns in das Tätigsein des Tages.«[183] Tragend in diesem Sinne sind für Zutt auch Vorgänge im Körper, die wir nicht in Gang setzen können. Dazu gehören die Stimmungen[184], soweit sie nicht zum Beispiel durch Drogen willkürlich evoziert sind, aber auch dann, wenn ihre Wirkung eingetreten ist, den tragenden und nicht den erscheinenden Leib stimmen. Der in seiner nicht willkürlichen Beeinflussung gestimmte Leib *trägt* das Individuum in einem affektiven und situativen Sinne. Er ist nicht durch Handlungen und Entscheidungen disponiert, sondern durch Geschehnisse und Widerfahrnisse. Deshalb spricht Zutt auch vom »praeindividuellen Weltbezug« des tragenden Leibes.[185] Präindividuell ist auch die biochemische Situation des Körpers; sie bildet den »materielle[n] Ermöglichungsgrund [...] für den tragenden Leib«.[186]

Fern biologistischer Analogien bietet sich die Übertragung von Zutts Überlegungen zur doppelten Leiblichkeit auf den urbanen Raum der Stadt an. Zutts Differenzierung ist nicht zuletzt in der Analyse des Wechselwirkungsverhältnisses zwischen den Rollen von Akteuren und Patheuren nützlich. Die Haut der Stadt bildet mit ihrem physischen Substrat den tragenden Leib, die städtischen Strukturen die Bühne bzw. den Rahmen *unwillkürlichen* Tuns. Gegeben ist, was zur »Erscheinung« kommt.[187] Der tragende Leib der Stadt verdankt sich auch dem Wetter, den hektischen Rhythmen der Stadt zur Zeit der *Rush-Hour* oder zum Beispiel der Atmosphären einer

182 Vgl. ebd., S. 459.
183 Ebd., S. 457.
184 Vgl. ebd., S. 456.
185 Ebd., S. 459.
186 Ebd.
187 Vgl. Barth 1959, S. 434.

vorweihnachtlichen Sentimentalisierung durch technische Medien der Illumination. Die Welt der Patheure wird im tragenden Leib der Stadt gegenwärtig. Aber auch Akteure haben an diesem Leben der Stadt im Milieu des tragenden Leibes teil, denn eine Dimension auch ihres Seins hat pathischen Charakter. Indem Akteure und Patheure nur verschieden situierte Seinsweisen leben, die einem ständigen Wechsel unterworfen sind, generiert sich Urbanität als ein Effekt ortsspezifischer Synthesen in der RaumZeit dahinlaufender Geschichten. In keiner Situation strebt ein Individuum – weder als Akteur noch als Patheur – Urbanität programmatisch an. Sie entsteht im Vollzug konkreten Tuns, performativer Abläufe, nicht-intendierter Ereignisse bzw. situativer Durchgangsstadien eines ZeitRaumes. Der tragende Leib der Stadt verdankt sich einer spezifisch städtischen Virulenz, die an zentraler Stelle im Begriff der Urbanität enthalten ist. Er bildet das Milieu städtischer Leibesinseln, die ihrerseits tragende Atmosphären bilden, in denen sich die eine oder andere Art von Urbanität konstituiert.

Der erscheinende Leib spiegelt dagegen all jene bauenden und gestaltenden Gesten wider, die die Haut der Stadt produzieren und ihr Gesicht zeichnen. Er verdankt sich dem zielstrebigen Tun von Akteuren und bringt die Stadt *willkürlich* hervor. Sie wird inszeniert und präsentiert, um Zwecken zu folgen. Die Welt der Akteure ist die des Erscheinen-Machens der Stadt. Es ist die Welt der Produktion des tragenden Leibes.

Im urbanen Raum lassen sich die Formen der Teilhabe am Leben der Stadt nicht immer trennen. So wird das im erscheinenden Leib sich Gestalt gebende Gesicht eines Raumes mit seiner vorläufigen Vollendung zum Milieu des tragenden Leibes. Im Rahmen *alltäglichen* Tuns entzieht sich dieses der unmittelbaren Veränderung und Umgestaltung. Es ist so lange gegeben, wie seine tragende Funktion nicht zum Anlass einer veränderungsorientierten Einwirkung wird. Erst dann wird der tragende Leib der Stadt zum Gegenstand veränderungsorientierter Gestaltgebung. Der erscheinende Leib bringt den tragenden Leib hervor – und dies selbst für jene, die die Erlebniswelt der Stadt zuvor als Akteur (re-)produziert haben. Damit sind diese selbst gegenüber ihren eigenen Hervorbringungen nicht mehr Akteure, sondern Patheure, die die Stadt in einem mitweltlichen Sinne leben, ohne sie fortwährend neu zu erschaffen oder zu modifizieren. Akteure sind auch in der Rolle der Patheure in der Stadt und umgekehrt. Beide sind nicht Träger fixierter Rollen, sondern Individuen mit temporär wechselnden Formen und Arten der Teilhabe am Fortgang der Dinge. Die physische Haut der Stadt ist der Ermöglichungsgrund für den tragenden *und* erscheinenden Leib. Das auf dieser Haut entstehende Gesicht verdankt sich zum einen der Teilhabe an der Hervorbringung des erscheinenden Leibes, zum anderen aber unverzichtbar auch des Mit-Seins im tragenden Leib der Stadt.

2.3.5 Zum »Charakter« einer Stadt

Die Stadtwerbung suggeriert, dass es städtische Identität in einem singulären Sinne gibt – verstanden als einender Charakter und als spürbare Atmosphäre der »ganzen« Stadt. Damit ist vorausgesetzt, dass sich in einem imaginären »Wesenskern« der Stadt – gewissermaßen in ihrem pulsierenden Zentrum – ein sie tragender Charakter bildet. Es muss aber als fraglich gelten, ob die Strukturen und Falten auf der Haut der Stadt sowie ihr atmosphärisches Erscheinen für diese *insgesamt*, ungeachtet der Differenz zwischen ihren Orten und spezifischen Räumen, charakteristisch sein können. Hermann Schmitz versteht unter einem Charakter eine Situation

»geladen mit Sachverhalten (namentlich Protentionen, d. h. Sachverhalten, auf die man unwillkürlich erwartend gefaßt ist, während sie im Allgemeinen erst bei Überraschung und Enttäuschung aus chaotischer Mannigfaltigkeit einzeln hervortreten), Programmen (der Zuhandenheit für einen Gebrauch, der Sozialadäquanz, der Anziehung und Abstoßung, der Verführung und Warnung usw.) und (oft) Problemen, eingebettet in den relativ chaotisch-mannigfaltigen Hintergrund der Bedeutsamkeit, der zu der Situation gehört.«[188]

Charaktere sind ganzheitliche Eindrücke. Aber nicht nur Personen haben ihren Charakter, sondern auch Orte, Dinge, Tiere usw. Nach Schmitz ist kein Charakter statisch, er »bekleidet« sich vielmehr »mit wechselnden Gesichtern«.[189] Dieses Verständnis legt die These einer *Pluralität* städtischer Charaktere nahe, denn keine Stadt (nicht einmal eine Kleinstadt) geht in nur einem singulären Charakter auf. Indem Schmitz einen Charakter als Situation versteht, kommt mit der Vielfalt städtischer Situationen auch eine Vielfalt städtischer Charak-

[188] Schmitz 1994, S. 80 f.
[189] Ebd., S. 159.

tere in den Blick, deren Gesichter wiederum (schon durch den Wechsel des Wetters) dem situativen Wandel unterworfen sind.

Georg Simmel sprach vom Charakter als »innerliche Zentralität des Menschen«.[190] In solcher Zentralität bündeln sich die identitätsprägenden Merkmale einer Person. Charakter ist dabei auf die zuständliche Situation eines Menschen bezogen und konkretisiert sich im »Durchzug« aktueller Situationen. So spricht man Menschen einen ihnen eigenen Charakter zu, den man an der Art und Weise zu erkennen glaubt, wie sie sich verhalten. Charakter meint kein äußeres Gesicht, sondern jene tragenden Persönlichkeitsmerkmale, die *dieses* konkrete und individuelle Gesicht hervorbringen. Während ein individueller Mensch seinen (ihm eigenen) Charakter hat, stellt sich die Frage, ob das auch für eine »individuelle« Stadt gilt.

Was Simmel mit seinem Verständnis des Charakters als das »subjektive Apriori des Lebensverlaufes«[191] auf den Menschen bezieht, kann schon deshalb nicht auf individuelle Städte übertragen werden, weil diese aufgrund ihrer Größe, Dichte und inneren Differenzierung keine vergleichbaren Identitäten sind. Viel eher haben städtische *Quartiere* einen sie repräsentierenden Charakter, in dem sich eine räumliche Situation als Produkt historischer Entwicklung ausdrückt. Aber es gibt keine »Identität« eines städtischen Raumes, die sich auf ihre Bewohner übertragen ließe – unabhängig von der Möglichkeit der Identifikation der Bürger mit ihrer Stadt. Die Identität eines Quartiers und die einer Person unterscheiden sich schon darin kategorial, dass ein städtisches Quartier mangels Subjektqualität gar nicht zur Zuschreibung von Identität in der Lage ist. Auch ist die Pluralität der soziokulturellen wie -ökonomischen Situationen städtischer Viertel so groß, dass sie den Rahmen des (singulären) Charakters einer ganzen Stadt sprengen müsste. Deshalb hat ein und dieselbe Stadt auch so viele unterschiedliche und atmosphärisch wechselnde Gesichter. Ich gehe daher davon aus, dass es keinen Charakter *ganzer* (individueller) Städte geben kann, sondern nur Charaktere, die sich in einem mikrologischen Sinne auf dem Niveau städtischer Viertel und im Spiegel aktueller Situationen ausdrücken.[192]

---

190 Simmel 1916, S. 101.
191 Ebd.
192 In diesem Sinne ausführlicher vgl. auch Hasse 2012.2.

2.3.6 *Stadt-»Landschaften«*

Landschaften sind im phänomenologischen Sinne keine tatsächlichen Räume, sondern atmosphärische Gefühlsräume. Landschaften sind ubiquitär. Es gibt sie – ebenso wie Atmosphären – überall wo Menschen eine affektive Beziehung zu ihrem Herumraum aufbauen. Wo tatsächliche Räume zu Gegenden werden, in denen Menschen leben und wohnen, konstituieren sich solche affektgeladenen Beziehungen zu den Umgebungen des täglichen Lebens. So wird Landschaft zu einem immersiven Medium der Heimat. Heimat ist aber nicht a priori ein mit positiven Erinnerungen und Bedeutungen besiedelter Gefühlsraum. Sie konstituiert sich in aller Regel als höchst gefühlsambivalentes Identifikations- *und* Aversions-Milieu. (Stadt-)Landschaften werden als kollektive Affekträume aber auch arrangiert und in der kulturpolitisch bis kulturindustriell motivierten Inszenierung von Heimat mit Ideologien und Programmen geladen.

Wenn der Begriff der Landschaft im Allgemeinen auch Bilder »romantischer« Wälder und touristischer Bergwelten wachrufen mag, so gibt es Landschaft nicht nur »auf dem Land« und in der »freien Natur«. Auch auf der städtischen Haut bilden sich mikrologische Stadtlandschaften. Aufgrund ihrer Gefühlsgeladenheit steht die Landschaft für das Andere der Wissenschaften. Michel Serres pointiert das so: »Die Landschaft beginnt, wenn alle exakte Wissenschaft und alle Humanwissenschaft verstummen.«[193] Jenseits des »Geläute[s] der harten Wissenschaften« liege sie in »nahezu stillen Gefilden«.[194] Landschaften sind Affekträume, die in der individuellen und kollektiven Wahrnehmung entstehen, weil Orte und Dinge im Fokus biographisch und gesellschaftlich relevanter Bedeutungen erlebt werden.

Den Entstehungsprozess von Landschaften und dem, was »die Erde uns zu sehen gibt«, bezeichnet Michel Serres als »reziproke Einlegearbeit der Dinge«.[195] Diese vollzieht sich aber weniger in einer dinglichen Welt im engeren Sinne, als in einer Welt der Gefühle und mitweltlichen Beziehungen. In ihnen werden »Orte versammelt«.[196] Dieses »Versammeln« ist kein Zusammenlegen funktionierender

---

[193] Serres 1994, S. 333.
[194] Ebd. S. 370.
[195] Ebd. S. 371.
[196] Ebd., S. 323.

Dinge und Stätten, sondern ein affektives Zentrieren und Synthetisieren von Ortsbeziehungen. Solche affektiven Kartographien generieren die Individuen zum einen über ihr Handeln, aber auch über ihre pathischen Beziehungen zu ihrem mitweltlichen Herum. Zum anderen spricht die Landschaft das Individuum ebenfalls über die leibliche Kommunikation mit ihren je aktuellen Gesichtern an – ganz im Sinne dessen, was im Milieu des tragenden Leibes zur Erscheinung kommt. Darin liegt stets etwas, das auf den Charakter städtischer Räume hinweist. Was charakteristisch ist, erscheint in (flüchtigen) Gesichtern:

»Auch wo ›Etwas‹ zu beharren scheint, sind es im besten Falle die sich von Moment zu Moment erneuernden Erscheinungen, denen rechtmäßig Identität zuerkannt werden darf.«[197]

Für die Stadt-Landschaft gilt das mit noch größerem Nachdruck als für die in ihrer Natur oft idealisierte Romantisierungs-Landschaft von Wald, Feld und Flur. Das situativ schnell wechselnde Gesicht städtischer Atmosphären präsentiert sich vor allem im Laufe eines Tages in einer kurzwelligen Oszillation der Geschehnisse. So ist die Stadt-Landschaft am Morgen schon durch den spezifisch tageszeitlichen Rhythmus einströmender Menschen eine andere als zur Zeit des anbrechenden Abends, wenn die Ströme in umgekehrter Richtung anschwellen und aus der Stadt wieder herausführen.

Willy Hellpach gibt ein Beispiel für die wechselnden Gesichter eines frühlingshaften Windes:

»›Frühlingsluft‹ oder ›Südlandluft‹ (etwa an der Riviera) wird bald als ›lind‹, angenehm ›weich‹, bald als unangenehm weich, als ›erschlaffend‹, als ›labberig‹ empfunden.«[198]

Worauf es an dieser Stelle ankommt, ist der »Vitalton« (Dürckheim), in dem das Gesicht einer Gegend erscheint. Hellpach beschreibt diesen am Beispiel des natürlichen Wetters als »Witterungsbild«[199]. Sein Beispiel zur Frühlingsluft illustriert, wie ein Vitalton die leibliche Kommunikation anbahnt. Deshalb sieht er auch nicht nur eine Einwirkung des »Witterungsbildes« auf das *Erleben* der Landschaft.

---

[197] Barth 1947, S. 21.

[198] Hellpach 1946, S. 62. Ähnlich differenzierte Beschreibungen zum situativen Erscheinen städtischer Atmosphären finden sich zum Beispiel bei August Endell (vgl. 1995).

[199] Hellpach 1946, S. 63.

Vielmehr ist die Intensität des Erlebens für ihn noch dadurch gesteigert, dass es in das persönliche Befinden eingreift und das »Ergehen«[200], das heißt das mitweltliche Gefühl im ZeitRaum dieses Wetters, stimmt.

Die (Stadt-)Landschaft ist in ihrer Dichte und chaotischen Mannigfaltigkeit der Eindrücke der leibliche Raum par excellence. In ihm verdichtet sich das Erleben der städtischen Haut und des auf ihr zur Erscheinung kommenden Gesichts in einem leiblich ein- bzw. mitnehmenden Gefühl des Ergehens. Einen solchen Ergehens-Charakter hat auch Urbanität, sofern sie nicht nur am physiognomischen Bild der Stadt oder (abstrakt) an typisch großstädtischen Funktionsverdichtungen festgemacht wird, sondern an den gelebten Rhythmen einer städtischen Leibesinsel spürbar wird.

Wenn die Stadt mit ihren Orten und Räumen situativ in Vitaltönen erscheint und die städtischen Gesichter atmosphärisch in einer leiblich berührenden und die nonverbale Kommunikation herausfordernden Weise stimmt, liegt darin nicht nur jener situative Wandel, dessen Temporalität Heinrich Barth angesprochen hatte. Mit dem Wandel des Vielen (im Sinne chaotischer Mannigfaltigkeit) stellt sich auch die Frage, wie die Gesichter der Stadt zueinander in Beziehung stehen: Unter welchen Bedingungen ändern sie sich, während andere beharren? Letztlich kehrt damit die Frage der leiblichen Kommunikation wieder, denn die Art und Weise, in der ein städtischer Raum in seinem Erscheinen atmosphärisch oszilliert, entfaltet die größte suggestive Macht und affizierende Reichweite, wenn ein Geschehen das persönliche »Ergehen« stimmt.

Besonders im Verfall städtischer Bausubstanz kündigt sich ein durchgreifender atmosphärischer Wandel städtischer Räume an und damit auch ein Wechsel des »Ergehens« (s. auch Kapitel 4.3.1). Die Aufenthalts- und Lebensqualität eines verfallenden Quartiers verändert sich oft so schnell und nachhaltig, dass die Immobilienwirtschaft den atmosphärischen Wandel in einem Absturz der Bodenpreise zu spüren bekommt. Das Gesicht der von solchen Entwicklungen betroffenen städtischen Räume trägt in der Folge eines atmosphärischen Wandels die Züge einer tragischen Schwere, an der das Gewicht einer gescheiterten Entwicklung hängt. Hoffnung und Zuversicht, Gefühle, die sich stets mit dem gelebten Raum der Stadt verbinden,

---

200 Vgl. ebd., S. 65.

ziehen sich schnell zurück und werden durch Resignation, Verzweiflung und Angst vor der Zukunft verdrängt.[201]

Über die Stadt des Zerfalls, des Moders und der Gestänke um 1900 sagte Mumford: »Der Verfall erzeugte faule Gase, die den Leib der Stadt aufblähten.«[202] Mumford benutzt hier nicht zufällig den Begriff des städtischen Leibes, spricht er doch von einer Milieuqualität, die in ihrer sinnlichen Zudringlichkeit ein *mitweltliches* Herum stimmt und nicht nur einen scheinbar isolierten olfaktorischen Sinnesreiz. Johannes Volkelt hatte schon darauf hingewiesen, dass sich im Unterschied zu visuellen und akustischen Eindrücken im Geruchsempfinden stets ein Stofflichkeitsgefühl entfaltet.[203] Gerüche haben deshalb auch kaum Abstandsqualität wie etwas Gesehenes, das immer in einem *Dort* ist. Gerüche sind in hohem Maße immersiv und werden allzu leicht in den »Stimmungseindruck des Gegenstandes völlig hineingezogen«[204], so dass dieser dominiert und nicht ein Geruch als »einzel«-sinnliches Erleben.

In dem hohen immersiv-manipulativen Potential der Gerüche dürfte auch der Grund für die olfaktorische Inszenierung kommerzieller Räume liegen. Gerüche sind gleichsam die Fähren, die etwas vom (echten oder vorgetäuschten) Charakter einer Sache oder Situation in aufdrängender Weise ankündigen. Im Erleben der Gerüche sind – wie in keinem anderen Bereich sinnlicher Eindrücke – synästhetische Charaktere und damit *ganzheitliche* Formen der Wahrnehmung wirksam. In ihnen wird eindrücklich, was über die Grenzen eines Sinnes weit hinausgeht und vom Charakter eines Ganzen kündet. Gerade die Gerüche machen darauf aufmerksam, dass ganzheitliche Qualitäten nicht einzelnen Dingen an-»gesehen« werden, sich vielmehr an Eindrücken entzünden, in denen sich Vieles zu einer Einheit verbindet, das in dessen Verschmelzungscharakter im tatsächlichen Raum gar nicht existiert. Auch wenn Mumford von der »Farbe der Stadt«[205] spricht, meint er die atmosphärische Besonderheit eines Großstadtmilieus in einem ganzheitlich-synästhetischen Sinne. Auch die »Farbe der Stadt« ist das synästhetische Bild einer Erlebnisqualität, die sich in der terminologischen Sprache der exakten Wissen-

201 Vgl. dazu auch Hasse 2012.3.
202 Mumford 1951, S. 35.
203 Volkelt 1905, S. 97.
204 Ebd., S. 102.
205 Mumford 1951, S. 35.

schaften gar nicht aussagen ließe, weil es sie im tatsächlichen Stadtraum im engeren Sinne nicht gibt.

Was in der Stadt in einem dynamischen Sinne geschieht, wird im Erleben stadtlandschaftlicher Leibesinseln auf konkrete Weise spürbar. Während der Wandel der Dinge auf der Haut der Stadt seine Zeit braucht, bevor sich das Gesicht eines Ortes verändert, erfahren wir die zyklischen Wechsel im Dahinströmen städtischer Lebendigkeit im Wandel von Atmosphären. Auf dem Hintergrund persönlicher und gemeinsamer Situationen erleben wir, in welcher Weise die Stadt in einer ihrer Gegenden lebendig ist. Schon die mannigfaltigen dynamischen Kräfte, die den gelebten Raum der Stadt stimmen, versetzen die lokalen Milieus in Bewegung. Urbane Lebendigkeit bedeutet ständigen Wandel. Dieser geht aber nicht nur in harmonischen Abläufen vor sich; er schließt auch die kontrastierende und konfliktive Überlagerung atmosphärischer Situationen ein. In unserem mitweltlichen Ergehen bekommen wir zu spüren, wie sich in atmosphärischen Interferenzen der Erlebnisraum der Stadt transformiert. Das folgende Kapitel geht den Implikationen dieser Dynamik grundsätzlich sowie an Beispielen nach. Auch dabei wird das Ziel verfolgt, das Bewusstsein gegenüber den verschiedenen Formen subjektiver Teilhabe am Leben der Stadt zu schärfen.

3. Atmosphärische Interferenzen und Konkurrenzen

Der gelebte Raum der Stadt konstituiert sich als eine polyatmosphärisch gestimmte Welt.[1] In einer Zeit der Beschleunigung folgt sie in ihrer Entwicklung – je nach Struktur und Funktion städtischer Quartiere – dem Rhythmus eher kurz- als langwelliger Oszillogramme. Das schließt wiederum einen eher schnellen als langsamen Wechsel städtischer Gesichter ein. Zwischen ihnen entfaltet sich kein additives, sondern ein integrales Verhältnis. In ihrer Gemengelage verdanken sich die Transformationen einer nicht-linearen Rhythmik und performativen Dynamik im chaotischen Raum der Stadt. Zwar folgen Veränderungen städtischer Gesichter und Atmosphären einer gewissen Regelmäßigkeit und Ordnung (z. B. den täglichen Rhythmen der Arbeitswelt, den natürlichen Zyklen der Tages- und Jahreszeiten sowie des Wetters). Dennoch sind sie nur selten vorhersehbar. Städtische Atmosphären liegen nicht nebeneinander wie Steine im Pflaster. Sie befinden sich wie das sie hervorbringende menschliche und außermenschliche Leben in ständiger Bewegung und drücken sich in einer Lebendigkeit aus, in der sich die Stadt vom Dorf unterscheidet. Als städtische »Meta-Kollektoren«[2] versammeln sie die Menschen, Bedeutungen und Aktivitäten in einem imaginären Netz performativer Knoten.

Sinnliche Eindrücke entfalten sich nach dem Gewicht der mit ihnen verbundenen Bedeutungen eher kern- oder randintensional. So kann ein objektiv emittierter innerstädtischer Lärm im subjektiven Erleben die atmosphärische Virulenz von Urbanität gleichsam beglaubigen und in einem ästhetischen Sinne abrunden, auch wenn sich das nach geltenden DIN-Normen und zumutbaren Dezibel-Belastungsgrenzen ausschließen müsste. Was sich subjektiv ins »Bild« des Urbanen einfügt, bildet dann einen atmosphärischen Rahmen für

[1] Vgl. Sloterdijk 2004, S. 663.
[2] Ebd., S. 664.

die Integration von Eindrücken, die in eine Atmosphäre scheinbar nicht hineinpassen.

3.1 Zur Pluralität städtischer Gesichter

Schon die funktionale Gliederung einer Stadt impliziert eine (ihren Funktionen korrespondierende) Pluralität atmosphärisch gestimmter Gesichter. Auch die sozioökonomisch und soziokulturell differenzierten Quartiere zeigen sich auf je eigene Weise. So berühren sich nicht nur ähnliche, sondern auch heterogene und kontrastierende Gesichter städtischer Räume und atmosphärischer Wirklichkeiten. An Grenzverläufen bilden sie indifferente Zonen, Spannungen, Brachen und Niemandsländer. Auf stadtsoziologischen Subduktionszonen stoßen soziale Welten aufeinander. Wenn sich (insbesondere unter neoliberalen Vorzeichen) ein revidierter *Klassen*-Begriff auch aufdrängen mag, bleibt er in Zeiten schichten- und bildungsunabhängiger Karrieren des schnellen Geldes und exzessiven Wohlstandes doch undeutlich.[3] So muss heute bezweifelt werden, dass sich – wie noch vor dem Zweiten Weltkrieg – die Gesichter der Wohnquartiere als abdruckartige Gestalten der soziokulturellen und -ökonomischen Verortung ihrer Bewohner in der Gesellschaft zur Erscheinung bringen. Viel eher ist eine implosionsartige Pluralisierung und Heterogenisierung im Prinzip aller Viertel der Stadt zu beobachten. Sloterdijk spricht deshalb auch nicht mehr von Klassen in einem marxistischen Sinne, sondern von »Mengen«[4]. Auf der Haut der Stadt zeichnen sich *Oberflächen*-Bilder ab und nur viel weniger noch tief liegende Muster. Als mikrologische Platten bilden Quartiere ein schuppenartiges Gefüge, dessen Ordnung nur bis auf weiteres besteht und in heterogenen Geschichten gründet. Die entstehenden und sich reproduzierenden Muster sind prozessuale Durchgangsstadien einer sich immer wieder neu findenden sozialen und räumlichen Ordnung.

Was weiter oben mit dem neo-phänomenologischen Begriff der »Leibesinsel« angesprochen wurde, charakterisiert auch den Leib der Stadt, der von einem unübersichtlichen Gewoge von Orten und In-

---

[3] Zur Diskussion der Aktualität des Klassen-Begriffes vgl. z. B. Gebhard / Heim / Rehberg 2007.

[4] Sloterdijk 2004; vgl. auch Kap. 2.2.

seln belebt wird. Diese Inseln sind keine persistenten Orte im »Körper«-Raum der Stadt, in dem man klar begrenzte Objekte auf Koordinaten verorten kann. Die Leibesinseln der Stadt bilden disperse Muster mit fließenden Grenzen. Wenn es auch wie eh und je »gute« und »schlechte« Viertel gibt, so löst sich das Ganze doch tendenziell in wandlungsfähigen Gemengelagen auf. Ein nach geodätischen Bezugspunkten im Raum exakt definiertes Quartier (z. B. als Teil eines Wahlbezirkes) ist an seinem Grenzverlauf zwar vermessbar, leiblich aber doch nie *spürbar.* Sinnlich erleben kann man Räume, wenn sie den Charakter einer »Gegend« haben und in ihrer Eigenart durch weitgehend ähnliche Merkmale auch eindrücklich werden.

Im atmosphärischen Raum gibt es keine scharfe Grenzen, sondern mehr oder weniger kontrastreich ineinander verlaufende Korridore. Als gleichsam schwimmende Zonen liegen sie in einem verbindenden Sinne zwischen solchen Gegenden. Wie sie sich situativ ändern, so auch die wahrnehmbare Eigenart einer Gegend selbst. Solche Gegenden haben den Charakter städtischer Leibesinseln, weil sie als prädimensional spürbare (nicht aber messbare) Räume wahrgenommen werden können. Sie sind eher undeutlich begrenzt, aber doch als etwas am eigenen Leib *und* vom Leib der Stadt deutlich zu spüren. So erscheint die aus Leibesinseln bestehende Stadt ganz im Sinne ihrer urbanen Qualität als provisorisch, reversibel, dünnhäutig und zähflüssig – als ein sich im Prozess voranbringendes, aber nie zu Ende gehendes Theaterstück. Wenn die Stadt auch in der Zukunft mit Stoffen von Bestand und – trotz aller digitaler High-Tech-Kulturen des Imaginären – nicht allein mit halluzinativen Immaterialien gebaut wird, so prägen gerade die festen Dinge jene flüchtigen Gesichter, die weniger Ausdruck von Epochen sind, als Reaktionsfeld einer Chrono-Dermatologie nervöser urbaner Reizungen und Färbungen. Nicht zuletzt die rapide sinkende Halbwertzeit großstädtischer Repräsentations-Architektur drückt diese Kurzlebigkeit des Geschehens auf der Haut der Stadt aus. Umso mehr werden auch die Atmosphären der Stadt flüchtig. Das macht auf eine Dynamik in ihrem Leib aufmerksam, die sich schon im Wechsel der Atmosphären des Wetters in einer für jedermann evidenten Weise zu spüren gibt. Das Wechselwirkungsverhältnis zwischen städtischer Haut, Gesicht und ihrem (landschaftlichen) Leib wird besonders an den Wunden der Stadt wie an ihren ästhetisierten Schauseiten deutlich. Der immer schneller oszillierende Wandel städtischer Räume bringt sich auch in der Mimik der Gesichter von Orten, Quartieren und größeren Bezirken wie Häfen ästhetisch zur Geltung (s. auch das Beispiel des Düsseldorfer »Medienhafens« in Kapitel 3.4.3).

Im Bild des Ruinierten zeigt die Stadt ihr dystopisches Gesicht, im Bild prosperierender Entwicklung das der lebendigen Utopien. Je nach Art des Quartiers und der Mächtigkeit des vonstatten gehenden Wandels zeigen sich auf einer temporären Ausdrucksebene lokaler Gesichter die Spuren des Scheiterns wie der Ekstase, des Zusammenbruchs wie der Eutrophie. Im Gesicht des Dystopischen zerreißt die Haut. Es zeigt sich dann aber weniger ein verzerrtes Gesicht als die Destruktion materieller Stoffe (s. auch Kapitel 4.3.1). Wo sich das Gesicht eines städtischen Raumes dagegen über die Ausdrucksmittel des Erhabenen mit der Ästhetik eines scheinbar Einzigartigen verbindet, verliert es sich schnell ins Maskenhafte. Während der energieentleerte Eindruck des Dystopischen der Erklärung kaum bedarf, wirft der Schein des Schönen lange Schatten der Anästhesie. Das Hyperästhetisierte überblendet das Verdrängte, Abgeräumte und Verscharrte, und es entstehen verworrene Vexiergestalten. Die inszenierten Häute der Faszination verdanken sich einem anti-mnemosynischen Bauen, das die radikale Verwandlung des Alten, seine gleichsam geschichtsneutrale Integration ins Neue, zur Voraussetzung hat.

So verschwindet die von Martin Elsaesser 1928 in Frankfurt am Main errichtete Großmarkthalle im ekstatischen Gesicht des von *Koop Himmelb(l)au* entworfenen Doppelturms der neuen Europäischen Zentralbank in ihrer ästhetischen Präsenz in einem neuen Bild. Als Folge einer gewaltsamen Integration in den postmodernen Glamour verschwindet sie zwar nicht *tatsächlich* und in Gänze, aber sie steht nicht mehr *für sich*. Sie ist nicht mehr mit ihrem ursprünglichen Charakter identisch. Der historische Bau wird zum Ornament, zur »schönen« Beigabe der ethisch ambivalenten Ästhetik einer finanzpolitischen Institution. Wenn die alte Markthalle in ihrem materiellen Bestand aus Spannbeton, Backstein und Stahl auch weitgehend erhalten bleibt, so verliert sie im neuen Milieu der Macht des großen Geldes ihr atmosphärisches Gesicht »mit Haut und Haaren«.

Wie geht dieser Wechsel der Atmosphären vor sich? Am Beispiel des Windes, dessen Charakter im Wehen aufgeht, erläutert Hermann Schmitz solche Übergänge als Gesichtsveränderungen, die sich von Umgestaltungen eines Charakters unterscheiden. »Der Wind geht in seiner Äußerung, zu wehen, viel mehr auf, als wir bei einem Ding erwarten würden.«[5] Der Wind kommt vor, indem er zudringlich wird.[6] In der Art seines Wehens und seines davon ausgehenden Ergreifens wechselt er sein mannigfaltiges Gesicht: So ist der Wind, »wenn er nach einer Phase der Windstille erneut bläst«,[7] kaum noch derselbe. Aber dieser Wandel bleibt nicht bei sich. Er stimmt das gesamte herumräumliche Erleben einer vom Winde durchwehten Gegend. Deshalb lässt sich auch sagen, dass der Wind – als *eine* atmosphärische Kraft neben weiteren – mit anderen Atmosphären kommuniziert. Er stimmt um, was ohne sein Erscheinen auf andere Weise gestimmt wäre. So impliziert der Wechsel *einer* Atmosphäre eine Verschiebung der Einflussmächte *anderer* Atmosphären.

3.2 Heimat – ambivalente Atmosphären

Das Beispiel heimatlicher Atmosphären macht die Interferenz affizierender Mächte noch deutlicher. Heimat zeichnet sich nach Eduard Spranger durch »erlebbare und erlebte Totalverbundenheit mit dem Boden«[8] aus. Das heimatliche Gefühl der Gestimmtheit durch die leiblich (zwischen Enge und Weite) spürbare Gegenwart eines Raumes geht auf ein Wechselspiel von Stimmungen zurück. Diese verdanken sich zum einen Teil dem Lauf einer subjektiven Biographie, zum anderen Teil aber auch der Macht der Vergesellschaftung. In der Spannung von Individualisierung und Kollektivierung lädt sich das Leben in einer Gegend mit Bedeutungen auf. Atmosphären der Heimat haben deshalb eine *existenzielle* Dimension, die es bei aktuellen Atmosphären (zum Beispiel des Wetters, städtischer Hektik oder der Verlärmung eines Ortes) nicht gibt. Wegen der unterschiedlichen Grade der affektiven Betroffenheit von einem Gefühl[9] ist Heimat als ein multirelationiertes Gefüge bedeutungsgeladener Atmosphären zu verstehen. Diese bilden in ihrer *Stimmungs*-Macht[10] einen affektiven Resonanz-Boden, der in Grenzen gegenüber kontrastierenden und disparaten Atmosphären tolerant ist. Die Art der Beziehung zwischen Atmosphären kann kollisionsfrei oder kollisionsträchtig sein; sie ent-

[5] Schmitz 1978, S. 118.
[6] Vgl. ebd., S. 122.
[7] Ebd., S. 123.
[8] Spranger 1952, S. 14.
[9] Vgl. dazu auch Schmitz 1993.
[10] Vgl. dazu auch Hasse 2014.1, Kap. 12.

faltet sich als ein integrales Verhältnis oder eines der affektiven Abscheidung einer Atmosphäre im Moment der steigenden Macht einer anderen. So stehen heimatliche Stadt-Atmosphären nicht selten in einem fragilen Beziehungsgefüge zueinander.

Indem sie einem permanenten Wandel unterliegen, verschieben sich zugleich ihre Wechselwirkungsverhältnisse. Solch fließender Wandel vollzieht sich nicht in Gestalt eines Strömens, in dem sich die Gefühlsmacht der Eindrücke taktet und den Affizierungsgrad einer heimatlichen Atmosphäre stimmt. Daher gibt es auch nicht nur die tiefe emotionale Identifikation mit einem Raum, sondern auch seine Abwehr, mit anderen Worten eine idiosynkratische Heimat, in der vieles, wenn auch nicht alles, unter der Last einer tief verwurzelten Aversion steht. Deshalb ist auch der Ort der Kindheit nicht schon a priori eine harmonische Heimat im Sinne von Eduard Spranger. Insbesondere auf dem Hintergrund einer verlorenen, kolonisierten, entfremdeten oder auf andere Weise mit Problemen und Unbehagen angefüllten Kindheit mag sich ein tatsächlicher Nah-Raum in eine räumliche Leibesinsel der Abwehr verwandeln und in der Retrospektive als psychologisches Feindesland empfunden werden.[11]

Mächtige Atmosphären schirmen zwar nicht *alles* ab, was sich der Einfügung in einen Bedeutungshof verweigert. Aber sie »arbeiten« wie affektlogische Schleusen, die eine gewisse Kontrolle über das atmosphärische Eindringen des Allzufremdesten ausüben. Das gilt für die identitive wie die idiosynkratische Heimat auf je eigene Weise. Heimat hat ihren Charakter. An ihm ist sie für das Individuum zu erkennen. Er »gibt im allgemeinen zu verstehen, um was es sich […] handelt und worauf man«[12] gefasst sein muss. Ein Individuum »weiß« in einem intuitiven Sinne der Einverleibung, was ihm seine Heimat bedeutet – in einem harmonischen wie dystopischen Sinne. »Wenn das unklar wird, verschwindet der Charakter nicht, sondern wird rätselhaft. […] Das Gesicht pflegt auch bei konstantem Charakter beständig zu wechseln«[13]. So verändert sich auch jedes heimatliche Milieu in den Grenzen dessen, was man mit einer gewissen Unschärfe und Offenheit von ihm erwartet.

[11] Zu Unrecht wird im Großteil der sozialwissenschaftlichen Literatur über Heimat und raumbezogene Identität das idiosynkratische Zerrbild geradezu harmonistisch zugedeckt.

[12] Schmitz 1978, S. 129.

[13] Ebd.

3.3 Atmosphären im Konflikt – zum Beispiel auf Friedhöfen

Friedhöfe sind störungsanfällige Räume. Deshalb lassen sie besonders deutlich etwas vom Wechselwirkungsgeschehen der Atmosphären und städtischen Leibesinseln erkennen. Vor allem die im frühen 19. Jahrhundert nach landschaftlichen Gestaltungsideen angelegten Friedhöfe beeindrucken heute nicht zuletzt in ihrer alten und mächtigen Vegetation durch Atmosphären des Numinosen. Wegen ihrer tatsächlichen Raumeigenschaften bieten sich solche »anderen Räume«[14] aber auch nicht-sepulkralkulturellen (also zweckentfremdeten) Nutzungen an. So laufen Jogger ihre täglichen Routen körperlicher Ertüchtigung auf den Haupt- und Nebenwegen der großen Friedhöfe – ohne jedes Interesse am sepulkralkulturellen Raum. Deshalb wird auch kein Jogger von einer Stimmung der Trauer erfasst, wenngleich die getragene Schwere der im Raum ausgebreiteten Atmosphäre für jedermann spürbar ist, der sich in seinen Grenzen bewegt.

In seiner räumlichen Anlage und Umfriedung ist der Friedhof atmosphärisch nachhaltig disponiert. Alles seinem heterotopologischen Charakter Widersprechende wird durch Mauern, Hecken, Wassergräben oder Zäune abgeschieden. Letztlich dienen solche Grenzen der Sicherung eines Mythos. Die »Erzählung« des Raumes bedarf der Abschirmung »störender« Eindrücke und ihnen anhaftender Narrative. Solche mythischen Rauminszenierungen gehen aber nie störungsfrei in einem idealen Milieu auf. Schon der Jogger verwirrt in gewisser Weise die Unversehrtheit des numinosen Raumes, indem er die Autorität der für einen Friedhof charakteristischen Atmosphäre ignoriert. Darin mag der Grund liegen, weshalb derartige Freizeitnutzungen von den meisten Friedhofsordnungen auch verboten werden.

Viele »Immissionen« der profanen Welt der Stadt lassen sich durch Anlagen der Umfriedung tatsächlich und atmosphärisch vom Raum des Friedhofs fernhalten. So können etwa akustisch herandrängende, profane städtische Vitalqualitäten durch Mauer und Bewuchs weitgehend an ihrem Eindringen ins Raumerleben des Friedhofs gehindert werden. Die mächtige Rahmenatmosphäre des Friedhofs filtert aber nicht nur, sie integriert auch. Deshalb entfalten sich innerhalb des numinosen Raumes Sub-Atmosphären, die sich in die allgemeine Gefühlsraum-Programmatik des heterotopen Raumes

---

[14] Foucault spricht den Friedhof als Musterbeispiel einer Heterotopie an; vgl. auch Hasse 2006.

einbetten. Programmatisch homogene, aber doch »andere« Inseln bilden in diesem Sinne zum Beispiel die meist großräumig und in ihrer Ästhetik eindrucksvoll gestalteten Soldatenfriedhöfe. Sie sind Friedhöfe innerhalb von Friedhöfen, weil in ihnen eine spezielle Sepulkral- und Erinnerungskultur zum Ausdruck kommt, die vom allgemeinen mythischen Programm des Friedhofs mitgetragen wird. Auch neuere Praktiken der Begräbniskultur haben zu einer differenzierten Puralisierung subatmosphärischer Inseln geführt – von Urnenfeldern für Aids-Tote, über genderspezifische Gewanne bis hin zu immer größer werdenden anonymen Urnenwiesen, die nur noch über ein lockeres Band mit dem Numinosen *christlicher* Religionen verbunden sind, vielmehr zunehmend säkulare Inseln im »Heiligen Raum«[15] bilden.

Das Ineinanderübergehen von Atmosphären, ihre gefühlsmäßige Separierung wie ihre akute Konkurrenz werden auf dem Bedeutungs- und Erlebnishintergrund persönlicher Situationen spürbar. Wer als Jogger mit dem Walkman einen Friedhof überquert, stellt sich unter die Macht der Situation des sportlichen Trainings wie der körperlichen Ertüchtigung. Die Situation der Freizeit und des Sports steht der Gefühlsprogrammatik des Friedhofs aber diametral entgegen. Deshalb isoliert sich der Jogger in einem verinselnden Sinne atmosphärisch und gerät so nicht in den Bann der numinosen Friedhofsatmosphäre. In gewisser Weise wird der numinose Charakter der Atmosphäre des Raumes neutralisiert und »atmosphären-technisch« recycelt. So kann – gegen die Macht der Heterotopie – eine Atmosphäre des Sports und der Freizeit beharren, obwohl die sepulkralkulturelle Inszenierung mythisch doch so perfekt arrangiert ist. Dies macht auf die Eindrucksmacht immersiver Medientechnik (hier durch den sog. *Walkman-Effekt*[16]) aufmerksam und damit auf technische Wege der sinnlichen Umstimmung von atmosphärischem Raumerleben. Die frische Luft, der verkehrsfreie Raum, die Ruhe und die erholsame Abgeschiedenheit von der Hektik der Stadt (inmitten der Stadt) haben in der aktuellen Situation des Joggers als Folge der technischen Kolonisierung seines Gehörs größere Bedeutung als die ästhetischen Arrangements im sepulkralkulturellen Raum.

Im Allgemeinen ist jede charakteristische Atmosphäre gegenüber einem Gesichtswechsel relativ tolerant, solange das, was sie charakte-

---

[15] Vgl. Otto 1924.
[16] Vgl. Hosokawa 1990.

risiert, im Rahmen einer objektiven Situation eindrucksbestimmend bleibt. Wird ihr Charakter als Folge einer Umnutzung aber aufgehoben – wie in der Aneignung des Friedhofs als freizeitgesellschaftlichem Kompensationsraum – und das einer Atmosphäre zugrunde liegende räumlich-dingliche Milieu mit eigenen Bedeutungen in den Rahmen einer ganz anderen Situation integriert, laufen alle raumspezifischen Protentionen ins Leere. Der zum Zwecke sportlicher Ertüchtigung gleichsam persönlich umgenutzte Friedhof ist zwar *tatsächlich* auch weiterhin ein Friedhof, in der persönlichen Situation des Joggers hat er aber seine *atmosphärische* Macht gar nicht erst entfalten können. Zu einem Konflikt zwischen den Atmosphären bzw. den sie erlebenden Individuen kommt es dann, wenn eine abweichende Nutzung als Störung einer *charakteristischen* Atmosphäre empfunden wird. Eine solche Störung kann auch von einem Trauernden empfunden werden, wenn ein lauter Friedhofstraktor seiner Stimmung in die Quere kommt. Der bestehende Konflikt zwischen sich widersprüchlich überschneidenden Nutzungen und kollidierenden Atmosphären wäre erst überwunden, wenn die Störung des heterotopen Raumes nicht mehr existiert, der Jogger den umfriedeten Bezirk des Friedhofes also wieder verlassen hätte oder der Traktorlärm des Friedhofsgärtners nicht mehr zu hören wäre.

Der Wechsel von Atmosphären hängt am Faden von Situationen. Aus deren Bedeutungsrahmen heraus wird eine Atmosphäre in dieser oder jener Weise erlebt und unwillkürlich zu anderen Gefühlen in Beziehung gesetzt. Das Beispiel des Friedhofs hat das in seiner allgemeinen Bedeutung nur illustriert. Durch den situativen Einfluss von Gefühlen auf den Machtraum einer Atmosphäre entstehen hierarchische Affektgefüge, in denen es mächtig ergreifende, affektiv aber auch fernbleibende Atmosphären gibt, die nicht ins Zentrum aktueller Betroffenheit vordringen. Die meisten Atmosphären sind aufgrund ihrer Lagerung in kulturellen Bedeutungen aber nicht allein individuell getaktet. Die Einbindung von Individuen in gesellschaftliche bzw. gemeinsame Situationen hat großen Einfluss darauf, welche anstehenden Atmosphären Macht über das individuelle und kollektive Befinden gewinnen können.

3.4 Phasenwechsel

Was geschieht, wenn die leiblich spürbare Atmosphäre eines stadtlandschaftlichen Ortes wechselt? Wie vollzieht sich ihr »Umkippen« unter der Macht eines anderen affizierenden Eindrucks? Wodurch bahnt sich eine gewisse Periodizität, Zyklik oder Rhythmik im Wechsel von Atmosphären an?[17] An Beispielen zum Wechsel des Wetters und der Tageszeiten soll zunächst die Aufmerksamkeit gegenüber situativen Mikrologien geschärft werden.

3.4.1 *Wechselsituationen des Wetters und der Zeiten*

Willy Hellpach illustriert den Wandel des Luftempfindens (s. auch Kapitel 2.3.6):

> »Bei derselben Temperatur und leichten Bewegtheit, partiellen Bewölktheit mit gelegentlichen ›Sonnenblicken‹ kann die Luft einmal ›frisch‹ und einmal ›drückend‹, kann sie einmal ›prickelnd‹ und einmal ›schneidend‹, ›beißend‹, ›scharf‹ anmuten; mancher Hochsommertag ist sehr heiß, aber gar nicht schwül, dann mag etwa das Thermometer um 10° sinken, und nun wird es ›drückend‹ !«[18]

Bezogen auf die Veränderung der Luft vor und nach einem Schneefall sagt er:

> »Vor großen Schneefällen hat die Luft oft einen merkwürdig ›rauhen‹ und dabei ›bleiernen‹, also ›schweren‹, drückenden Charakter; nach dem Schneefall ist sie vielleicht wesentlich kälter, trotzdem wirkt sie jetzt ›animierend‹, ›wie Champagner‹, fast ›prickelnd‹, ›belebend‹.«[19]

Das Gesicht einer (Stadt-) Landschaft – nicht ihr Charakter – wird durch den atmosphärischen Wandel gestimmt. Damit geht die Veränderung einer Situation einher. Die »atmosphärische Stimmung« des Wetter- und Klimageschehens nannte Hellpach ein »Witterungsbild«[20] (s. auch S. 87). Dieses hat keinen visuellen »Bild«-Charakter.

---

[17] Was Philipp Lersch über den Stimmungsverlauf ausführt, lässt sich in groben Zügen auch auf den Wechsel von Atmosphären anwenden; s. Lersch 1954, S. 272 ff.

[18] Hellpach 1946, S. 61.

[19] Ebd., S. 62.

[20] Ebd., S. 63.

Der Begriff des »Bildes« leistet eine Synthese von vielem Einzelnen, das in ihm (wie man es von ikonographischen Bildern kennt) ganzheitlich und situativ verklammert ist.

Eine atmosphärische Stimm-*ung* ist das Produkt eines stimmenden Vorganges, der im Allgemeinen in Phasen abläuft. So spricht man zum Beispiel davon, dass der Tag anbricht und die Nacht weicht.[21] Derartige Wechselsituationen haben den Charakter eines Überganges (es »tagt«[22]). Solche Übergänge verlaufen in Nordeuropa zwar kontinuierlich, wenn die Dämmerung auch nicht gleichmäßig abläuft. In der Redewendung: »der tag *spitzt sich* schon«[23], ist es mehr die *Erwartung* des Tages und weniger das tatsächliche Dämmern, wodurch das Anbrechen (in einem epikritischen Sinne[24]) so »spitz« wird, dass es sich dem Erleben aufdrängt. Dass die gefühlsmäßige Orientierung am »Tagen«[25] (dem Dämmern) leibliche Implikationen hat, drückt sich nicht nur darin aus, dass der Tag zu den Fenstern »herein bricht«[26] und alles Herumwirkliche ins Licht setzt, sondern mehr noch darin, dass der Tag einem geschwind »auf den hals«[27] kommt, das leibliche Befinden also stimmt.

Mit den mikrologischen Veränderungen in der Phase des dämmernden Überganges verbinden sich je spezifische Situationen, die sich insbesondere auf der Ebene der Sachverhalte (dessen, was ist) verändern. Der Situationsbezug der Morgendämmerung wird in Redewendungen unmittelbar angesprochen, wonach das Geräusch beim Tagesanbruch »auch aus dem gesang der erwachenden vögel erklärt«[28] wird. Eine tageszeitliche Situation, die zum Verhalten der Tiere in Beziehung gesetzt ist, drückt sich zum Beispiel in der Beschreibung der Dämmerung als »eulenflucht«[29] aus.

---

[21] Grimm 2003, S. 219.

[22] Grimm / Grimm 1991, Bd. 21, Sp. 63.

[23] Grimm 2003, S. 221.

[24] Hermann Schmitz spricht mit den *epikritischen* leiblichen Regungen das Auffinden von Orten an, mit den *protopathischen* Regungen »die Tendenz, Orte aufzulösen und ineinander verschwimmen zu lassen«; vgl. Schmitz 2011, S. 23f.

[25] Grimm 2003, S. 221.

[26] Ebd.

[27] Ebd., S. 220.

[28] Ebd., S. 221. Es heißt auch: »die vögel freuen sich über sein [das des Tages, J. H.] kommen« (ebd., S. 224).

[29] Ebd., S. 223.

Während der Tag *an*-bricht[30], bricht die Nacht (im »Nachten«[31]) *herein.*[32] Die Alltagssprache kennt diese Redewendung noch heute. Der Unterschied hat mehr mit dem leiblichen Erleben von Atmosphären der Dämmerung zu tun als mit objektivierbaren Phaseneigenschaften des *Heller*-Werdens am Morgen bzw. *Dunkler*-Werdens am Abend. Leiblich konnotiert ist auch die Rede vom »Hereindringen«[33] des Abends, dem »schleichenden«[34] Sich-Ankündigen der Nacht[35], der Ausbreitung ihres »Mantels«[36] und schließlich ihrem »Schweigen« angesichts ihrer »Tiefe« und »Stille«[37]. Über die *umwölkende*[38] Macht der sich im hereinbrechenden Abend ankündigenden Nacht heißt es ganz wie beim anbrechenden Tag, sie komme »uns auf den hals«[39].

Das Dämmern des Abends wie des Morgens drückt sich in einem Wandel von Atmosphären aus, der sich durch das Schwächer-Werden eines je Verschwindenden als Folge des Stärker-Werdens eines sich sukzessiv Durchsetzenden vermittelt! Die Beispiele haben gezeigt, dass sich mit der Morgendämmerung die Bedeutung eines lebenszeitlichen Horizonts öffnet, während sich mit der Dämmerung des Abends nicht nur das Ende des Tages ankündigt. Mit ihr breitet sich auch die Schwere des Abschiednehmens von einer Erlebniseinheit aus. Die Abenddämmerung steht für ein existentielles Abschiednehmen und überschreitet damit in ihrer Symbolik das Zeitmaß des »gehenden« Tages. Während »der tag langsam aufgeht«, fällt »die nacht rasch ein«.[40]

Der Unterschied zwischen Morgen- und Abenddämmerung ist nicht allein phänomenologisch interessant. Er hat auch in der Inszenierung des Gesichts der Stadt und der Disponierung des leiblichen Raumes der abendlichen Stadt seine Bedeutung. Während der däm-

---

30 Grimm / Grimm 1991, Bd. 1, Sp. 299.

31 Grimm / Grimm 1991, Bd. 13, Sp. 172.

32 Das »Einbrechen« der Nacht findet seine sprachliche Ähnlichkeit im »Einbrechen der Pest« (Grimm / Grimm 1991, Bd. 3, Sp. 156).

33 Grimm 2003, S. 224.

34 Ebd., S. 225.

35 Vgl. ebd.

36 Ebd.

37 Ebd., S. 226.

38 Tellenbach 1968, S. 111.

39 Grimm 2003, S. 224.

40 Grimm / Grimm 1991, Bd. 1, Sp. 299.

mernde Morgen keiner kulturellen Begleitung oder situativen Rahmung zu bedürfen scheint, wird die Abenddämmerung und der dunkle Abend zum Anlass der Inszenierung einer zweiten Wirklichkeit der Stadt im künstlichen Licht. Die Illumination dient dabei nicht dem profanen Zweck der Beleuchtungen und Sichtbarmachung. Diese Aufgabe erfüllen all jene Beleuchtungsanlagen, die sicherstellen sollen, dass man sehen kann, was man aus Gründen der Orientierung und Sicherheit sehen muss. An erster Stelle ist hier an die Straßenbeleuchtung zu denken. Einen anderen Zweck verfolgt die ästhetische Illumination der Stadt am dämmernden und dunklen Abend. Das »schöne« Licht fügt sich in den maskenhaften Schein der Stadt als Raum der Illusionen. In einer verdeckten, aber sozialpsychologisch bedeutsamen Nebenfunktion kommt das ästhetische Licht dem Gefühl der niederdrückenden Schwere zuvor, die sich atmosphärisch ausbreitet und in der Dunkelheit ihr prädestiniertes Milieu findet. So beschließt sich der Tag im hereinbrechenden Abend weniger als ein finsteres Ende, denn ein strahlendes Finale; die Nacht wird zum Tage. Die ästhetischen Techniken der Illumination dienen einer doppelten Aufhellung. Deshalb gehören sie auch nicht in die Kategorie der Beleuchtungs-, sondern in die der Dissuasions-Techniken.

3.4.2 Zum Wechsel zwischen städtischen Leibesinseln

In der Durchquerung einer Stadt gibt es zahllose Übergänge zwischen atmosphärisch gestimmten Räumen vom Charakter der Leibesinsel. Sie drängen sich der Wahrnehmung aber nur dann auf, wenn sie in ihrer Evidenz kontrastierend aus einem Herum hervortreten. Atmosphären machen sich in der Wahrnehmung als die *spürbare* Seite städtischer Gesichter bemerkbar. Sie sagen uns wenig über den Stand der Dinge im tatsächlichen Raum, aber viel über den Stand der Gefühle im subjektiven Verhältnis zum er- und gelebten Raum. Dennoch entziehen sich atmosphärische Wechsel oft der Aufmerksamkeit, weil die Stadt *a priori* ein Raum wechselnder Situationen ist, ein Raum des Vielen und Heterogenen. Die Abstumpfung durch die Gewöhnung an das Kommen und Gehen des einen und anderen hat einen gewissen Betäubungseffekt gegenüber der Wahrnehmung nuancierter Differenzen. So werden die Übergangsqualitäten in ihrem Erscheinen eher als etwas Verwischtes erlebt. Wache Wahrnehmung fordert daher eine besondere Kompetenz des genauen Hinsehens –

die Fähigkeit zur An-*schauung*, die auf einem sensiblen Spüren von Veränderungen aufbaut.

Das eher intuitiv spürende als rational registrierende Verhältnis zum atmosphärischen Wechsel von Räumen macht auf die Bedeutung prä- wie extra-rationaler Formen der Kommunikation aufmerksam. Alain sagt:

»Man denkt durchaus nicht, wie man will. Was uns meinen läßt, wir dächten, wie wir wollten, ist die Tatsache, daß die Gedanken, die einem Menschen durch den Kopf gehen, fast immer solche sind, die zu den Umständen passen.«[41]

Menschen fügen sich in veränderte Situationen ein. Das tun sie nicht nur auf dem Wege ohnmächtiger Unterwerfung, sondern besonders als Ausdruck ihrer Lebendigkeit, deren kommunikative Basis nicht im intelligiblen Sprechen aufgeht, sondern die Dimension des Leiblichen und damit des Intuitiven einschließt. Schon aufgrund der Art und Weise ihres ästhetischen Erscheinens verlangen städtische Quartiere von den sie nutzenden und bewohnenden Individuen eine »passende« Einbettung in ihr Milieu. Ohne solche mimetisch-kreative Aufnahme von Beziehungen zum Herumraum wären die ortsspezifischen atmosphärischen Vitalqualitäten nicht situationsadäquat spürbar. Medien der mitweltlich verschmelzenden Einbettung sind die Gesten des Gebauten und die sich mit ihnen zeigenden Bedeutungen, die leiblich ansprechen und zur Selbstsituierung herausfordern. An dieser Schnittstelle zwischen dem atmosphärischen Erscheinen städtischer Räume und den affektiv disponierten Individuen konstituieren sich die Leibesinseln der Stadt.

Der Übergang von einem neu errichteten städtischen Wohnquartier in ein zum Beispiel seit dem frühen 19. Jahrhundert historisch gewachsenes Quartier kündigt sich nicht nur in charakteristischen Baustilen, Bauformen und Baustoffen an, sondern ganz wesentlich auch in den Spuren des Gebrauchs, die an den Dingen tatsächlich existieren und atmosphärisch gegenwärtig sind – in Gestalt der Dellen im Pflaster, einer fehlenden Zacke auf einem gusseisernen Zaun, eines ausgetauschten Steins in der Fahrspur einer alten Basaltstraße etc. Die Eigenart solcher Spuren liegt in ihrer Sedimentierung, haben sich Schichten vergangener Berührung doch oft vor langer Zeit schon ins Material der Stadt eingeschrieben. Sol-

---

41 Alain 1964, S. 133.

che Spuren liegen aber meist nicht in »reiner« Form vor, denn sie sind von anderen Nutzungen schon lange wieder halb verwischt, so dass ein Palimpsest von Überschreibungen der städtischen Haut oft Rätsel aufgibt und sich kein chronologisches Bild der Geschehnisse dem unmittelbaren Verstehen anbietet. Solche Benutzungsspuren (Mădălina Diaconu spricht von Patina[42]) geben eine städtische Leibesinsel atmosphärisch letztlich erst so eindrücklich zu erkennen. In großräumigen Neubauquartieren, die wie in der Hamburger HafenCity durch eine kurzzeitige Entstehungsgeschichte geprägt sind, fehlen solche *sedimentierten* Spuren des Gebrauchs.

Es sind aber nicht nur besondere in einer eigenen Geschichte gründende Spuren der zeitweisen Anwesenheit von Menschen in bestimmten Gegenden, die den einen vom anderen Raum unterscheiden. Es sind auch die Formen gesellschaftlicher Virulenz und damit die Arten und Weisen, wonach die Menschen hier dieses und dort jenes tun, die die leiblich spürbaren Räume voneinander trennen. Das vitale Milieu städtischer Leibesinseln verändert sich situativ und fortwährend. Es sind nicht zuletzt – im Kontext des Urbanen in besonderer Weise – komplexe zuständliche und aktuelle Situationen der Stadt, die einen je eigenen Rahmen schaffen, in dem tatsächliche und atmosphärische Wandlungen ablaufen. Diese können in einem intelligibel-denkenden, aber auch leiblich-intuitiven Sinne nachvollzogen werden. Vorausgesetzt ist damit eine mimetische Kompetenz zur lebendigen Teilhabe an mitweltlichen Situationen. Der Begriff der Teilhabe weicht in seinen hier relevanten Bedeutungen von eingeschränkten und normativen Verwendungsformen ab. Mit Teilhabe ist hier nur am Rande die *partizipative* Teilhabe als Form politischer Mitwirkung zum Beispiel an Planungen zur Stadtentwicklung gemeint. Bedeutungsfelder, in deren Mitte die zeitgeistabhängige Norm einer »Menschlichkeit« steht, wonach zum Beispiel behinderte Menschen ins gesellschaftliche Leben integriert werden »sollen«, spielen hier keine Rolle. In seiner Verknüpfung mit dem Begriff der »Mitwelt« hebt »Teilhabe« im Sinne von Philipp Lersch auf ein allgemeines Über-sich-hinaus-Sein in verschiedenen Weisen des Mit-anderen-Seins ab. Lersch hatte den leiblichen Impuls-Charakter der verschiedenen Formen mitweltlicher Teilhabe als »Antrieberlebnisse«[43] beschrieben. Er differenzierte zwischen Arten der Teilhabe, die

[42] Vgl. Diaconu 2007, S. 115.
[43] Lersch 1954, S. 143.

auf je spezifische Situationen städtischen Lebens aufmerksam machen und mit bestimmten Teilhabe-Ansprüchen an das Individuum verbunden sind. So unterschied er zwischen der »mitmenschlichen« Teilhabe[44], »schaffenden«[45], »liebenden« (als Liebe zu etwas)[46], »verpflichtenden«[47] und »enthebenden Teilhabe«[48] (zum Beispiel in der Kunst). In dieser Vielfalt kommt eine sich in wechselnden Gesichtern herausbildende Entwicklungsdynamik zur Geltung, die für die Vitalität des Geschehens im Milieu städtischer Leibesinseln charakteristisch ist. Daraus folgt nicht zuletzt auch, dass sich Stadt- bzw. Raumentwicklung bei weitem nicht allein administrativer und politischer Handlungen verdankt, vielmehr entscheidend in einem autopoietischen Fortgang städtischer *Situationen* gründet, der sich mit dem Lauf der Geschehnisse und Ereignisse voranbringt. Die Atmosphären sind es dann, die die Phasen des Wechsels wie des Ausharrens im je eigenen Gesicht städtischer Räume spürbar machen. Sie geben auch die je spezifischen Formen teilhabenden Mit-Seins im Fluss städtischer Geschehnisse zu spüren.

Der atmosphärische Wandel vollzieht sich zum einen im tatsächlichen Raum etwa durch (a) den Wechsel des Wetters, der natürlichen Tages- wie der Jahreszeiten und (b) performative Prozess- und Bewegungsrhythmen der Stadt (z.B. die vor allem tageszeitlich geprägten Mobilitätsströme) und die habituelle Präsenz von Menschen im öffentlichen Raum. Zum anderen vollzieht sich der atmosphärische Wandel durch die Veränderung des tatsächlichen Raumes, etwa in der (c) historischen Transformationen der Gesichter städtischer Orte als Folge des Brachfallens von Raum- und Gebäudenutzungen, durch Nutzungswandel und Umnutzung im Gebäudebestand und (d) die autopoietische Anpassung städtischer Nutzungsmuster an historisch-gesellschaftlich veränderte Bedingungen. Es sind vor allem die Eingriffe in den physischen Raum der Stadt, die ihre Gesichter und Atmosphären oft nachhaltig umgestalten. Zwei Formen des planerisch induzierten Wandels spielen hier eine bemerkenswerte Rolle: (e) ästhetische Oberflächenkorrekturen auf der Haut der Stadt (das sogenannte »Face-Lifting«), die weitgehend unter der Logik des inter-

[44] Ebd., S. 144.
[45] Ebd., S. 157.
[46] Ebd., S. 161.
[47] Ebd., S. 164.
[48] Ebd., S. 166.

kommunalen Wettbewerbs stehen, und (f) die städtebauliche Erweiterung oder sektorale Erneuerung der Stadt. Ästhetische Aufwertungen ihres Gesichts – vom geringfügigen Fassaden-Lifting über die Nobilitierung ganzer Stadtquartiere bis hin zu städtebaulichen Leuchtturmprojekten – haben eine gewisse Ähnlichkeit mit dem, was Georg Simmel über die soziale und kommunikative Funktion des Schmucks sagte: »Der Schmuck steigert oder erweitert den Eindruck der Persönlichkeit, indem er gleichsam als eine Ausstrahlung ihrer wirkt.«[49] Ein Beispiel solch groß dimensionierter Steigerung des Eindruckes der »Persönlichkeit« einer Stadt liefert der Umbau des Düsseldorfer Binnenhafens zum sogenannten »Medienhafen«.

3.4.3 *Vom Binnenhafen zum virtuellen Hafen*

Wie zahlreiche Binnen- und Seehäfen im In- und Ausland so wurde auch der im ausgehenden 19. Jahrhundert in Düsseldorf angelegte Hafen einem radikalen Umbau unterzogen. Dieser begann in den 1980er Jahren (s. Abb. 4). Die Innovation des rund 30 Jahre früher erfundenen Transportcontainers begründete die Notwendigkeit für eine strukturelle Neugestaltung logistischer Flächen. Neben Häfen waren davon auch die Areale national bedeutender Logistikweichen im Güterverkehr der Bahn betroffen. In den 1960er Jahren stand auch der Düsseldorfer Binnenhafen an der Schwelle zu einer umfassenden logistischen und hafentechnologischen Reorganisation. Eine infolge schwerer kriegsbedingter Beschädigungen erforderlich gewordene Sanierung von Schienen, Kränen und Kaianlagen hatte sich als unrentabel erwiesen. Nicht zuletzt auf dem Hintergrund kontinuierlich sinkender Umschlagzahlen erschien eine Erneuerung des Hafens nicht erfolgversprechend. So beschloss die Stadt Düsseldorf im Jahre 1976, »einen citynah gelegenen Teilbereich des Haupthafens langfristig für eine städtebauliche Neuordnung freizustellen«.[50]

Tatsächlich bedeutete dies den Abriss alter Bauten, um Platz zu schaffen für die Ansiedlung von »Medieneinrichtungen, Büros und kreative Nutzungen sowie Freizeitnutzungen, Gastronomie und Ho-

[49] Simmel 1908, S. 279.
[50] Rademacher 1996, S. 204.

Abb. 4: Tata Ronkholz: Binnenhafen Düsseldorf, (1980er Jahre).

tels«.[51] Bis in die Gegenwart vollzieht sich ein schrittweiser, aber kontinuierlicher Wandel und es entstand ein Quartier für Unternehmen des tertiären und quartären Sektors. Trotz umfassender Baumaßnahmen, die insbesondere den Handels- und den Zollhafen betreffen, wurde das städtebauliche Ziel proklamiert, »durch Erhaltung der Gebäude und Umschlagstellen am Handelshafen (Speditionstraße) [...] das Ambiente des alten Hafens« dem Erleben auch über die Baubaumaßnahmen hinaus zu sichern.[52] Das Ziel der Erhaltung der Atmosphäre des Hafens bildete schon in den frühen Planungen der 1970er Jahre einen Eckpunkt. »Deshalb steht der gesamte Handelshafen unter Denkmalschutz.«[53] Tatsächlich beschränkte sich dieser aber nur auf wenige Bauwerke. Er umfasst vor allem »die Gesamtanlage des Handelshafenbeckens als unverändertes Zeugnis der Hafenbautechnik«.[54]

---

[51] Landeshauptstadt Düsseldorf: Hafenentwicklung seit 1976, S. 3 (von 3). https://www.duesseldorf.de/planung/hafen/entwicklung/index.shtml; 30.03.2014.

[52] Rademacher 1996, S. 221.

[53] Dahlmann 1997, S. 13.

[54] Wie Fn. 51.

Der um 2000 weitgehend fertiggestellte sogenannte »Medienhafen« stellt sich indes keineswegs als ein Quartier dar, in dem der Denkmalschutz durchgreifende Wirkungen entfaltet hat. Der neue innerstädtische Erweiterungsraum präsentiert sich eher als ein Experimentier- und Demonstrationsfeld postmodern-ekstatischer Architektur. Historische Bauten sind nur in raren Fällen erhalten geblieben; im Zuge einer aufwendigen Sanierung sind sie von Spuren der Geschichte weitgehend gereinigt und sodann in eine klinisch saubere Szene repräsentativer Neubauten am Wasser integriert worden. Dennoch resümiert die Stadt Düsseldorf:

»Es ist gelungen, die erhaltenswerte Bausubstanz zu schützen und kontrastreiche Neubauten, die renommierte Architekten entworfen haben, in die vorhandene Hafenstruktur einzufügen.«[55]

Der Projektkoordinator der Medienmeile merkt an:

»Wo noch vor wenigen Jahren ungenutzte Hallen verfielen, stehen inzwischen spektakuläre Bauten, und die Nutzer genießen die besondere Atmosphäre des Hafens.«[56]

Wenn auch seit Beginn der Planungen das Ziel bestand, die Atmosphäre des Hafens zu erhalten, so hat sich doch im Medienhafen eine von Grund auf *neue* Atmosphäre ausgebreitet. Der atmosphärische Wechsel hat mehrere Gründe. Der nachhaltigste liegt im Wegfall der hafenlogistischen Funktionen (s. Abb. 5). Ein Hafen ohne Güterumschlag büßt nicht nur die für ihn charakteristischen Dinge (Schiffe, Kräne, Lagerflächen etc.) ein, sondern auch jene Halbdinge, die die Entstehung von Atmosphären wesentlich vermitteln – unter anderem hafencharakteristische Geräusche und Gerüche. Mit dem Wegfall hafenlogistischer Funktionen verschwindet schließlich die einen *vitalen* Hafen kennzeichnende Performativität. Ein florierender Binnenhafen folgt anderen Rhythmen als ein »Medienhafen« mit seinen gewerblichen Nutzungen des tertiären bzw. quartären Sektors und repräsentativen Wohngebäuden. Sind die Rhythmen des alten Binnenhafens erst erloschen, breitet sich schnell die Atmosphäre eines *aufgelassenen* Hafens aus, so dass es im engeren Sinne gar keine Hafenatmosphäre mehr gibt.

Die denkmalbehördliche Sicherung des Hafenbeckens mit seinen

---

55 Ebd., S. 3 (von 3).
56 Dahlmann 1997, S. 13.

Abb. 5: Medienhafen Düsseldorf – ein Nicht-Hafen (2014).

hafentechnischen Anlagen konnte bestenfalls eine historisierende Kulisse konservieren. Diese geht eine atmosphärische Synthese mit der Neubebauung des Quartiers ein. Dort gibt es keine Hafenatmosphäre mehr, sondern eine Atmosphäre am Wasser eines toten Hafenbeckens. Diese ordnet sich in das dominante Gesicht einer gestisch weit ausgreifenden postmodernen Architektur ein, die dem Quartier einen repräsentativen Habitus sichert. Profiteure der ekstatischen Gesten sind zum einen die in den Neu- und edelsanierten Altbauten ansässig gewordenen innovativen Trendunternehmen und zum anderen (im Bereich des Wohnens) die Globalisierungsgewinner auf der endlosen Suche nach Medien der Distinktion, die insbesondere in luxurierten Nischen ästhetisch attraktiver Stadtviertel zu finden sind.

Die wenigen erhalten gebliebenen historischen Bauten nehmen in ihrer Kulissenhaftigkeit eine Oberflächen ästhetisierende Funktion ein. Die architektonischen Relikte aus Zeiten vitaler Hafenwirtschaft erscheinen weniger als sie selbst, denn als Kontrastmedien der Erzeugnisse internationaler Stararchitekten, deren postmoderne Inszenierungen mehr auf sich selbst verweisen als auf einen evidenten Sinn in der sozialen Welt der Stadt. Extravagante Architektur begünstigt die Entstehung exklusiver Atmosphären, von denen vor allem die Betreiber »innovativer« Unternehmen, die Bewohner exklusiver Immobilien und nicht zuletzt sogenannte »Stararchitekten« als Global Player einer exzessiven Industrie der Hyperästhetisierung profitieren.

Die anthropologisch mit jeder Architektur für den Menschen verbundene Funktion der *Bergung* durch das Gebaute gibt es allein noch in einem Nebeneffekt. An ihre Stelle ist eine selbstreferentielle Geste des (Auf-sich-)Zeigens getreten, die ganz unter der Logik von Distinktion, Exklusion und Repräsentation steht und sich in der Akkumulation von »symbolischem Kapital« (Bourdieu) bewährt. Architektur hat sich von der bei Heidegger noch zentralen Bindung an das Wohnen gelöst, umso mehr als dieser nicht nur die Wohnung als Ort des Wohnens betrachtete, sondern alle Bauten, die der Sesshaftigkeit der Menschen in beheimatungsfähigen Räumen dienlich sind. Die ethische Frage nach dem Nutzen postmodernen Bauens für das Leben der Menschen treibt das (mit Heidegger) in einem weiteren Sinne verstandene Wohnen in ästhetisierten Quartieren der Stadt in die Fragwürdigkeit.[57] Bauten, die mehr durch ihre Ästhetik beeindrucken als durch ihre Funktion und gelingende Bindung an einen Zweck, machen auf eine veränderte Funktion von Architektur in Stadt und Gesellschaft aufmerksam und damit auf strukturelle Umbrüche in der Art und Weise, wie der Leib der Stadt in einem neuen Gefühl von Urbanität spürbar wird.

Eine eher nachrangige Folge der spektakulären Neubebauung des alten Düsseldorfer Handels- und Zollhafens bahnt sich in der vorhersehbaren Karriere des Quartiers im internationalen Städtetourismus an. Damit schließt sich die architektonische Inszenierung im Moment ihrer weitgehenden Vollendung in einem kulturindustriellen Sinne nur ab. Von erheblich tiefgreifenderer Bedeutung ist der dieser touristischen Konsumhaltung zugrunde liegende Wahrnehmungsmodus. Danach findet der veredelte Raum nicht als neues Quartier der gelebten Stadt Beachtung, sondern in seinem ikonographischen Charakter als eine Bildsequenz in einem global ausgebreiteten Teppich visueller Sensationen. Dem kommt die neue Ästhetik am Wasser entgegen, in der sich das architektonische Arrangement in

---

[57] Vgl. Heidegger 2000, S. 48.

einer leicht aufgeregten Geste präsentiert. In ihr aktualisiert sich mit den Ausdrucksmitteln der Zeit, was Georg Simmel vor über 100 Jahren als Merkmal einer Kultur der Großstadt schon ansprach: »Steigerung des Nervenlebens« und »Hypertrophie der objektiven Kultur«.[58] Trotz spürbarer Nervosität seines Erscheinens mangelt es dem Raum an Lebendigkeit. Er ist *Schauraum* der Sensationen, ikonographische Mikrologie einer Stadt der Zukunft und begehbare Heterotopie einer unsichtbar umzäunten Welt exklusiver Zellen. Daraus erwächst eine gewisse Sterilität, die sich ins Gesicht des Quartiers einprägt. Sogar die Kaianlagen wirken wie frisch geputzt, und auf den Straßen, Wegen und Plätzen gibt es keine frei herumlaufenden Tiere. Auch spielende Kinder fehlen in dieser Welt.

Selbst in den großen Vorbild-Geschichten der Hafenrevitalisierung (London und Rotterdam) haben vergammelnde und zwischengenutzte Bauten einem Quartier nur so lange höchst vitale Atmosphären urbaner Lebendigkeit verliehen, bis das letztlich fertiggestellte Ganze eines neuen Stadtteils auch die Tilgung fast vergessener Brachen verlangte. Trotz großer Vielfalt in der historischen und physiognomischen Gestalt der Bauten hat sich im Düsseldorfer Handels- wie im Zollhafen eine Atmosphäre lähmender Einheitlichkeit zusammengebraut. Sie ist Produkt einer Ästhetik des Neuen, die noch das Älteste vereinnahmt und effektreich ins postmoderne Bild setzt. Ganz entgegen der Aufgeregtheit architektonischer Ausschweifungen führt die lückenlose Veredelung zu einer ästhetisch-kontraproduktiven »Entspannung« des Viertels im Ganzen. Selbst ein nach dem Zweiten Weltkrieg errichtetes Speichergebäude zwischen Zollhafen und Kaistraße (s. Abb. 6), das in seinem ungeschminkten Gesicht auf den diachronen Charakter städtischer Wandlung verwiesen hätte, fand erst nach seiner »Fassadenverspaßung« durch bunte Fabelwesen, die aus dem Wasser kommen, einen kulturpolitisch akzeptierten Platz im bunten Kaleidoskop gebauter Experimente. Eine städtische Atmosphäre strebt von sich aus keinem Ziel zu. Sie konstituiert sich in der stadtplanerischen und architektonischen Herstellung von Funktionen, die selbst der Logik von Zwecken gehorchen. Wo Architektur zum Markenzeichen wird und der Name ihrer Architekten sich mit der Identität eines Quartiers mehr verbindet als mit dessen Funktion und städtebaulichem Sinn, rückt mit den Gesichtern der Fassaden auch die Atmosphäre des Gebauten ins Fadenkreuz der Kritik

---

[58] Simmel 1998.3, S. 119 und 132.

Abb. 6: »Medienhafen« Düsseldorf – Verspaßte Speicherfassade (2014).

einer ästhetischen Ökonomie. Dies besonders dann, wenn die Gestaltung städtischer Quartiere einem repräsentationsorientierten Kalkül folgt:

»Denn im Zeitalter der global sich ereignenden Kommunikation gilt es vor allem prägnant autonome Architekturen als Markenzeichen zu erfinden. Für das materiell gesichtslose ›Produkt‹ des zu Kommunizierenden bzw. für dessen zumeist ebenso gesichtslosen Unternehmer […], für Anbieter oder Betreiber des Kommunikationsaktes also muß eine besondere architektonische Form als Identifikationsmoment her.«[59]

Hier wird die Atmosphäre städtischer Quartiere in ihrem Herstellungscharakter mit Interessen und Zwecken verbunden. Das Gesicht städtischer Räume wird zum Standortfaktor, weil sich der in der Gegend eines Bauwerkes und Quartiers atmosphärisch spürbare Vitalton als Medium distinktions- und wettbewerbsorientierter Kommunikation erweist. So reguliert der schöne Schein soziale Beziehungen und damit den Zugang zu Ressourcen der Selbstbehauptung im neoliberalen Wettstreit um Vorsprünge.

Auf das Erleben städtischer Gesichter wirkt aber nicht nur ein, was in der Physiognomie ihres Escheinens sinnlich zur Anschauung

[59] Scheidler / Stecker 1997, S. 135.

kommt, sondern auch die diskursive (insbesondere offizielle) Zuschreibung von Identität durch einen Namen. So weckt der Name »Medienhafen« Assoziationen und Vorstellungen. Aber diese schießen mehr ins Kraut, als dass sie sich mit dem Bild eines *Hafens* fruchtbar verbinden würden. Während Begriffe wie *Kohlehafen*, *Getreidehafen* oder *Ölhafen* etwas über die Umschlagsgüter eines Hafens sagen, teilen andere Gattungsnamen wie *Seehafen* oder *Binnenhafen* etwas über deren Lage am Wasser mit. Wir kennen außerdem Namen, in denen ein zentrales wasserbautechnisches Merkmal eines Hafens angesprochen wird (*Dockhafen*, *Tidehafen* oder als Hafentyp der Nordseeküste den *Sielhafen*). Der Begriff »Medienhafen« hat mit einem Hafen im historischen Sinne aber nichts gemeinsam.

In der Konkurrenz- und Nachbarstadt Köln firmiert eine Kreativ- und Beratungs-Agentur des quartären Sektors unter dem Namen »Medienhafen Köln«, ohne das mindeste mit irgendeinem tatsächlichen Hafen zu tun zu haben. Während der Hafen-Begriff damit gänzlich in einer Metapher aufgeht, verfolgt die Düsseldorfer Stadtplanung anstelle eines tatsächlichen einen atmosphärischen Bezug zu den Pieranlagen des ehemaligen Stadthafens. Indes bedarf die räumliche und situative Verschmelzung alter Hafenbecken mit postmoderner Distinktions-Architektur, Wohnquartieren einer postfordistischen Upper-Class und geradezu »auratisch« anmutenden Markenunternehmen einer neuen Synthese, die weder aus hafenwirtschaftlichen Gründen noch aus solchen anderer infrastruktureller Funktionen geboten erscheint. So wird das fiktionale Bild eines in High-Tech-Zeiten a priori romantizistisch und verklärt wahrgenommenen »alten« Hafenmilieus für die Kreation eines neuen Images einer Sub- oder Meta-Stadt instrumentalisiert. Der Begriff der »Medien« bietet sich in besonderer Weise der Assoziation einer unspezifischen Hypermodernität an. Er ist gleichsam der imaginäre Stoff des PR-orientierten Versprechens hochmoderner Systemwelten und Lebensformen.

Im Düsseldorfer Medienhafen ist die Zukunft schon vorweggenommen. Die in ihrer baulichen Physiognomie auf ekstatische Weise aus dem architektonischen Mainstream ausscherenden, gleichsam gedrehten Wohntürme des amerikanischen Stararchitekten Frank O. Gehry symbolisieren das in kaum zu übertreffender Weise. So ist die Stadt Düsseldorf, die sich über das Gesicht des Medienhafens selbst eine neue expressive und innovative Identität zuschreibt, keine Stadt unter Städten mehr, sondern eine tatsächlich realisierte

Stadt der Zukunft – der Wirklichkeit gewordene Mythos der »Neuen Stadt«. Sie ist weniger urbaner Raum als Novo-Stadt und damit selbsternanntes Paradigma einer imaginären Welt medialer Ströme. Die Stadt wird zum Spielraum der Erprobung von Neuem, das nun im Geiste des Neoliberalismus wurzelt. In der Konsequenz hat das neue Quartier weniger den vitalen Charakter eines urbanen Raumes dahinfließender Lebendigkeit als den eines mondänen Milieus imaginärer Kreativ-, Labor-, »Wissens-« und Bürowelten. Der Medienhafen ist Schauraum der Exklusivität und Distinktion, kein Raum typisch großstädtischer Überraschungen, sondern eine Protostadt für Entrepreneure, die die Gegenwart schon als Vergangenheit betrachten.

Wie jedes städtische Quartier so grenzt auch der Medienhafen an benachbarte städtische Räume mit einer eigenen Identität. An wenigen Straßeneinmündungen wird der Übergang zum tatsächlichen und atmosphärischen Raum des benachbarten Stadtteils Unterbilk spürbar. Hier zeigt sich das Gesicht einer anderen Stadt. Indes führt die räumliche Nähe zur repräsentativen Medienmeile – wie zuvor schon in zahllosen anderen Beispielen städtebaulicher Aufwertung an Wasserfronten – zu Prozessen der Gentrifizierung und damit zur Verdrängung weniger zahlungskräftiger Bevölkerungsteile. Als Folge eines bauphysiognomischen und atmosphärischen Wechsels baut sich die Spannung einer sozioökonomischen Subduktionszone auf, deren Entlastung nur zu einer neoliberalen Einfädelung in die ökonomische Logik des symbolischen Zentrums der »neuen Stadt«[60] führen kann.

3.5 »Protentionen« – auf Urbanität gefasst sein

Der oft schnelle Wandel städtischer Gesichter verlangt nicht nur vom Bewohner, sondern erst recht von jedem ortsfremden »Benutzer« der Stadt eine gewisse Toleranz gegenüber der Heterogenität, Pluralität und chaotischen Mannigfaltigkeit der Eindrücke. Solche Toleranz kennzeichnet eine Grundhaltung in der Mentalitätsstruktur des Großstädters. Georg Simmel sprach in diesem Sinne von der *Geisteshaltung* des Großstädters. Wir würden heute eher von »urbanen« oder metropolitanen Lebensstilen sprechen.

---

[60] Katrin Johnson bezeichnet die Medienmeile im Düsseldorfer Hafen schon im Titel ihres Buches als »neue Stadt«; vgl. Johnsen 1997.

Ein Bürger der Stadt New Yorker sagt über die Beziehung zu seiner Stadt:

»Die einzige Art, es zu lieben (und natürlich liebe ich New York), ist: man muß bereit und fähig sein, ein extremes Maß an Ambivalenz, an Haßliebe zu akzeptieren. Man muß lernen, Wut und Begeisterung miteinander zu verbinden. Man nimmt teil, und man versucht, zu entkommen – immer beides im gleichen Moment.«[61]

Wer sein Leben im pathischen Sinne aus einem Gefühl teilhabender Zugehörigkeit zur Stadt führt, ist auf die Wechselhaftigkeit ihrer Atmosphären und Gesichter gefasst. Man kennt dann den mitunter urplötzlichen Umschlag der Situationen, wonach etwas soeben im atmosphärischen Erleben noch Dominantes (z. B. die Frische der Luft, die Ruhe in einem innerstädtischen Park oder die multikulturelle Lebendigkeit auf einem Platz) durch einen anderen *plötzlichen* Eindruck überlagert, unterbrochen oder gar verdrängt wird (z. B. die schrillen Martinshörner der vorbeifahrenden Feuerwehr oder die sterile Monotonie förmlich erscheinender Büroangestellter). Was den Städter in seiner Mentalität dafür rüstet, die ästhetischen und ethischen »Fieberkurven« des Vielen, Vielstimmigen und sich in keine Einheit Fügenden in das *urbane* Gesicht einer Stadt zu integrieren, sind die Protentionen des Urbanen.

Protentionen sind »Vorgestalten« und Erwartungen, die von der Wahrnehmung in eine Sache investiert werden,[62] um ihrer Herr zu werden. Protentionen setzen deshalb (im Unterschied zu Intentionen) Erfahrungen mit dem voraus, was sich in ihnen zumindest schemenhaft abzeichnet.[63] So ist der Städter weitgehend darauf gefasst, was in bestimmten Situationen geschehen wird, weil er aus Erfahrung weiß, was geschehen *kann* – nicht im Einzelnen, aber doch im Allgemeinen. Spezifisch großstädtische Protentionen erfassen auch den schnellen Wechsel des Vielen und Inkommensurablen. Deshalb imprägnieren sie in einem Nebeneffekt auch gegenüber dem prasselnden Ansturm kaum abreißender Ereignisketten. In dörflichen Welten wären solche Schutzschilde unbrauchbar, weil sie mehr erwarten würden als tatsächlich geschähe. Protentionen stecken Erwartungshorizonte ab, in

---

[61] Schmid 1980, S. 109.

[62] Vgl. Schmitz 1978, S. 157 f.

[63] So bildet sich auch der sogenannte »Erwartungshorizont« auf einem von Protentionen abgesteckten Feld (vgl. auch Kühn 2004).

denen die schnell wechselnden Zyklen des urbanen Lebens schon umrissen sind.

Durch Protentionen ist der Mensch »in die Welt eingebettet und bedeutungsmäßig ›verschmolzen‹«.[64] Diese Einbettung hat keinen intellektuellen, sondern einen leiblichen Charakter, und so versammelt der Leib der Stadt nicht nur die Zyklen städtischer Rhythmen in einem Charakter. Er bringt auch den spezifisch urbanen Habitus seiner Bewohner hervor, wie er dessen zugleich bedarf. »Verschmelzung« ist keine Auflösung, sondern mimetische Anverwandlung. Auch sind es weniger *Umwelten*, die sich als Verschmelzungsmilieus anbieten, als *Mitwelten*, die mit dem leiblichen Selbst durch Teilhabe bereits verbunden sind. Milieus der Verschmelzung sind Situationen, die keine »Auflösung« der eigenen Identität verlangen, sondern ihre bewegliche Integration in einen gestimmten Rahmen. Solche einleibungsbedingte Einbettung in Situationen vollzieht sich in einem autopoietischen Sinne als lebendiges Prinzip der Selbstbehauptung im chaotischen und mannigfaltigen Raum der Stadt fortdauernd. Städte häuten sich im Prozess ihrer Werdung und Wandlung. Damit ändern sie ihr Gesicht – vieles in ihm ist anders, als es erscheint, nichts bleibt auf Dauer. Die Stadt verlangt die mimetische Annäherung wie die idiosynkratische Abwehr – sie verlangt Emphase wie Kritik und Protest. Sie ist kein Raum der Ruhe.

Im Folgenden werde ich die Perspektive wechseln. An die Stelle alltäglicher Situationen intelligiblen Handelns und pathischen Mit-Seins im Raum der Stadt tritt die sich im Medium der Fotografie präsentierende Stadt. Damit werden die im ersten Teil in drei Dimensionen diskutierten städtischen Erscheinungs- und Erlebnisweisen in einer zweiten Rationalität – der des Ästhetischen – diskutiert und in einem neuen Licht vertiefend behandelt. In der reflexiven Annäherung an die gelebte Stadt rückt das fotografische Bild in den Fokus einer urbanistischen *Phänomenographie*. Diese wird städtische Eindrücke in einem segmentierenden Sinne optisch und zeitlich »feststellen«. Die fotografische Fixierung städtischer Situationen lässt Gesichter in Umrissen vorscheinen. Mitunter erzählen solche Bilder auch etwas über den Charakter eines Raumes. Die Methode der Phänomenographie soll den Weg zu einer Phänomenologie der Stadt festigen. Die optische Fixierung von Situationen, die sich im stetigen Wandel befinden, bietet sich der Reflexion im Modus der *Dauer* an.

[64] Ogawa 2008, S. 373.

Das fotografische Bild soll in seinem medialen Charakter das Nach-Denken zur Erscheinung gebrachter städtischer Räume vermitteln. Es wird dabei nicht als ein im engeren Sinne »dokumentarisches« Medium verstanden, sondern als eine Form bildhafter Beschreibung von Szenen städtischer Lebendigkeit. Das Ziel läge darin, der Phänomenologie neben der wörtlichen Rede das Mittel einer sinnlichen Explikation zu bieten, um im fotografischen Bild etwas zur Geltung zu bringen, das der Übertragung in die Sprache erst noch bedürfte. Nach Husserl sei – so Wiesing – eine solche Phänomenographie für die Phänomenologie notwendig, wenn auch (als Methode der Phänomenologie selbst) nicht hinreichend.[65] Der in diesem zweiten Teil in mehreren Schritten folgende Versuch einer *Phänomenographie* der Stadt strebt mit den Mitteln der Fotografie das Ziel einer ästhetischen Verbreiterung der Abstraktionsbasis einer *Phänomenologie* der Stadt an.

---

[65] Vgl. Wiesing o.J.

4. Phänomenographische Konkretisierungen – Fotografie und Philosophie

Die Fotografie galt lange als mediale Spur des Wirklichen. Dazu merkt Dubois an:

»Dem fotografischen Bild haftet [...] etwas Singuläres an, das es von anderen Repräsentationsweisen unterscheidet: Ein unhintergehbares Gefühl der Wirklichkeit, das man nicht los wird, obwohl man um die Codes weiß, die im Spiel sind und sich in der Herstellung vollziehen.«[1]

Jede fotografische Aufnahme friert den Blick ein. Trotz der Suggestion eines hohen Realitätsgehaltes ist die Fotografie ein Medium der Irrealisierung des Wirklichen. Dieser Eindruck geht im Wesentlichen auf den Gerinnungseffekt der Bilder zurück. In der optischen Permanenz des Wirklichen entfaltet sich ein Überbietungscharakter der Bilder. So vermittelt sich die Option einer Dehnung des Blicks und einer Streckung der Aufmerksamkeit. Im *dauernden* Schauen auf das (Fest-)*Gestellte* erschließt die Wahrnehmung größere Tiefen als der flüchtige Blick auf das Dahinströmende. So vermag die Fotografie »das Original gewissermaßen an Wirklichkeit« zu übertreffen und dem Betrachter »zu einer ganz und gar unalltäglichen Erfahrung«[2] zu verhelfen. Das »Objektive« wird in der Art seiner Darstellung überhöht und stiftet in seinem exponierten Erscheinen Nachdenklichkeit.

Zur möglichen Rolle der Fotografie im Projekt einer phänomenologischen Autopsie der Stadt merkte die amerikanische Fotografin Berenice Abbott an: »Photography can only represent the present.«[3] Wenn sie also nur darstellen kann, was sich in einem optischen Sinne zeigt, und nicht mehr, wären ihre Ausdrucksmittel begrenzt. Und in der Tat sind sie begrenzter als die der Kunst im engeren Sinne, ins-

---

1 Dubois 1998, S. 30.

2 Kammler 2009, S. 25 f.

3 Habert, Judith: Famous Quotes by photographer Berenice Abbott. In: photography.about.com; http://photography.about.com/od/famousphotogquotes/a/Famous-Quotes-By-Photographer-Berenice-Abbott.htm; 23.02.2014.

besondere die der Malerei (s. auch Abb. 7). Während Künstler frei sind in der Art und Weise, etwas *Wahrnehmbares* (und nicht nur Sichtbares) zur Anschauung zu bringen, haftet zumindest der analogen Fotografie ein (daguerreotypischer) Schatten der Objekte an. Dennoch verlangt nach Vilém Flusser auch die Herstellung der »archaischen« Fotografie nach einer schauenden, umkreisenden, sich bewegenden, anhaltenden und probierenden Abtastung ihrer Gegenstände.[4]

So sagt Abbotts Hinweis auf die Unüberwindlichkeit des Zusammenhangs von Sichtbarkeit und Repräsentation ja auch nicht, dass alles Erscheinende in einem *naiven* Verständnis der Sichtbarkeit aufgeht. Schon gelungene Fotografien mit dokumentarischem Anspruch haben einen ästhetischen Überschuss, der im Erscheinenden etwas zur Anschauung bringt, das über die Sichtbarkeit dinglicher Oberflächen hinausgeht. An solcher *Veranschaulichung* misst sich auch das Gelingen des Projektes einer »Phänomenographie« als »Beschreibung von Phänomenen«[5].

Fotografien zeigen Ansichten von der Haut der Stadt. Dabei tritt das Abbilden hinter die Veranschaulichung zurück. Während Programme der Abbildung von einer gewissen erkenntnistheoretischen Naivität oft nicht loskommen, ist das (aisthetische) Zeigen an der Vermittlung einer doppelten Anschauung orientiert; zunächst (a) einer sinnlichen, in der das Visuelle durch das synästhetische Mitschwingen anderer Sinne schon überschritten ist, und sodann (b) einer theoretischen Anschauung, die sich zwischen Reflexion und Intuition ausfaltet. Das Zeigen auf etwas Wirkliches ist nie im Sinne einfacher Signifikation zu verstehen. Das fotografische Bild soll daher daraufhin diskutiert werden, unter welchen Bedingungen es Einblicke in Züge des Gesichts der Stadt vermitteln kann, um schließlich an jenem von Roland Barthes diskutierten *punctum*[6] die *Sache* des Bildes, das heißt ihren vom Schein des Sichtbaren verborgenen Gehalt, freizulegen. Diese Sache mag in den Atmosphären liegen oder in einer auf den Charakter der Stadt verweisenden lebendigen Spur, die Anknüpfungspunkte für das Bedenken gelebter Beziehungen zur Stadt bietet.

Die Geste des Fotografierens ist, sofern ein bildgebender Fotograf sich ihrer bewusst ist, nicht theoriefrei oder -fern. Nach Flusser

---

[4] Vgl. Wiesing o. J.

[5] Ebd.

[6] Vgl. dazu auch Barthes 1986.

Abb. 7: Pablo Picasso: La Buveuse d'absinthe (1901).

ist sie (als Geste des Schauens) selbst eine Geste »der ›theoria‹«[7]. Die in einem phänomenographischen Sinne Beachtung verdienende Fotografie setzt sich programmatisch aber nicht interpretierend, also wertend zu ihren Gegenständen in Beziehung, sondern beschreibend. Sie vertieft sich in ihren Gegenstand, kommentiert ihn aber nicht. Gleichwohl gelingt keine Beschreibung ganz ohne emotionale Einlas-

[7] Flusser 1994, S. 118.

sung auf das sichtbar Gemachte und damit auch nie als »reine« Beschreibung. Schon die Positionierung des Fotografierenden impliziert eine *Situierung* des Bildes, mit der zumindest auf sehr verdeckte Weise auch Werte verbunden sind.

Das Beispiel der Hochhausfotografie mag die Unhintergehbarkeit gleichsam mitlaufender Werte illustrieren. Martino Stierlie hat sich der Aufgabe der Fotografie des Hochhauses angenommen. Er resümiert,

> »dass die Faszination des Hochhaus für die Künstler der Gegenwart weniger in seiner skulpturalen Einzelform als vielmehr im städtebaulichen Gesamtzusammenhang liegt.«[8]

Damit rücken interpretative Themen in den Fokus, bevor das Hochhaus selbst und im Detail seiner Sache dem Denken zugänglich gemacht wird. Solche Themen sind unter anderem: der Mensch im Spannungsfeld zwischen Innen- und Außenraum, die Ästhetisierung der Fassaden, Konflikte zwischen Tradition und Moderne, Inszenierung von Schönheit und die Situation der illuminierten Hochhaus-Stadt.[9] Zu dieser Art der Fokussierung merkt Stierli an:

> »In diesen Bildern tritt deutlich hervor, dass auch Architekturfotografie nicht in einem einfachen Abbildungsverhältnis zur Wirklichkeit steht, sondern dass sie diese interpretiert und überhaupt erst konstruiert.«[10]

Als eine in diesem Sinne konstruierende Zunft stünde die Fotografie in der Tat auf derselben Seite, von der aus auch die Architektur gestalterisch auf die Konstruktion der Stadt einwirkt. Die Architektur baut mit physischen Stoffen, die Fotografie im Medium der visualistischen Gesten. Sie appelliert moralisch, kommuniziert Bedeutungen und Mythen, und sie inszeniert und demontiert in einem symbolischen Sinne. Wo sie sich aber in die ästhetizistische Logik der Repräsentation einschwingt, wird sie affirmativ. Evidente Kulturkritik vermittelt sie insbesondere in der Überzeichnung, Verzerrung oder narrativen Pointierung des Gezeigten.

Aber auch im Verzicht auf jede Kommentierung kann die Fotografie ihrem konstruktivistischen Grundhabitus nicht entweichen. Was ihr oft angelastet wird, wendet sich aber auch zu ihrer Stärke: »Die Fotografie ist das Ergebnis eines Blicks auf die Welt und gleich-

[8] Stierli 2011.1, S. 109.
[9] Vgl. ebd., S. 110–112.
[10] Ebd., S. 113.

zeitig eine Veränderung der Welt, eine neuartige Sache.«[11] Der fotografische Blick wird (mehr oder weniger) intentional auf etwas bzw. einen Gegenstand der Darstellung gelenkt. In jedem Falle folgt er aber einem vitalen Antrieb, einer affektiv motivierten Aufmerksamkeit. Zwar bedeutet deren Lenkung auch ihre Orientierung; diese läuft aber nicht schon a priori auf eine interpretierende »Aneignung« hinaus. Auch der Wille zur phänomenographischen Vertiefung in die Haut der Dinge, ins Gesicht eines Quartiers und in den Leib der an bestimmten Orten spürbar werdenden Stadt folgt einer hinwendenden Geste. Diese ist kategorial von der kulturindustriellen Lenkung der Aufmerksamkeit durch visiotypartige[12] Vorbild-Systeme aber doch zu unterscheiden. Wenn es auch keine in Gänze interpretationsfreie Beschreibung gibt, so doch einen Unterschied zwischen einer *programmatischen* (etwa ideologischen) Interpretation im Medium des Bildes und einem zumindest angestrebten Verzicht auf Intentionen in der Darstellung eines Wahrnehmbaren. Die Beispiele von Arbeiten früher Fotografen des 19. Jahrhunderts werden diesen Unterschied illustrieren, aber auch zeigen, dass die Differenz zwischen Beschreibung und Interpretation insofern konstruiert ist, als die gelingende Beschreibung oft eine Interpretation im weiteren Sinne voraussetzt.

Die Differenz zwischen einer sich um ihre Konstitutions- wie Gestaltungsspielräume bewussten Fotografie und einer Fotografie der »Knipser«[13] soll hier nicht diskutiert werden. Die Fotografie verspricht als eine der selbst- wie weltbezogenen Reflexion dienlich gemachte Methode und Technik keine Erträge, wenn sie unter der Macht kulturindustriell genormter Klischeehaftigkeit des Abbildens steht. Aber auch professionelle Fotografie (möge sie im Dienste des Journalismus, der wissenschaftlichen Dokumentation oder der Kunst stehen) verlangt nach einem *bewussten* Gebrauch.

Vilém Flusser thematisiert das hier bedeutsame Verhältnis zwischen Fotograf und Apparat. Natürlich übertreibt er, wenn er sagt:

---

[11] Flusser 1994, S. 107.

[12] Ich verwende den Begriff im Sinne von Uwe Pörksen (vgl. 1997).

[13] Unter anderem spricht Walter Benjamin vom »Knipsen«; er meint damit jenen Akt des Fotografierens, in dem »das Erlebnis zur ›Kamerabeute‹ wird« (1963, S. 60) und mit dem Jäger vergleichbar sei, »der vom Anstand mit Massen von Wild zurückkommt, die nur für den Händler verwertbar sind« (ebd.).

»In der fotografischen Geste wird der menschliche Körper derart mit dem Apparat zusammengeschweißt, dass es nahezu sinnlos ist, einem von beiden eine besondere Funktion zuweisen zu wollen.«[14]

An anderer Stelle tut er genau dies; er appelliert an den Fotografen, sich seiner Spielräume im Umgang mit dem technischen Apparat bewusst zu werden und sich für eine bestimmte Nutzung zu sensibilisieren. Das Programm des Apparates ist – auch wenn es weitgehend und scheinbar hermetisch geschlossen zu sein scheint – nie in Gänze auf einen immer gleich ablaufenden Automatismus festgelegt. Auch dem bilderproduzierenden »Automaten« steht ein über seinen Gebrauch und den seiner Produkte entscheidendes Individuum gegenüber. So wird im Akt des Fotografierens nicht nur der Apparat (und sein Objektiv) eingestellt. Auch das fotografierende Individuum stellt sich angesichts technischer Möglichkeiten und bildnerischer Absichten auf ein »Abbildungs«-Programm ein. Diese *Einstellung* setzt im Projekt der Phänomenographie die ästhetische *Einstimmung* auf die Situation dessen voraus, was Gegenstand der Veranschaulichung werden soll. Das impliziert die Option von Flusser: »Freiheit ist, gegen den Apparat zu spielen.«[15]

»Aber daß wir nur das aufnehmen, wozu wir uns einstellen, und daß das Aufgenommene eine Funktion des Einstellens ist, das ist erst seit der Erfindung der Fotografie konkret und handgreiflich ins Bewußtsein gedrungen.«[16]

Das gilt noch für den polizeilichen Gebrauch der Fotografie in der Messung der Geschwindigkeit von Fahrzeugen, also dort, wo die Herstellung des (Radar-)Bildes einem messtechnisch geeichten Automatismus folgt und nur zeigt, was die Justiz als Beleg für einen Sachverhalt verlangt. Das Radarfoto weist auf eine Gebrauchsform der fotografischen Methode hin, die fest mit der Geschichte der Fotografie verbunden ist. Wo das Bild als Beweis dient, erfüllt es nicht ästhetische, sondern juristische Ansprüche. Als »reine« Dokumentation ist die unter die Interessen des Ordnungsstaates gestellte Methode der Fotografie Ausdruck eines polizeipolitischen Programms. So galt sie einst für Bertillon, der in der Pariser Polizeipräfektur ein Bildarchiv von Straffälligen aufbaute, »eindeutig als das endgültige, unwiderleg-

[14] Flusser 1994, S. 111.
[15] Flusser 1983, S. 73.
[16] Flusser 2000.1, S. 84.

bare Zeichen im Prozeß der Identifikation«.[17] Das gilt noch heute in der technischen Produktion des Radarbildes, in dem sich der automatisch in Gang setzende Apparat darin vollendet, dass er den Fotografen überflüssig macht. Das Polizeifoto steht paradigmatisch für die Einverleibung der Fotografie durch Wissens- und Machtdiskurse[18]. Deshalb will das polizeiliche Radarbild auch nichts *anschaulich* machen; es ist eine radikal reduzierte Geste des Zeigens, die im Sinne von Roland Barthes nichts weiter sagt als dies: »das da, genau das, dieses eine ist's! und sonst nichts.«[19] Gleichwohl vollendet sich diese Art der Fotografie doch erst in ihrer Kopplung mit einer High-Tech-Methode der Geschwindigkeitsmessung.

Wenn das Polizeifoto auch die jede Wissensform überbietende Macht des Sichtbaren suggeriert, so säße jeder Glaube an die Evidenz des Sichtbaren einem naiven Trugschluss auf. Die Ästhetik des Bildes ist immer mit ihrer anästhetischen Kehrseite verschwistert. Das Sichtbare verweist auf etwas Verborgenes, das Rätsel aufgibt. Man könnte diese Kehrseite auch als die vom Sichtbaren verdeckte »Aufgabe« des Bildes beschreiben. Und so sagt Roland Barthes, Fotografien sind

> »Zeichen, die nicht richtig abbinden, die gerinnen wie Milch. Was immer auch ein Photo dem Auge zeigt und wie immer es gestaltet sein mag, es ist doch allemal unsichtbar: es ist nicht das Photo, das man sieht.«[20]

Das Verhältnis des im Bild Sichtbaren zum Verdeckten, um das es gerade in einer phänomenographischen »Obduktion« städtischer Räume ginge, beschäftigt auch Vilém Flusser. Um den Akt der Bildherstellung von technischen Zwängen frei zu machen, fordert er im »Kampf der menschlichen gegen die programmierte Absicht«[21] zunächst die Emanzipation des Bildproduzenten vom »Apparat-Totalitarismus«[22]. In einem ersten Schritt müsse der Fotograf dazu seine Verstrickung mit dem Apparat erklären. Diese hat aber nicht allein technischen Charakter. Der Fotografierende müsste sich nicht nur der auf sein Tun einwirkenden kulturellen Abbildungs-Programme und -routinen bewusst werden, er müsste sich in seiner ästhetischen Hal-

---

[17] Sekula 2003, S. 302.
[18] Vgl. Solomon-Godeau 2003, S. 60.
[19] Barthes 1986, S. 12.
[20] Ebd., S. 14.
[21] Flusser 2000.2, S. 191.
[22] Ebd., S. 194.

tung auch gegenüber dem Gegenstand (der Sache) des Fotografierens öffnen.

Die Geste des Fotografierens setzt einen (gewollten) Blick für das Verborgene voraus. Wenn man so will, kommt auch in dieser Einstimmung des fotografischen Blickes eine interpretierende Haltung zur Geltung. Deren Programm unterscheidet sich aber darin von jeder thematisch-inhaltlich ausgerichteten Deutung, dass sie Wirklichkeit nicht auf dieses oder jenes hin interpretieren will, sondern dass sie das in einer Situation des Städtischen *charakteristisch* Erscheinende dem Bedenken zugänglich machen will. Darin liegt das phänomenographische Thema der Fotografie – und nicht in jenem banalen »Es ist so gewesen«[23]. Die Sache würde sich so vom bromsilbernen Boden des Bild-Abzuges in einem ephemeren Sinne abheben, in der Geste des Zeigens aber an ihm haften bleiben. Vom Fotografen – jedenfalls dem, der programmatisch über die naive Geste des Zeigens hinaus etwas zur Anschauung bringen will – wäre daher auch nicht »nur« ein intellektuelles Vermögen zur ästhetischen Reflexion kultureller Abbildungs-Stile und -Klischees gefordert. Er hätte in besonderer Weise einen Sinn für das zu kultivieren, was Barthes das *punctum* des Bildes nannte, jenes Abseits von seinem sichtbaren Zentrum. Hermann Schmitz würde dieses Ephemere einen »durchscheinenden Hintergrund« nennen.[24] Ästhetische Sensibilität in der Aufspürung von Situationen setzt »leibliche Intelligenz« voraus, das heißt »die Fähigkeit intelligenten Umgangs mit Situationen«[25] der Einleibung.

Jede Fotografie ist zunächst ein Bild im Allgemeinen. Für den fotografischen Herstellungsprozess ist damit vorausgesetzt, dass sich das (empathische, mimetische) Bilden auf der Basis einer leiblichen Beziehung zum Bildgegenstand vollzieht. Schon der etymologische Schatten des Bild-Begriffes lässt erahnen, was im Zentrum anthropologischer Bildtheorie steht. Indem ein Mensch etwas sieht, von etwas berührt wird oder etwas bedenkt, macht er sich im Sinne der Ein-Bildung ein Bild. Dieses Eingebildete kann ins Bild gesetzt oder zum Gegenstand der (bildlichen) Rede werden. Ein physisches Bildartefakt ist Ausdruck einer vorausgegangenen (performativen) Bild-ung. Damit wird der Sinn der kategorialen Trennung zwischen einem imagi-

---

[23] Barthes 1986, S. 126.
[24] Schmitz 2010, S. 93.
[25] Ebd., S. 86.

nierten und einem physischen Bild brüchig. Sowohl im Bereich der Imagination wie in dem der Produktion (von Bild-Artefakten) gibt es eine große und vielfältige Breite an Formen der Ein- wie Aus-Bildung.[26] Beide Formen der Bildlichkeit sind notwendig miteinander verzahnt – kein Ausdrucksbild ohne imaginatives Vor-Bild und keine Imagination ohne Wahrnehmung im weitesten Sinne. Damit ist implizit noch einmal gesagt, dass jedes physische Bild über das Sichtbare hinausgeht. Hier soll es nicht auf die Spur des Bildes ankommen, die ins bildende Denken bzw. in die Rekonstruktion einer mimetischen Weltbeziehung des Bildenden verweist. Das sichtbare Bild birgt transzendente Spuren, die über den Bereich des Sichtbaren hinausführen – zum Beispiel in den Bereich der Synästhesien und Atmosphären. Was Lambert Wiesing am Fotoapparat mit dem Begriff der »Sichtbarkeitsisolierungsmaschine«[27] anspricht, geht in diese Richtung. Die Isolierung des Sichtbaren aus dem Milieu der physischen Welt macht das Bild zugleich frei für die Wahrnehmung eines Transzendierenden. Dennoch ist die Sache der fotografierenden Isolierung insofern in gewisser Weise »geerdet«, als es nur ein (das Physische im Bild) Transzendierendes geben kann, wenn zunächst etwas zur Erscheinung gekommen ist und das heißt, im Moment der Abbildung in einer Weise dem Sichtbaren anhaftete, die seine Wiederentdeckung im Zuge der Bildnahme letztlich erst erlaubt. So fungiert das Bild in phänomenologischer Hinsicht als Medium der Vermittlung von Spürbarkeit. Mit anderen Worten: Das Sichtbare bewährt sich in der Fotografie als Medium der Kommunikation eines im engeren visuellen Sinne gar nicht Sichtbaren. Von der technisch gleichsam realitätsunabhängigen Bildgebung, die in der digitalen Fotografie ihr ideales Milieu vorfindet, sei hier abgesehen.

Nur auf dem Hintergrund der Gründung eines Nicht-Sichtbaren in einem sichtbar Gemachten, das in einem evidenten Referenzverhältnis zum tatsächlichen Raum steht, kann es im Metier der Fotografie gelingen, Atmosphären zur Anschauung zu bringen, die im engeren Sinne gar nicht *sichtbar* sind. So lässt sich auch eine Brücke zum Verstehen städtischer Leibesinseln bauen. Vorausgesetzt ist die Produktion des Bildes als ein Medium der (doppelten) Anschauung im oben thematisierten Sinne. Dies schließt seine Funktion als Medium der leiblichen Kommunikation ein. Am Beispiel von Arbeiten des

[26] Vgl. Wiesing 2005, S. 22.
[27] Wiesing 2005, S. 162.

Fotografen Wolfgang Tillmans stellt Ilka Becker zur fotografischen Darstellbarkeit von Atmosphären fest:

»Die Sichtbarkeit von Atmosphären beschränkt sich dabei [...] nicht auf die visuelle Schicht der Bilder. Sie ruft assoziierte Erfahrungen im Bereich des Tastsinns, der Gerüche und Geräusche ab.«[28]

Das entspricht einer »*transpikturalen* und *multisensoriellen* Auffassung des Fotografischen«[29]. In diesem Sinne sensibilisiertes Fotografieren sucht nicht Oberflächen zu beschreiben, sondern die sich an ihnen ausdrückenden Spuren städtischer Vitalität fassbar und reflektierbar zu machen. Gegenstand der bildlichen Darstellung ist nun das im sinnlich Wahrnehmbaren (synästhetisch) Mit-Wahrgenommene. Dieses Mit-Wahrgenommene bedeutet in der Logik der Phänomenographie nicht eine (deutend-interpretierende) imaginäre Hinzufügung, sondern die ästhetische Explikation dessen, was sich in der Erlebniswirklichkeit einer fotografierten Situation der Stofflichkeit der Dinge entzogen hat. Indes wird schon die Möglichkeit dieses Weges zur meta-dokumentarischen Haltung gegenüber dem Gegenstand der Fotografie in einem lautstarken Diskurs zur Kritik der Fotografie (bei Bourdieu zum Beispiel als »illegitime Kunst«) bestritten. Ohne Anspruch auf vollständige Rekonstruktion dieser Kritik an den Methoden der Fotografie seien wichtige und häufig variierte Argumente mit dem Ziel diskutiert, sie gegenüber dem Projekt einer phänomenographischen Fotografie abzugrenzen.

4.1 Grenzen der Fotografie

Dass es gesellschaftliche Gebrauchserwartungen an das fotografische Bild gibt,[30] ist evident. Deshalb geht Fotografie aber nicht in Gänze in einer Art kulturindustriellem Reflex auf, wie es Pierre Bourdieu sug-

---

[28] Becker 2010, S. 186. Es darf als fraglich gelten, ob Becker tatsächlich »Assoziation« meint oder nicht vielmehr ein synästhetisches Verstehen auf dem Boden leiblicher Kommunikation. Während der Begriff der Assoziation kognitionspsychologisch formatiert ist, geht es Becker in der Sache doch nicht um die Freisetzung *kognitiver* Prozesse, sondern um das nachspürende Zusammenbringen von spürbarem Eindruck (kommuniziert durch das im Bild Sichtbare) zum einen und dem erinnernden (Nach-)Erleben ähnlicher, selbst erlebter Eindrücke zum anderen.

[29] Ebd., S. 183.

[30] Vgl. auch Bourdieu 2006, S. 88.

gerieren will. Er kann und will die Fotografie nur auf dem Hintergrund einer ästhetisch abgerichteten Masse sehen. Die Selektivität des Bildes sowie die segmentierende und fixierende Funktion der fotografischen »Erfassung« eines Gegenstandes oder einer Situation sieht er allein als Restriktion, nicht als Option einer erkenntnisvermittelnden Annäherung an Wirklichkeit.[31] Wenn er schließlich anmerkt, »Fotografie führt nurmehr eine Wirklichkeit vor, die als gegeben anzunehmen unseren Augen bequem ist, mehr nicht«[32], so erfasst er allein kulturindustrielle Produktions-, Reproduktions- und Konsumptionsroutinen. Das kritische Sprengpotential der Fotografie wie ihr optionaler Beitrag für »dichte Beschreibungen« der Stadt und des Städtischen entgeht ihm völlig. Fotografische Praxis, die sich technischer Parameter und Automatismen ebenso bewusst ist wie der an sie gerichteten kulturellen Bilderwartungen, vermag die affirmativen Programme ihres oberflächlich-ästhetischen Genusses zu durchkreuzen. Das Flusser'sche Bemühen um eine Emanzipation vom Apparat dient nichts anderem als diesem Zweck.

Eine ähnlich eingleisige Form der Kritik an der Fotografie bietet Susan Sontag, die sie allein unter dem Joch einer gesellschaftlich standardisierten Ästhetisierung der Welt sieht.[33] Fotografieren ist für Susan Sontag eine a priori vergebliche, ja geradezu lächerliche Geste, die immer schon in der Logik des Warenhauses gefangen ist.[34] »Durch die Kamera werden die Menschen zu Kindern oder Touristen der Realität.«[35] Geradezu kryptisch ist ihre Kritik an der Oberflächenwirkung der Fotografie, die sie nicht in einer Rolle der Vermittlung von Gefühlen sieht, sondern in der einer Distanzierung von ihnen: »In demselben Maße, in dem Fotografien Teilnahme erwecken, schränken sie Teilnahme ein, bringen sie Gefühle auf Distanz.«[36] Wäre die Fotografie tatsächlich als Medium der Vermittlung einer Distanz zu den Gefühlen erfolgreich, müsste jene Affektökonomie im Kontext einer bildlichen Kommunikation von Gefühlen gänzlich unverständlich werden, um deren Willen die massenhafte Ekstase der Bilder ja gerade ins Kraut schießt. Bilder wecken in einem phänomenologischen Sinne schon deshalb Gefühle, weil sie Gegenstände und

[31] Vgl. ebd., S. 85.
[32] Ebd., S. 177.
[33] Vgl. Sontag 1980, S. 107.
[34] Vgl. ebd., S. 108.
[35] Ebd.
[36] Ebd., S. 107.

Situationen zeigen, zu denen Menschen affektive Beziehungen haben. Die Frage nach der sozialen Funktion dieser Gefühle rückt somit umso mehr in den Fokus einer Medien- und Gesellschaftskritik. Ihre Möglichkeit setzt aber die Anerkennung einer affektiven Vermittlungsfunktion durch die Fotografie voraus.

Ein Charakterzug der Fotografie liegt im Realismus ihrer Bilder. Bei André Bazin wird das im fotografischen Bild sichtbar Werdende geringschätzend kommentiert und mit dem Verdacht belegt, dass hinter den Fassaden des Sichtbaren keine verborgenen Schichten des Seienden zu erwarten seien. So merkt er an, die Fotografie befriedige »das Verlangen nach Realismus endgültig«.[37] Auch bei Victor Burgin kommt die Oberfläche des Sichtbaren nicht als Stärke in den Blick, sondern als erkenntnistheoretische Hypothek. »Die Oberfläche des Fotos verbirgt nichts außer der Tatsache der eigenen Oberflächlichkeit.«[38] Schließlich erscheint Günther Anders die Gefangenheit der Fotografie in den gesellschaftlichen Netzen der Massenkultur so endgültig und hoffnungslos, dass er keine kritischen Optionen in der Produktion wie im Gebrauch des fotografischen Bildes erkennen kann. Wenn eine Fotografie tatsächlich nichts verbergen würde, könnte sie weder zum Gegenstand des Verstehens noch zu einem der Interpretation werden, erschließt sich auf beiden Wegen »Hintergründiges« doch stets in einem hinter Oberflächen *Verborgenen*.[39] Victor Burgin betrachtet die Fotografie – ähnlich wie Roland Barthes und Flusser[40] – erkenntnistheoretisch aus der Perspektive der Semiotik: »Fotografien sind *Texte*, die, wie man sagen könnte, in einem fotografischen Diskurs niedergeschrieben sind.«[41] Folglich ist Fotografie für ihn auch nur »eines unter mehreren Signifikationssystemen, das im gleichen Zuge, wie es seinen offensichtlichen ›Gehalt‹

---

[37] Bazin 1983, S. 61.

[38] Burgin 2003, S. 37.

[39] Dass das *Prinzip* »Realismus« indes nicht am Schein der Oberflächen im Sinne einer kulturindustriellen Ästhetik eines klischierten Massengeschmacks leerlaufen muss, illustriert der *Magische Realismus* im Bereich der Malerei zum Beispiel bei Franz Radziwill (vgl. z. B. Henkel / Nievers 2011). Auch in der Fotografie steht das Prinzip der »optischen Durchschrift« dem Surrealismus zumindest nahe. Nicht zuletzt deshalb hatte Man Ray die realistischen, dokumentarischen Fotoarbeiten von Eugène Atget diesem Genre zugeordnet.

[40] Flusser sagt, der Fotograf »erzeugt, behandelt und speichert Symbole« (Flusser 1983, S. 24).

[41] Burgin 1999, S. 252.

›kommuniziert‹ auch das ideologische Subjekt produziert«.[42] Auch in dieser Sicht wird das fotografische Bild als ein (semiotisch) gefangenes Medium verstanden.

Wie sich die Realität der Dinge in ihrem *wirklichen* (phänomenalen) Erscheinen nicht auf semiotische Abstraktionen reduzieren lässt, so die Rezeption des Bildes nicht auf das proto-textliche Lesen. Semiotik schließt die sinnliche Welt in ein ubiquitäres Zeichensystem ein, in eine hermetische Denk-Sphäre diskursiver Bedeutungen. Die Präsenz der Dinge, und mehr noch die ganzheitlich verklammerter Situationen, muss diesem Denken ebenso entgehen wie die Option der leiblichen Kommunikation auf einem extra-diskursiven Weg (bei Foucault kündigt sich mit dem *Anderen* des Diskursiven nicht zuletzt das Ästhetische als proto-sprachliches Medium der Verständigung und Kommunikation an). Gerade dieser Weg der ästhetischen Annäherung an die verborgene Tiefenschicht der Bilder (in ihrer Produktion wie ihrer Rezeption) wird im Folgenden als Weg leiblichen Verstehens der urbanen Erlebnisdimension der Stadt begangen. Die semiotische Welt der Stadt steht in einem verzwickten Verhältnis zu ihrer leiblichen Welt. Zum einen stehen die Gefühle theoretisch zu den Symbolen auf Distanz. Zum anderen bilden sie aber auch jene vitalen Kerne situativen Erlebens, in denen sich die Bedeutungen mit den Symbolen in einem leiblichen Sinne verbinden. Die Herausarbeitung dieser Synthesen mittels des fotografischen Bildes verlangt umso mehr eine Kompetenz der Wahrnehmung und Bildgebung, die in der Lage ist, massenkulturell formatierte Wahrnehmungsroutinen aufzubrechen.

Schon zu seiner Zeit merkte Alfred Stieglitz an: »Die fatale Leichtigkeit der Handhabung hat die Fotografie als Mittel der Bilderzeugung bei vielen in Mißkredit gebracht.«[43] Dabei erforderte der sachgerechte Umgang mit dem Apparat – mehr noch mit der für die selbständige Herstellung eines Bildes erforderlichen Apparatur – zu allen Zeiten ein professionelles fachliches Können. Zweifellos ist gerade dieses in Zeiten digitaler Fotografie als Folge einer tendenziell umfassenden Automatisierung zu Recht in Misskredit geraten. Unterhalb der Ebene des berufsmäßigen Einsatzes verlangt die Fotografie als Methode ästhetisch schöpferischer Bildproduktion gar keine Kompetenzen mehr. Zweifellos hat sich damit das Urteil von Alfred

[42] Ebd., S. 260.
[43] Stieglitz 1999, S. 220.

Stieglitz noch einmal intensiviert und aktualisiert. Was jeder kann, gründet in keiner *herausgehobenen* Kompetenz. Schon aufgrund einer Grenze, die die Kunst gegenüber der Welt der Laien – nicht zuletzt um der mythischen Sicherung der die Kunst umfriedenden Grenzen willen – als eine kulturelle Sonderzone abschirmt, muss ihr die Missachtung »leichten Könnens« diesseits der Übung eine stabilisierende Aufgabe sein.

Im Sog dieser und anderer Missbilligungen der Fotografie darf es nicht verwundern, dass sich für Günther Anders »Fotografieren und Philosophieren [...] einander«[44] ausschlossen. Die (historische) Kritik an der Fotografie ist indes so ideologisch wie die Fotografie im Blick ihrer Kritiker. Zweifellos geben die zerrbildartigen Einlassungen auf die bildgebende Methode der Fotografie zu denken. Die Konsequenz ließe aber an kritischem Bewusstsein zu wünschen übrig, könnte sie nicht erkenntnistheoretisch relativieren, was doch nur *scheinbar* ganz dem Sog der Massenkultur erlegen ist. Die hier diskutierten Perspektiven des produktiven Umgangs mit dem Medium der Fotografie eröffnen im Wissen um deren erkenntnistheoretische Grenzen Horizonte einer theoretisch innovativen und Nachdenklichkeit stiftenden Annäherung an phänomenale Wirklichkeit und gesellschaftliche Realität. Ob die Fotografie Brücken zu einem reflexiven und darin kritischen Nachdenken über die Essenzen der Stadt in ihrem unsichtbaren Milieu freizulegen in der Lage ist, ist von Bedingungen abhängig, die sich mit ihrem methodischen Gebrauch konkretisieren. Dagegen dürfte die Kritik an der Banalität der Erträge der Fotografie dann zu ihrem Recht kommen, wenn das Bild im Sinne von Sontag, Burgin, Bourdieu, Flusser und vielen anderen hier gar nicht genannten scharfen Kritikern der Fotografie nur einen ewigen Kreislauf der besinnungslosen Produktion und Reproduktion der Bilder nähren würde. *Dann* wären die Bilder nur beliebige Artefakte und Wahrnehmungsschablonen eines von jeder autonomen ästhetischen Intention gereinigten kulturindustriellen Herstellungsmaschinismus.

4.2 Fotografie als Medium der Annäherung

Fotografie, die in einem phänomenographischen Projekt das phänomenologische Verstehen der in Mikrologien und Segmenten zur Er-

[44] Anders 1983, S. 111 f.

scheinung kommenden Stadt anbahnen und intensivieren soll, ist als Methode der Annäherung (an Dinge, Situationen, Atmosphären etc.) konzipiert. Für eine Nutzung der Fotografie für das Projekt einer philosophischen Reflexion der Stadt plädiert Alexa Färber in einem Vergleich von zwei in diesem Sinne konzipierten fotografischen Projekten.[45] Beide Vorhaben geben Beispiele für das hinter dem Sichtbaren der Darstellung sich Anbietende. »Latour und Hermant demonstrieren, dass es eine Bedingung der Komplexität von Stadt ist, als Ganzes unsichtbar zu sein.«[46] Die unmittelbare »Oberflächeneinschreibung«[47] (Grund des naiven Glaubens an die Echtheit der Bilder) zeigt Erscheinungen des Realen, die sich als Anknüpfungspunkte kritischen Denkens anbieten. Eine Beglaubigung von Seiendem (»wie im Bild«) kommt darin aber nicht zur Geltung. Die Annäherung gilt einem flüchtigen Ganzen und nicht der Objektivierung *einzelner* Dinge. Annäherung bleibt daher auf Distanz, sie bewährt sich unter anderem in der ästhetischen »Annotierung« städtischer Atmosphären.

Das zweite Projekt, das Färber beschreibt, basiert auf der Verknüpfung von Bild und Text. Zum Bild »gehört« nun der Text – in Form der Bild-Unterschrift, der Erläuterung, des Kommentars, der Richtigstellung, Relativierung, Erzählung usw. Er vernetzt das Ästhetische mit dem Diskursiven des Außerästhetischen. So entsteht nach Boek im Nebeneinander von Bild und Text eine wechselseitige Bereicherung[48] im Sinne eines »Polylogs«[49]:

»The phenomenology and aesthetics of photography address the importance of appearance, and the relationship between presence and absence, between the reality of unreality and the unreality of reality, between visible and invisible, between having two eyes and having four eyes, between first and second worlds. Ultimately, photography, like Kinshasa itself, constantly refers to death and the relation with the world of the living, two themes that are to this book.«[50]

[45] Sie diskutiert das Projekt *invisible city* von Bruno Latour und Emilie Hermant über Paris und das von Filip de Boeck und der Fotografin Marie-Françoise Plissart über Kinshasa: Tales of the Invisible City (Antwerpen 2004); vgl. Färber 2013.

[46] Ebd., S. 207.

[47] Ebd., S. 211.

[48] Vgl. ebd., S. 212.

[49] Boek zit. bei Färber 2013, S. 215.

[50] Ebd.

Für Alexa Färber sind im Bild der Stadt zwei Dimensionen des Städtischen in ihrer Gleichzeitigkeit gleichwertig: »Das Nichtanwesende und Unsichtbare spielt deshalb dem Anwesenden und Sichtbaren eine ebenbürtige Rolle.«[51] Die phänomenologische Annäherung an die Stadt schließt den Regresses auf ihre narrative Dimension notwendig ein: »At every beginning of the city is the word …… AND THE WORD IS THE CITY.«[52] In der Tat ist die Stadt als abstrakter Raum der Kommunikation und der komplexen Prozessregulierung auch ein Kosmos der Sprache. Aber diese geht im Diskurs nicht auf und lässt sich deshalb auch nicht auf die diskursive Form expressis verbis formulierter Sätze reduzieren. Umgekehrt gilt daher ebenfalls, dass nicht nur die metropolitanen Bauten – in ihrer konstruktiven Herstellung wie in ihrem abstrakt regulierten institutionellen Gebrauch – auf Schrift und Sprache basieren. Auch die bildliche »Produktion« der Stadt wie ihr atmosphärisches Erleben sind diskursiv zumindest mitdisponiert. Das ästhetische Medium des fotografischen Bildes ist gerade in seiner phänomenographischen Nutzung mit gesellschaftlichen Diskursen verzahnt. Jede methodisch arrangierte Annäherung an Seinsweisen der Stadt im Medium des Bildes hat diesem Umstand Rechnung zu tragen.

Auf dem Hintergrund einer geisteswissenschaftlichen sowie bild- und medientheoretischen Diskussion um den potentiellen Wert des fotografischen Bildes wird die erkenntnistheoretische Brauchbarkeit der Fotografie heute kaum bestritten. Nach Herta Wolf kann »mittels der Phänomenologie […] ein affektives Herangehen an die *Fotografie* begründet werden«.[53] Mit anderen Worten: Die Fotografie gilt ihr schon deshalb als phänomenologisch relevantes Medium, weil sie – ganz ähnlich wie andere Bilder – kein Ausdrucksmedium ist, das der Rationalität der wörtlichen Rede unterliegt. Geboten ist eine pathische Annäherung, um über die Einlassung auf das Milieu des Fotografierten die Grenze zum sprachlichen Diskurs zu überschreiten. Zwar vermitteln Fotografien ästhetische Eindrücke, die der diskursiven Sprache inkommensurabel sind. Damit ist aber nicht gesagt, dass die Rede über ihre Ausdrucksgestalten vergeblich wäre oder zu keinem Erkenntniszuwachs führen könne. Zwar lässt sich der Ausdrucksgehalt einer Fotografie in keinem linearen Sinne einer ein-

[51] Färber 2013, S. 216.
[52] Boek zit. bei Färber 2013, S. 217.
[53] Wolf 2002, S. 96.

fachen Übersetzung in Worte übertragen. Es kann schon deshalb keine Identität zwischen Bild und Wort geben, weil die Annäherung ein transversales Spiel auf der Grenze der Rationalitäten ist. Der Inhalt eines Bildes lässt sich im engeren Sinne gar nicht aussagen. Nach Roland Barthes poststrukturalistisch-semiotischer Argumentation hat die Fotografie aber eine dem theoretischen Wissen *komplementäre* Funktion.[54] Die Annäherung an das Bild arbeitet sich folglich mit dem Explikationsmittel der Sprache als eine Suche nach Ähnlichkeitsformeln voran. Sie bleibt aber eine Annäherung und deshalb immer hinter dem unverwechselbaren und unersetzlichen Ausdruck des ästhetischen Mediums zurück. Darin liegt aber nicht nur eine Beschränkung, sondern auch eine Option. Die gnostische und pathische Interpretations-Arbeit am Ausdruck des Bildes erschließt Felder der Denkwürdigkeit dessen, was sich im Bild zeigt. Es ist dieser Form der Reflexion eigen, dass sie um Worte ringen muss, um der Sache des Ästhetischen näherzukommen. Ein Bild spricht Gefühle an, weil es in seiner Konkretheit im Wirkungsfeld leiblicher Kommunikation steht. Deshalb kann es auch provozieren und Denkwürdigkeit stiften.

4.2.1 Das punctum

Nach Roland Barthes nähert sich der Betrachter (»spectator«) dem Bild aus einem Gefühl heraus.

»Als *spectator* interessierte ich mich für die PHOTOGRAPHIE nur ›aus Gefühl‹; ich wollte mich in sie vertiefen, nicht wie in ein Problem (ein Thema), sondern wie in eine Wunde: ich sehe, ich fühle, also bemerke ich, ich betrachte und ich denke.«[55]

Die Beziehung zur Fotografie hat für Roland Barthes in erster Linie pathischen Charakter. Barthes will affektiv in den atmosphärischen Raum eines Bildes eintreten, mehr noch – sich in ihn hineinziehen lassen.[56] Auf diesem Wege werde die Affizierung durch das punctum, eine Art ephemerer Essenz eines Bildes vermittelt. Nicht jedes Bild hat aber das ästhetische Potential zur »Emission« eines punctum.

[54] Vgl. Barthes 1985, S. 38.
[55] Ebd., S. 30.
[56] Beim kulturindustriell zirkulierenden Bild, das für die massenhafte Rezeption nach Klischees produziert und möglicherweise noch manipuliert wurde, hat das Gefühl der Hinwendung den Charakter einer »Dressur« (vgl. ebd., S. 35).

Nicht die unendliche Fülle schnell und nachlässig gemachter Schnappschüsse, sondern nur jene *herausgehobenen* »Arbeiten«, die bestechen, berühren und unvermittelt treffen, weisen ein punctum auf. Darin klingt jenes Doppelwesen an, das das punctum ausmacht – es geht vom Bild aus, verhallt aber im Nichts, wenn es den Betrachter in einem pathischen Sinne nicht trifft. Das punctum ist somit das, »was ich dem Photo hinzufüge und *was dennoch schon da ist*«.[57] Damit spricht Barthes jenen visualistischen Überschuss an, der das Bild überhaupt erst zum Denkstück macht. »Das *punctum* ist mithin eine Art von subtilem Abseits, als führe das Bild das Verlangen über das hinaus, was es erkennen läßt.«[58] Es liegt in einem »Mehr an Sichtbarem«[59]. Die reflexive Vertiefung in die Details eines Bildes bietet den Zugang zu einem »Infra-Wissen«[60], das an Subduktionszonen des Visuellen aufsteigt. Die sprachliche Arbeit am annäherungsorientierten Ausdruck setzt dieses Infra-Wissen frei. Kein punctum ist nach dem Vorbild der Archäologie Schicht um Schicht freizulegen; ebenso wenig erschließt es sich in der *intelligiblen* Auseinandersetzung mit einem Bildgehalt. Seine Freilegung bedarf der intuitiven Annäherung und der mimetischen Einlassung auf das im Bild anschaulich Werdende.

Auch in der Perspektive von Vilém Flusser öffnen sich Pfade der Annäherung an das, was Barthes das punctum genannt hatte. Wenn Flusser theoretisch und methodisch auch völlig anders mit der Frage der Emanzipation von bildgenerierenden Programmen auf der mentalen Seite des Bildproduzenten wie der technischen Seite des Apparats umgeht, so lässt sich doch auch seine kritische Sicht auf die Fotografie und das Fotografieren für die phänomenographisch-phänomenologische Arbeit mit dem Bild nutzbar machen.

> »Wir erleben überhaupt, was wir im Fotografieren im besonderen erleben: die Welt und wir selbst sind so, wie wir sie und uns selbst von einer spezifischen Einstellung aus entwerfen.«[61]

Wenn Flusser von der fotografierenden Person (dem Fotografen) spricht, so lässt sich die selbstreflexive Haltung zum Bild doch auch auf die *Situation* der anschauenden Betrachtung anwenden, also vom

---

57 Barthes 1985, S. 65.
58 Ebd., S. 68.
59 Ebd., S. 53.
60 Ebd., S. 38.
61 Flusser 2000.1, S. 87.

Produzenten auf den Rezipienten übertragen.[62] Und tatsächlich sind Produzent und Rezipient in ihrer mimetischen Rolle vergleichbar.

Während sich der Bild-Produzent dem *Wirklichen* in affektiv gestimmter Weise ähnlich macht, gleicht sich der Rezipient dem *Bild* an. Dabei unterscheidet sich der jeweilige Abstand zum Bildgegenstand kategorial. Der Produzent steht im wirklichen Herumraum dessen, was er ins Bild setzt. Der Rezipient kennt gar keine leibliche Nähe zur originalen Szene im tatsächlichen Raum. Die sich daraus ergebende in gewisser Weise klinische Distanz impliziert eine von Grund auf andere Beziehung der Gefühle zum Bildgegenstand als die des Bildproduzenten, weil es dem Betrachter am »Infra-Wissen« um die atmosphärische Situation der Referenzwirklichkeit des Bildes mangelt. Nun stellt sich aber gerade diese Distanz, die im Vergleich zum Bildproduzenten eine Differenz der Affekte begründet, der Vermittlungsfunktion der Fotografie in gewisser Weise in den Weg. Trotz der fremden Ferne, trotz fehlender tatsächlicher leiblicher Berührung mit dem Milieu eines im Bild Hervortretenden soll das Bild an den Rezipienten übertragen, was seiner Anschauung nie gegenwärtig war. Barthes' punctum hat natürlich auch als missing link einen Sinn. Daraus folgt für den Prozess der Bildgebung, dass ein Objekt vom ersten Moment der fotografischen Hinwendung als *transversales* Medium zu bedenken ist, das heißt als *Bild*, das in der Bildnahme in seinem visuellen Charakter überschritten werden muss.[63]

Wenn Dubois das punctum ausschließlich semiotisch begreift und feststellt, es *bezeichne*[64], so entgeht diesem semiotischen Denken die leiblich affizierende Macht des punctum, das nicht wie ein Zeichen gelesen, sondern durch intuitive Berührung in einem leiblichen Sinne (pathisch) verstanden werden muss, damit es dem sachgemäßen Denken überhaupt zugänglich gemacht werden kann. Das Problem der

[62] Nach Lambert Wiesing steht Flusser für die postmoderne Sicht, »welche die Beschreibung der Phänomene nicht als Vorstufe der Bestimmung von Prinzipien versteht, sondern eben als den einzig möglichen Ersatz für die überholte und verfehlte philosophische Suche nach zeitlosen und kulturinvarianten Prinzipien«; Wiesing o. J., S. 8 f.

[63] Solches methodische Vorgehen bildete auch den programmatischen Kern der Sozialfotografie, wie sie im Werk von John Thomson im letzten Viertel des 19. Jahrhunderts als eine spezielle Mikrologie der Großstadt bereits grundgelegt wurde (s. Kapitel 4.4.5).

[64] Vgl. Dubois 1998, S. 76.

Distanz des Rezipienten taucht aber auch in der Perspektive des Produzenten auf, und zwar dann, wenn dieser zum Rezipienten seiner eigenen Bilder wird. Wenn selbst der Produzent aus der Distanz der Zeit und der leiblichen wie sinnlichen Berührung »seinem« punctum gegenüber blind geworden ist und dieses nun auch für ihn »funktionieren« muss wie bei einem x-beliebigen Rezipienten, erweist sich seine Stärke – oder Schwäche. Das punctum, das in der vitalen Situation einer Begegnung (in der Situation der Aufnahme) wahrgenommen wurde, scheint im tatsächlichen Bild zwar nie in derselben Weise auf wie am Ort wirklichen Geschehens, denn nichts, was aktuell im Moment der Bildnahme durch ein spezifisches atmosphärisches Erscheinen gestimmt war, lässt sich in einem authentischen und identischen Sinne festhalten. Dennoch bahnt die gelingende Fixierung das Verstehen der dargestellten Sache dann in einer angemessenen Weise an, wenn diese in einem hermeneutischen Sinne als Essenz des Bildes gleichsam gehoben werden kann. In der Sozialfotografie und fotografischen Phänomenographie der Stadt ist die Verdichtung der Essenz eines Bildes in einem punctum ebenso Voraussetzung für die erkenntnistheoretisch überhaupt erst mögliche sinnstiftende Rezeption wie seine politische Wirkung. Nur dann kann es auch gelingen, mit dem Medium der Fotografie ethische Themen zu explizieren, um über die freigesetzten Affekte das *Nach*-Denken des Sichtbaren herauszufordern. Um diesem Ziel nahe kommen zu können, müssen die Bilder auf glaubhafte und überzeugende Weise Atmosphären vermitteln.

4.2.2 *Zwischen Realität und Wirklichkeit*

Auch der sozialkritischen Dokumentarfotografie, die zum Beispiel in den 1930er Jahren im Rahmen eines Programmes zur Linderung der Not der amerikanischen Landbevölkerung praktiziert wurde, lag ein bild- und affektpolitisches Kalkül zugrunde. Der Leiter des Projekts

> »schrieb bei der Auftragsvergabe nicht nur die Region, das Milieu oder die Tätigkeit genau vor. Er gab darüber hinaus auch an, welche Art von Stimmung, Ausdruck oder Gefühl er sehen wollte – wir würden das heute als Rhetorik des Bildes bezeichnen.«[65]

---

[65] Solomon-Godeau 2003, S. 65.

Solche politisch motivierten Aufträge zur fotografischen Erfassung von Atmosphären stellen in gewisser Weise die Umkehr der Methode der Phänomenographie dar, denn der Auftragsarbeit war die affizierende und moralische Wirkung eines punctum ja schon vorgegeben. Ein mimetisch freier Bezug zum Gegenstand der Fotografie war nicht intendiert. Während hier Programme der Manipulation die Bildproduktion bestimmt haben, liegt die Funktion einer phänomenographischen Nutzung der Fotografie darin, Bilder als Medien zur Analyse und Veranschaulichung räumlicher Vitalqualitäten einzusetzen. Das Bildmedium dient der ästhetischen Anbahnung einer Reflexion, deren Thema die Ent-Deckung lebensweltlich übersehener, dennoch aber charakteristischer Situationen des Städtischen ist.

Das punctum des fotografischen Bildes ist in seiner Verdecktheit in aller Regel suggestiv, weil die Fotografie die Zeit einbalsamiert.[66] Wie der lichtempfindliche Film mit speziellen Salzen »fixiert« wird, um beständig zu werden, so muss auch der papierene Abzug fixiert werden. Das ist aber nur die äußerliche bzw. chemische Seite fotografischen Fixierens. Von ästhetisch letztlich tragender bildnerischer Bedeutung ist die Fixierung einer sichtbaren Seite des Wirklichen. Der Verschluss des Objektivs friert im Bild eine lebendige Situation ein – abgeschnitten vom Fortgang der Geschichte – und bietet sie der Affizierung ebenso an wie der kritischen Reflexion seiner potentiellen Themen. Wenn die zeitlich einfrierende Isolation wesentlich auch am Begehrnis-Charakter der Fotografie teilhat, so liegt doch in ihrer Segmentierung ein phänomenologisches Verstehenspotential. Was die Kamera fixiert, wird dem *an*-dauernden Blick verfügbar gemacht. Das Bild vermittelt die Begegnung – in spezifischer Weise in der Dokumentation, die scheinbar allein pragmatischen Zielen folgt. Die Fotografie steht zwischen Realität und Wirklichkeit. Nach Andreas Haus führt sie zwangsläufig zum »Verlust der Realität«[67], wodurch sie sich nicht von der Malerei unterscheidet. In der Fixierung bleibt vom Realen nichts als ein lichtfest gemachter optischer Abdruck. Dieser zeigt auf eine eingefrorene Wirklichkeit, die an einem Ort zu einer Zeit lebendig war. Dieser Abdruck ist Spiegel einer historischen Begegnung mit einer Wirklichkeit in der »gelebten Zeit« wie im »gelebten Raum«, die in eine Situation dauerhafter medialer Präsenz überführt worden ist.

---

[66] Vgl. Bazin 2004, S. 39.
[67] Haus 2000, S. 89.

Benjamin sprach die Essenz solchen ästhetischen Aus-sich-Heraustretens mit dem Begriff der *Aura*[68] an. Sie ist Einkapselungsort des punctum, und sie hebt sich als ephemere Qualität vom Bild gleichsam ab. Das Auratische eines (fotografischen) Bildes ist nach Benjamin »ein sonderbares Gespinst von Raum und Zeit: einmalige Erscheinung einer Ferne, so nahe sie sein mag«.[69] Die Aura ist ein »Partner« leiblicher Kommunikation. Außerhalb leiblicher Wahrnehmung – in der Annäherung durch das rein intelligible Denken etwa – erschließt sie sich nicht. Wer nur denkend »sehen« kann, nimmt keine Aura und auch kein punctum wahr. Leibliche Kommunikation ist der mimetischen Produktion einer Fotografie ebenso immanent wie ihrer lebendigen Wahrnehmung. Weil das Fotografieren als bewusst gestalteter Prozess des nachspürenden Kontaktes mit einer Situation bedarf, ist das Ergebnis in Gestalt des fixierten Bildes eine Geste, die die mediale Berührung mit etwas Wirklichem arrangiert.

Die Nützlichkeit der Fotografie für die phänomenologische Durchquerung des städtischen Leibes setzt eine Berührung voraus, die sich zweifach zum Wirklichen öffnet: erstens als Mikrologie des Städtischen, in der die dokumentarische Schärfe des lichttechnisch vermittelten Blicks eine Situation des Wirklichen freilegt. Und zweitens als Ent-deckung des von der Oberfläche eines Bildes Verdeckten. Die »Äußerung« des punctum liegt in besonderer Weise im atmosphärischen Charakter einer situationsspezifischen Lebendigkeit – hier der Stadt. Im Metier der Atmosphären geht das Bild weiter als der Text: »Die Macht der Verblüffung des Fotos ist derjenigen der Schrift weit überlegen.«[70] Ungeachtet der medientheoretischen und politischen Ambivalenz dieser Macht bietet sie sich als phänomenographisches Instrument der Phänomenologie in einem Sinne der

---

[68] Mit dem Begriff der Aura spricht Walter Benjamin die Qualität eines Ausdrucks an, die von der eines Eindrucks nicht zu trennen ist. Das zentrale Merkmal des Auratischen hat den Charakter einer ambivalenten Atmosphäre. Deren Kern beeindruckt durch eine Nähe, deren Ferne doch unaufhebbar ist. Besonders in der Begegnung mit (originalen) Werken reklamiert diese atmosphärische Zweifaltigkeit einen Achtung gebietenden Abstand gegenüber dem Kunstwerk. Der jüngere Begriffs-Gebrauch hat sich von Benjamins Verständnis weitgehend gelöst und fokussiert mit dem Auratischen oft nur das Immersive affektiv angreifender Inszenierungen in der Kunst wie in der massenmedialen Kulturindustrie; vgl. auch Spangenberg 2000.

[69] Benjamin 1963, S. 57.

[70] Baudrillard 2000, S. 256.

Emanzipation von der Macht gesellschaftlicher Vordeutungen und massehmedial verbreiteter klischeehafter Meinungen an.

4.2.3 *Exhumierungen*

Zum Medium der Fotografie merkt Jean Baudrillard an: Es geht darum, »etwas zum Objekt zu *machen* und damit Wirklichkeit zu ›exhumieren‹«.[71] Deshalb überführe das Foto jedes abgelichtete Objekt – und mehr noch jede lebendige Situation – »in die Bewegungslosigkeit und in das Schweigen des Bildes«.[72] Die »Exhumierung« des Wirklichen setzt dessen Fixierung voraus. Was Baudrillard mit dem Begriff der Exhumierung anspricht, ist im Prinzip mit dem Programm der Phänomenographie verwandt. Das Bild ermöglicht erst in seiner Bewegungslosigkeit, die einer Ent-stellung gleichkommt, die Möglichkeit der Kontemplation und Exegese, in deren *Dauer* sich die Bildoberfläche »öffnet«. Dann treten keine Wahrheiten ans Licht, vielmehr steigt das Erscheinende als Spur des Referenten ins Fragwürdige auf. Was sich zeigt, erscheint nicht mehr im Fluss der Ereignisse, und es verwischt sich nicht mehr fortwährend in der Dynamik der Bewegung – es insistiert nun, es beharrt, steht still und provoziert eine »eindringende« Art der Anschauung. Insbesondere wortlose Bilder stehen dann in einem semantisch offenen Verhältnis zu den mit ihnen verbundenen Bedeutungen. Darin liegt nicht a priori ein Mangel. Gerade das kommentarlos gezeigte Bild schließt sich mit Bedeutungen kurz, die in der Situation des Bilderlebens ohne thematische Lenkung durch einen Text bewusst werden und so das affektive Erleben einer sichtbar gemachten Sache dem Nach-Denken öffnen, da die objektivierbaren sachverhaltlichen Dimensionen des im Bild Sichtbaren Fragwürdigkeit erzeugen.

Es liegt auf der Hand, dass Offenheit dieser Art von der Kritik der Fotografie nicht unkommentiert bleibt. Insbesondere Victor Burgin versieht seine Bilder seit langem grundsätzlich mit konnotierenden Texten.[73] Im Sinne von Christian Metz merkt er an:

---

[71] Ebd., S. 258.
[72] Ebd., S. 260.
[73] Vgl. Burgin 2009.1.

»In truth, the notion of ›visual‹, in the totalitarian und monolithic sense that it has taken on in certain recent discussions, is a fantasy or an ideology, and the *image* (at least in this sense) is something which does not exist.«[74]

Wie das »nackte« Bild so schafft auch der erläuternde (Kurz-)Text keine Objektivität. Er lenkt die Aufmerksamkeit nur thematisch. Auch der erläuternde Text kommentiert, ja schon die einsilbige Bildunterschrift leistet nichts anderes, schreibt Segmente einer (weithin offen bleibenden) Identität zu und schließt andere aus. So öffnet auch das textlich ergänzte Bild – um welche Form der textlichen Zugabe es sich dabei auch immer handeln mag – einen Weg zur Reflexion von Bedeutungen wie des sich mit ihnen verbindenden gefühlsmäßigen Empfindens.

Die kommentierende und annotierende Rahmung von Fotografien stellt sich im Vergleich mit der textfreien Bildpräsentation weder als die bessere noch als die schlechtere Variante dar. In ihr drückt sich eine spezifische Programmatik der Bildpräsentation aus. Beide Methoden der medientheoretischen und gesellschaftlichen Praxis der Kommunikation liefern einen Beitrag für eine fotografische Phänomenographie, die auf dem Wege vermittelter Berührung eine Begegnung mit der lebendigen Wirklichkeit der Stadt medial anzuleiten vermag. Sie bahnen je eigene Wege zu einer durch das fotografische Bild vermittelten Phänomenologie der Stadt.

»Letzten Endes ist die PHOTOGRAPHIE nicht dann subversiv, wenn sie erschreckt, aufreizt oder gar stigmatisiert, sondern wenn sie *nachdenklich* macht.«[75] Solche Nachdenklichkeit kann auch durch die Serialität von Fotografien entstehen, wie sie Stefan Boness in einer langen Reihe ähnlicher Bilder der Southern Street in Salford (Greater Manchester) zur Dokumentation des Verfalls einer im viktorianischem Stil errichteten Arbeitersiedlung erstellt hat. Das Quartier musste einem städtebaulichen Erneuerungsprojekt weichen. Zwar zeigen die sich außerordentlich ähnlichen Bilder nichts, das nicht schon auf einem der anderen Bilder in zufälligen Variationen zu sehen gewesen wäre. Aber die Serialität des Ähnlichen lässt eine Ästhetik der Eindringlichkeit entstehen, in der sich der bauliche Verfall und sein sozialer Schatten erst so nachhaltig präsentieren. Serielle Fotografie dieser Art läuft auf keine Redundanz hinaus. Sie spannt

---

[74] Burgin 2009.2, S. 102.

[75] Barthes 1985, S. 47 und 49.

einen affektiven Bogen, der die Situation einer immobilienökonomisch motivierten Vertreibung von Quartiersbewohnern spürbar macht (ohne Bild).[76]

Auch die Abbildungen 8a bis 8b bringen in ihrem seriellen Charakter etwas vom lebendigen Leib der Stadt zur Anschauung. Wenn die einzelnen Garagen auch die ganz andere Seite urbaner Lebendigkeit zu sein scheinen, so öffnet sich in ihrer bildhaften Verdichtung – gleichsam zwischen dem Bild der Organisation des »ruhenden« Verkehrs und dem Bild einer sich in unendlichen Strömen der Automobile ins Dystopische wendenden Stadt – der Blick auf ein Muster der städtischen Haut, das in seiner ästhetischen Neutralität und architektonischen Belanglosigkeit der alltäglichen Wahrnehmung weithin entgeht. Bestenfalls beiläufig wird es in der Wahrnehmung von anderem »mitgesehen«. In der Serialität fällt das Langweilige, Monotone und Gewöhnliche auf produktive Weise aus dem Rahmen des Selbstverständlichen heraus und wird zu einem das urbane Leben der Stadt fragwürdig machenden Denkstück.

Die amerikanische Fotografin Berenice Abbott sagte »Photography doesn't teach you to express your emotions it teaches you to see.«[77] Auch wenn Bilder affizieren, so besteht ihr Zweck außerhalb kultur- und medienindustrieller Kolonisierungs- und Wirkungskalküle nicht darin, die Äußerung von Affekten zu provozieren, sondern sehen zu lernen: »Sehen« als differenzierte Praktik der Begegnung – das ist nur eine andere Explikation des phänomenographischen Programms einer fotografischen Phänomenologie der Stadt. Die Fotografie bildet

> »eine *richtiggehende epistemische Kategorie* […], eine irreduzible und singuläre Kategorie, nicht nur eine neue Form der Repräsentation, sondern noch grundlegender, eine neue Form des *Denkens*, die uns eine neue Beziehung zu den Zeichen, zur Zeit, zum Raum, zum Wirklichen, zum Subjekt, zum Sein und zum Tun eröffnet.«[78]

---

[76] Vgl. Boness 2010.

[77] Berenice Abbott in Art News, January 1981; vgl. auch http://www.artsmia.org/get-the-picture/print/abbott.shtml; 23.02.2014.

[78] Dubois 1998, S. 97f.

Abb. 8: Garagen – Mikrologien eines banalen Ortes (2010–2014).

8b

8c

8d

8e

8f

8g

8h

4.3 Dokumentation und Berührung

Der dokumentarischen Fotografie kommt als Form einer spezifischen Annäherung an Räume der Stadt eine besondere Bedeutung zu. Im Unterschied zur Fotografie als Form der Kunst, deren Ziel in der Vermittlung ästhetischer Beziehungen zum Gegenstand eines Bildes liegt, ist die »dokumentarische« Fotografie programmatisch der Methode einer distanziert-*sachlichen* Berührung unterworfen. Indem aber auch die sachliche Nüchternheit einem spezifischen Darstellungs-Programm verpflichtet ist (eben dem der Sachlichkeit), ist jeder Dokumentationsanspruch von vornherein mit Repräsentationsinteressen verstrickt. Aus der jeder Dokumentation hinterlegten Intentionalität ergeben sich Abbildungsparameter und -methoden, die erst in der kritischen Bildbetrachtung erschlossen werden können, welche notwendig eine Kritik der Situation der Bildproduktion einschließt.[79]

Reinhard Matz weist darauf hin, dass die Idee des Dokumentarismus in den USA der 1920er Jahre entstand. So hat ein in den 1930er Jahren durchgeführtes Programm der »Farm Security Administration« von Anfang an das ideologische Ziel verfolgt, in wertenden Darstellungen die Lebensweisen armer Landbevölkerung mit denen des »wohlhabenden Städters« zu kontrastieren, um »ein ›amerikanisches Gemeinschaftsbewußtsein‹ herzustellen«.[80] Bis in die gegenwärtigen Gebrauchsformen sogenannter dokumentarischer Fotografie folgt diese Art der Visualisierung Ideen und Zielen, auch wenn diese sich hinter der Scheinneutralität der »Dokumentation« oft nahezu perfekt verbergen. So zeigt das dokumentarische Bild weniger etwas, »wie es ist«. Mit dem Gezeigten repräsentiert es vielmehr etwas, das in einer Beziehung zum Gegenstand des Bildes steht. Selbst die »dokumentarischen« Fotografien des amtlichen Denkmalschutzes folgen keiner rein sachlichen Logik der Abbildung. In sogenannten »Denkmal-Topografien« zeigen sie Objekte, die in der fachlichen Sicht des Denkmalschutzes Pflege und Erhaltung verdienen und deshalb besonderer Fördermaßnahmen bedürfen. Es ist indes der Methode der Fotografie geschuldet, dass die erzeugten Produkte – gleichsam zwangsläufig – ästhetische Überschüsse implizieren, also nicht nur Objekte auf der Haut der Stadt und Strukturen ihres Gesichts zeigen, sondern auch spezifische Eindrücke vom lebendigen Leib der Stadt

---

[79] Vgl. Matz 2000, S. 99.

[80] Ebd., S. 97 f.

vermitteln, die im Rahmen einer »rein« dokumentarischen Darstellungs-Programmatik unbemerkt blieben.

Auch die unter das Projekt einer Phänomenographie subsumierten Fotografien zeichnen sich durch einen »gebrochenen« dokumentarischen Charakter aus. Zunächst sind sie Medien des Zeigens in einem unmittelbaren, nicht-repräsentativen Sinne. Sie zeigen, was es an einer Stelle im Raum gibt bzw. zum Zeitpunkt einer Aufnahme gegeben hat. Das Abgebildete erlaubt es dem Betrachter, die Spur einer subjektiv erlebten Eindruckswirkung aufzunehmen. Ziel solcher Einlassungen ist es nicht, das gebotene Bild auf seinen Echtheits- und Realitätsanspruch hin zu prüfen, sondern Formen leiblicher Kommunikation mit einem erscheinenden Bildgegenstand bewusst zu machen und damit zu ihm bestehende subjektive wie gesellschaftliche Beziehungen zu konkretisieren. Der phänomenographische Gebrauch des fotografischen Bildes fädelt sich dadurch ins Projekt einer Phänomenologie der Stadt ein, dass eine Situation dank ihrer fixierten Fest-Stellung im Modus der Dauer (optional) dem Denken zugänglich gemacht wird.

Bilder sind nicht nur in einem dokumentarischen, sondern auch in einem repräsentativen Sinne Medien des Zeigens. Sie zeigen auf die bildnehmende Geste des Fotografen und damit indirekt auch auf die einem fotografischen Projekt unterlegten Programme. Wenn die gesellschaftskritische Analyse der Bilder auch kein Gegenstand phänomenologischer Analyse ist, so stellt sie sich doch als Aufgabe einer kritischen Phänomenologie des Raumes dar.[81] Wenn die phänomenologische Durchleuchtung affizierender, mit Bedeutungen geladener und auf bestimmte Weise situierter Räume der Stadt zu einer Differenzierung von Wissen um das subjektive Mit-Sein in Umgebungen führt, wird dieses Wissen lebendig. Phänomenologische Sensibilität im Verstehen komplexer Situationen zahlt sich als Vermögen der Kritik gerade dann aus, wenn die Analyse ideologisierender Bild-Bewirkungsprogramme angestrebt wird. Was die Bilder als Medien der Verfolgung von Interessen *sollen*, wird über die ideologiekritische Analyse von Bildgebungsprogrammen transparent und nachvollziehbar. Deshalb ist die Entzifferbarkeit der mit einem Bild verbundenen Intentionen auch Moment des *dokumentarischen* Charakters der Fotografie, dokumentiert jedes Bild doch etwas von der Geschichte seiner Situierung.

---

[81] Vgl. Hasse 2014.

Die Grenzen zwischen Dokumentation, Kommentar und Intervention sind fließend. Das Beispiel einer von Robert Venturi und Denise Scott Brown durchgeführten Studie kann dies illustrieren. In den 1960er Jahren begründeten Venturi und Brown das Projekt »Learning from Las Vegas«[82]. Die unter demselben Titel erschienene Buchveröffentlichung war nicht als wertender Kommentar konzipiert, sondern als eine Bestandsaufnahme, die nach phänomenologischen Grundsätzen durchgeführt wurde. Die fotografischen Arbeiten sollten sich gerade in der Suspendierung des wertenden Urteils als Erkenntnisgrundlage bewähren.[83] Das Ziel bestand darin, »wissendes Sehen gleichsam durch sehendes Sehen zu ersetzen«.[84] Mittels des Apparates (»apparatives Dispositiv«) sollte das »optisch Unbewusste« sichtbar gemacht werden.[85] Das Resultat wurde aber »geradezu als polemische Replik auf die technoiden Megastrukturen der vorangegangenen Dekade«[86] der Stadtentwicklung aufgefasst. Die Bilder des in einer Welt der Zeichen erstickenden Las Vegas Strip (s. Abb. 9) sind aber nicht erst deshalb in eine Kommentierung und Wertung der Stadt(entwicklung) verstrickt, weil das Buch die abgebildeten Szenen kritisch diskutiert. Sie stecken schon deshalb in einem Nebel der Bedeutungen fest, weil es beinahe keinen Weg der Wahrnehmung der Szenen gibt, auf dem nicht Bewertungen von Anfang an mitschwingen. Schon kulturell disponierte Formen der Wahrnehmung machen den dokumentarischen Charakter der »reinen« Abbildung von der Seite der Bildnahme unmöglich.

Das Dilemma der dokumentarischen Fotografie liegt auch im prädiskursiven Erscheinen auratischer Bilder. Indem das Bild in einer unmittelbaren optisch-chemischen (oder elektronisch-digitalen) Beziehung zur tatsächlichen Welt der Dinge und Situationen steht, scheint darin etwas aus der Vergangenheit der Dinge im tatsächlichen Raum vor. Auch in das Herum des im engeren Sinne sichtbar Gemachten führt eine Spur der Realität, die nach Philippe Dubois dem Bild anhaftet.[87] Das über die Sichtbarkeit des unmittelbar Gezeigten Hinausschießende bildet jene Ausdrucksspuren, die im Sinne von Ro-

---

[82] Venturi / Brown / Izenour 1977.

[83] Vgl. Stierli 2011.2, S. 74.

[84] Ebd.

[85] Ebd., S. 76.

[86] Ebd., S. 70.

[87] Vgl. Färber 2013, S. 210.

Abb. 9: Robert Venturi: Caesars Palace signs and statuary (1960er Jahre).

land Barthes vom Referenten haften bleiben.[88] Dieses Mehr (z. B. das atmosphärische Wetter, in dem ein innerstädtischer Platz erscheint) hebt den dokumentarischen Charakter zwar nicht auf – es verschiebt ihn aber auf eine andere Ebene. Das Beiläufige, Ephemere und Flüchtige, das selbst nie Moment dokumentarischer Erwägungen war, bildet nun ein Feld der Dokumentation zweiten Ranges. Mit anderen Worten: Ob etwas im engeren Sinne im Bild gar nicht Sichtbares, aber in der pathisch sensiblen Bildnahme *Wahrnehmbares* unter die

[88] Vgl. Barthes 1986, S. 14.

Logik der Dokumentation subsumiert werden kann oder nicht, hängt aus der Perspektive des Bildrezipienten nicht zuletzt vom Wissen um das Wollen des Fotografen ab. Aber auch unabhängig von solchem Produktionswissen lässt sich im Prozess der Bildnahme in einem dokumentarischen Charakter betrachten, was – unabhängig von Bildgebungsprogrammen – als Dokumentation empfunden und verstanden wird. Die Unmöglichkeit »reinen« Dokumentierens wird sich an Beispielen »dokumentarischer« Fotografie etwa von Eugéne Atget oder John Thomson noch eindrucksvoll illustrieren lassen (s. Kapitel 4.4.2 und 4.4.5).

4.3.1 *Ästhetik des Ruinierten*

Eine traditionell große Rolle spielt die Fotografie in der Kriegsberichterstattung. Dort zeigt sich die Grenze der Glaubwürdigkeit des dokumentarischen Charakters der Bilder in besonderer Weise. Davon ist indes die rein topografische Dokumentation von Kriegszerstörungen zu unterscheiden. Die hier von der Fotografie erfüllte dokumentarische Aufgabe ist weniger auf die Darstellung aktuell stattfindender Kriegs-»Handlungen« bezogen als auf die Bestandsaufnahme des Gebäudezustands in einer Stadt nach dem Ende von Kriegshandlungen. Zu dieser Funktion in der Dokumentation vom Krieg zerstörter Städte stellen Jörn Düwel und Hannes Stimmann fest:

> »Das Gegenüberstellen von Fotos aus verschiedenen Zeiten, die idealerweise aus der gleichen Perspektive aufgenommen wurden, ist für die Stadtforschung unverzichtbar.«[89]

Unabhängig vom rein sachverhaltlichen Informationswert sind Bilder zerstörter Bauten affektiv stark aufgeladen und wecken je nach politischer Selbstverortung vor allem Betroffenheit und damit meist eher kern- als randintensionale Gefühle. Das Bild der in der unmittelbaren Nachkriegszeit in Trümmern daniederliegenden Bauten zeigt den zerstörten Leib der Stadt.[90] Der vom Anmutungscharakter ausgehende

---

[89] Düwel / Stimmann 2013, S. 25.

[90] Hellpach sah in den schrecklichen Zerstörungen der Großstädte »den Zwang zu einer radikalen Neugestaltung der großen Städte« (1952, S. 113). Aber angesichts des in den 1950er Jahren schnell an Fahrt gewinnenden Wiederaufbaus konnte er auch erkennen, dass allzu große Hoffnungen auf eine planvolle und umsichtige wie

Abb. 10: Zoran Filipovic: Sarajevo Nationalbibliothek (1992).

existenzielle Affekt verbindet sich mit Bedeutungen und Gefühlen, die Sedimenten persönlicher Geschichten anhaften.

Ein Bild der ausgebrannten Universitäts- und Nationalbibliothek von Sarajevo (Bosnien-Herzegovina) zeigt ein durch Artilleriebeschuss in der Nacht vom 23. auf den 24. August 1992 völlig zerstörtes Gebäude (s. Abb. 10). Zwar wird durch Unmengen von Schutt, eingebrochene Decken und Dächer sowie herausgeflogene Fenster das Ausmaß der Zerstörung deutlich. Untrennbar ist damit aber auch eine moralische Geste des Zeigens auf die Situation einer vom Krieg zerstörten Stadt verbunden. Schutt und verbogene Eisenträger sind eben nicht nur zerborstenes Material an einem singulären Ort. Sie sind beinahe noch pulsierende Zeichen der Zerstörung einer lebendigen Stadt. Damit wird das Bild in einer gleichsam zweiten Wirkungslogik zu einem moralisch anklagenden Medium, und es dokumentiert nun die martialische Zerstörungskraft kriegerischer Aggressionen *im Allgemeinen*. Claus Leggewie äußert sich im Sinne einer von vielen

in vielerlei Hinsicht abgestimmte und abgewogene Planung und Entwicklung der Stadt im Gesicht des Tatsächlichen kaum noch Halt finden sollten: »Alle schweren Mängel der alten Großstadt werden auch die neue kennzeichnen« (ebd., S. 114).

möglichen Beschreibungen des sich in der Ruine darbietenden Anblicks:

»Wer die Bibliothek heute betritt, dem öffnet sich, nach über tausend Tagen Belagerung, nur noch ein Trümmerhaufen. Bücherasche, Mörtel und Steinbrocken übersäen den Boden des Foyers, aus den Wänden ragen verzogene Eisenträger und verbrannte Regalböden, in den Wänden klaffen Einschußlöcher vom Granatbeschuß, und wo einst die blaue Glaskuppel war, blickt man nun ins Freie.«[91]

Die zerstörte Bibliothek befindet sich an einer »Stelle« auf der großflächig aufgerissenen Haut der Stadt. Sie ist eine offene Wunde in ihrem deformierten Gesicht. In der Vielfalt der Bilddetails drückt sich die gestaltreiche Variation der Macht kriegerischer Zerstörungen aus. Die Phänomenologie schließt an die phänomenographische Potenz des Bildes an und baut eine Brücke von der mit situativen Bedeutungen aufgeladenen Szene eines Desasters zur Affizierung durch die Bedeutungen, die eine Gesellschaft mit dem Ruinierten verbindet.

Die durch die Fotografie vermittelte Anschauung greift in der lebendigen Rezeption affektiv an und macht individuelle wie gesellschaftliche Bedeutungen bewusst. Nicht zuletzt darin liegt die Funktion der Dokumentation im Fokus der Phänomenologie – in der Präsentation von Medien der Erinnerung von Geschichten wie der Evozierung von Ideen, der Revision von Vorstellungen und Deutungen etc. Daraus folgt, dass jedes dokumentarische Bild schon a priori im Spannungsfeld eines mindestens zweipoligen Widerstreits liegt. Das Bild der Bibliotheksruine zeigt eine lokale Zerstörung auf der Haut der Stadt samt der daraus resultierenden Entstellung ihres Gesichts. Welche Dynamik das Entsetzliche im Leib der Stadt ausgelöst hat, bildet die Fotografie nicht ab. Sie kann aber in ihrer Ästhetik Nachdenklichkeit stiften – dies umso intensiver, desto mehr das vom Sichtbaren Verdeckte Gefühle weckt, in denen die strukturverschiedenen Reichweiten von Krieg und Tod in Spuren auf der Haut, im Gesicht und im Leib der Stadt bedenklich werden.

Zur dystopischen Geschichte der Stadt gehört aber nicht nur ihre Zerstörung durch Krieg und Naturkatastrophen wie zum Beispiel Vulkanausbrüche, sondern auch ihre mittelbare Zerstörung durch Fehlplanung sowie zeitbedingten Verfall und kulturellen Untergang. Das Symbol solch vielfarbigen Scheiterns ist die Ruine. Das Fiasko

---

[91] Leggewie in: Filipović/Koschnick/Leggewie 1995, S. 17.

Abb. 11: Romantizistische Ruinen-Inszenierung (Gatehouse Thornton Abbey, Yorkshire, England).

des Turmbaus zu Babel gilt als Allegorie extraordinären Größenwahns, den die Menschen zu allen Zeiten mit je verfügbaren Mitteln vor allem in technischen Konstruktionen wiederholt und variiert haben. Weil die Stadt nicht nur ein Raum physischer Dichte ist, sondern ebenso ein Raum der Dichte menschlicher Vermögen und Unvermögen par excellence, ist sie auch der erste Ort des Ruinierten.

Im Raum der Stadt folgt die Ruine einer anderen Ästhetik als in der englischen Kulturlandschaft, wo sie als Symbol und Einfühlungsmedium romantizistisch verklärter Verfallsmythen beeindruckt. Ähnliche Funktion hatten die Ruinen in der Malerei der Romantik, und in diesem Sinne werden noch heute die inszenierten Zufallsprodukte der englischen Gatehouses als Medien einer in Bildern erzählenden Landschaft empfunden (s. Abb. 11). Im krassen Gegensatz dazu standen die zerbombten Häuser in europäischen Städten nach dem Zweiten Weltkrieg für das Dystopische schlechthin. Die das Gesicht der Städte in zahlloser Vielfalt des Grauens bestimmenden Ruinen waren Stätten der Veranschaulichung einer gescheiterten Geschichte und einer in der Folge am Boden liegenden Gesellschaft. In den Bild-Dokumentationen der Nachkriegszeit spielten sie eine wichtige Rolle

Abb. 12: Clifford Coffin: Wenda Rogerson (1947).

als Medien der Erinnerung und der pathischen Verbindung mit den Bedeutungen des Ruinierten.

Weit abseits vordergründiger politischer Motive der Ablichtung von Kriegsruinen arrangierte der amerikanische Modefotograf Clifford Coffin (1913–1972) in den frühen 1950er Jahren eine Szene im (ehemals) repräsentativen Treppenhaus einer zerbombten Villa (s. Abb. 12). Coffin, Fotograf für das Modemagazin *Vogue,* inszenierte eine widersprüchliche Situation. Sie entstand in einer Zeit der Ruinen und der keimenden Hoffnung auf eine gelingende Rekonstitution der Gesellschaft und ihrer Städte. Als Modefotograf lichtete er ein Model im kontrastierenden Umfeld eines zerbombten und zerschossenen Treppenhauses ab. Das Bild profitiert in seiner Ausstrahlung und Anziehungskraft von einer bizarren Ästhetik. Die »deplazierte« Modenschau spitzt das Unmögliche im Raum einer Ruine zu – im Schein der optimistischen Präsenz des Wohlstandssymbols der Haute Couture verliert das ruinierte Haus sein Gesicht. Der Krieg, der den

Leib der Stadt aufgerissen, die Menschen getötet, traumatisiert und tiefgreifend verändert hat, verliert sich in einer ästhetisch instrumentalisierten Kulisse. Die noch frische Vergangenheit des Krieges wird im Bild einer Zukunft vergessen gemacht, das vom Zauber der Eleganz extravaganter Mode ausgefüllt wird. Die Fotografie wollte weder die Folgen des Krieges noch einen Trend distinktionsorientierter Mode »dokumentieren«; aber sie leistet doch zwangsläufig beides zugleich. Eine Modefotografie der Zeitschrift *Vogue* will das Begehren wecken. Gleichwohl: Je immersiver die dissuasive Affizierung eines Bildes, desto weniger zeigt es, was es zeigen will. Auf einem methodologischen Niveau wird das Bild selbstreferentiell. Deshalb läuft das ästhetische Arrangement auch – fern jeder Intention – auf die Dokumentation einer Praktik der Suggestion hinaus.

Das Bild ist »nur« ein Modefoto, eines von zahllosen, die Coffin für *Vogue* machte. Dennoch verwirrt *dieses* Bild jede Erwartung an eine Modeszene. Mode beeindruckt in Coffins Bild nicht in der Faszination des schönen Scheins, sondern in der ästhetischen und ethischen Provokation. Intendiert oder zufällig – die Szene affiziert in einem politischen Sinne und erzeugt leibliche Betroffenheit, auch wenn sie nichts Politisches bedeuten *sollte.* Auf einer ästhetischen Hinterbühne des Sichtbaren »dokumentiert« das Bild auch den Zeitgeist der 1950er Jahre – traumatisiert von den noch lebendigen Erinnerungen an die zahllosen Situationen der Bedrohung des eigenen Lebens auf der einen Seite und den erstarkenden Hoffnungen auf eine sinnstiftende und Leben sichernde Zukunft auf der anderen Seite. Als inszenierte Situation liefert es das ästhetische Material für eine dichte Beschreibung im phänomenologischen Sinne. Es kommt in seiner Affizierung erst »hinter« einem im engeren Sinne sichtbar Gemachten zu sich und drängt ins Bedenken dessen, worin der Charakter des Ruinierten auf der Haut, im Gesicht und im Leib der Städte liegen könnte. Es stiftet zu einer phänomenologischen Durcharbeitung von Atmosphären ruinierter Orte im Raum der Stadt an.

Der naive Begriff der Dokumentation kann am gegebenen Beispiel kritisch gewendet werden, erweist diese sich nun doch nicht als ein wertneutrales Zeigen auf eine Oberfläche, hier einer Stelle auf der kriegszerstörten städtischen Haut, sondern – im Sinne einer Dokumentation zweiten Grades – als Repräsentation eines ästhetischen Darstellungs- und Affizierungsprogramms. Dass dabei – zwangsläufig – ein Gegenstad sichtbar wird, »wie er ist«, ergibt sich aus den technischen Präliminarien der Fotografie. Im Blick einer Phänomenographie, die einer kritischen Phänomenologie dienlich ist, kommt es auf dieses Wahrnehmbar-machen an. Dass dieses im Sinne einer kritischen Phänomenologie der Stadt die Reflexion der Produktionsbedingungen eines Bildes im engeren und im weiteren Sinne voraussetzt, macht das Beispiel von Coffins Modefotografie deutlich.

Ruinen entstehen auch im Prozess »normaler« Stadtentwicklung nach spezifischen Zyklen.[92] Ganze innerstädtische Quartiere ehemals industrieller Nutzung fallen brach und verwandeln sich in ruinierte Räume. Das Ruhrgebiet, einst wirtschaftlich prosperierendes Zentrum der Montanindustrie von nationaler und internationaler Bedeutung, bietet ein Beispiel. Strukturbedingte Ruinen, die in der entwicklungsbedingten Veränderung städtischer Quartiere in gewisser Weise »anfallen«, sind Zeichen tiefgreifender Krisen. Sie deuten die Dringlichkeit eines durchgreifenden Umbaus an. Wenn sie nicht nur vom Verfall künden, sondern infolge sich abzeichnender Neubebauungen auf das Keimen von Neuem hoffen lassen, können sie zugleich als transversale Gestalten empfunden werden. Die Bildhaftigkeit entwicklungsbedingter Ruinen ist daher ambivalent. Ihre Ästhetik schwankt zwischen vorscheinender Resignation und einem Ausdruck rückwärtsgewandter Verlusterfahrung zum einen sowie einer Geste des Aufbruchs ins Offene zum anderen. An ihrem krisenhistorischen Gewicht hängt stets die atmosphärische Last des Verlustes und Versagens. Erst im Moment des Aufbruchs verwandelt sich diese Atmosphäre, und die treibende Kraft des vitalen Antriebs drängt nach dem Aufbau von Neuem.

Solange die *tatsächliche* Umstrukturierung auf sich warten lässt, entfalten die aus der Zeit gefallenen Bauten ein Bild des Ruins; in der Konterkarierung der auf ihrer Haut ästhetisierten Stadt suggerieren Schmutz, Verfall und sich auflösende Ordnungen eine Atmosphäre dystopischen Scheiterns unspezifischer Integrations- und Fortschrittsversprechen. Darin sind sich Ruine und Brache ähnlich. Beide sind »Wunden der Stadt«[93], städtische Leibesinseln par excellence und daher aporetische Klippen in der urbanen Flut des Ästhetisierten. Deshalb sind die fotografischen Bilder von Ruinen und Brachen verfallener Orte der Altindustrie so lange allein Zeichen des Scheiterns, wie sie nicht den Beginn eines Neuen auf alten Flächen symbolisieren

---

92 Zu einer allgemeinen Kritik an der Ruinierung unserer Städte durch Städtebau und Architektur vgl. Kollhoff 2012.

93 Vgl. Hasse 2000.

Abb. 13: N.N.: Montmartre – Le Maquis en 1904.

und Optimismus, Aufbruch und Hoffnung auf Revitalisierung versprechen. Die auratischen Bilder der dystopischen Stadt gehören ebenso in eine Phänomenographie urbaner Räume wie die ästhetisierten Hochglanzbilder einer ins Utopische vorausschießenden ekstatischen Architektur.

4.3.2 *Ästhetik ambivalenter Lebendigkeit*

Orte können auch als Geo-*Graphien* und damit Aufzeichnungen verstanden werden, die die Geschichte in sie eingeschrieben hat. Auch Fotografien sind Aufzeichnungen, wenn auch nur solche des Lichts. Deshalb bieten sie sich als phänomenographische Medien der Phänomenologie an, die wirkliche Welt des Abgebildeten auf ihre verdeckten, aber doch charakteristischen Merkmale zu befragen. Charakteristisches gibt es immer nur auf dem Hintergrund von Situationen, auf dem sich die Bedeutungen eines sichtbar Gemachten plausibilisieren. So ist auch die historische Fotografie der Künstlersiedlung des Montmartre aus dem Jahre 1904 nur aus der besonderen Situation der Zeit zu verstehen (s. Abb. 13). Auf der Haut der Stadt – und nur darauf zeigt das Bild in einem engeren Sinne – wird eine provisorische Siedlung sichtbar, die wir heute eine Marginalsiedlung mit Slumcharakter nennen würden. Sie kündet aber doch von einer leiblichen Dimension der Stadt, deren Lebendigkeit sich in diesem Quartier auf ganz besondere Weise entwickelt hat. Das Bild macht eine Struktur auf der Haut der Stadt sichtbar, deren Eindruck Fragen nach einem zugehörigen Gesicht aufwirft. Der mikrologische Raum steht in einem Verhältnis zur »ganzen« Stadt wie das Blatt eines Baumes zur Vielzahl all seiner (sich in Grenzen morphologisch variierenden) anderen Blätter. So dokumentiert das Bild eines städtischen Ortes, was es zu einer Zeit in *dieser* Gegend gegeben hat. Aber es ist nur das Segment eines Ganzen, dessen Ordnung sich in der Variation des Ähnlichen auch ganz anders getakteter Veränderungen verdankt. Dokumentarische Objektivierung ist nur als Zugriff auf einen Ausschnitt möglich, dessen Eindruck im Feld unentdeckter und vielleicht unentdeckbarer Neben- bis Gegenbedeutungen steht. Über die Möglichkeiten der Annäherung der Fotografie an gesellschaftliche Wirklichkeit sagte Berenice Abbott: »What I mean by objectivity is not the objectivity of a machine, but of a sensible human being with the mystery of personal selection at the heart of it.«[94]

Die in Abb. 13 dargestellte Szene des Pariser Stadtquartiers vermittelt keinen Einblick, sondern viel eher einen Anblick. Das Bild zeigt eine (äußere) Seite des Montmartre, einer um 1900 verrufenen Gegend, die einen Gegensatz zu den gehobenen Quartieren bildete, in denen die dekadenten Lebensstile der Belle Époque ausgelebt wurden. Der Montmartre war so gesehen ein komplexes soziales Gebilde, das auf die bürgerliche Welt von Paris ebenso eine Antwort gab wie auf die allgemeine gesellschaftliche Situation in Frankreich um 1900. Die Atmosphäre auf dem Montmartre war von zum Teil krassen Gegensätzen der Lebensformen und sozialen Verhältnisse gekennzeichnet. Auf dem Hügel oberhalb des *Moulin Rouge* kamen nicht nur Künstler aus ganz Europa zusammen, sondern auch »Außenseiter, die Diebe, Bettler, Gaukler, Prostituierte und Trinker«. Die Behausungen waren schlicht, und die Menschen fanden sich mit wenig Raum und den einfachsten Dingen des täglichen Lebens zurecht. Ingrid Pfeifer beschreibt die Atmosphäre des Montmartre so:

»Georges-Eugène Haussmann hatte Teile des mittelalterlichen Paris in Alleen und Boulevards mit Mietshäusern für die Bourgeoisie umgebaut und ›das Geschwür der Armut an die Pariser Ränder verbannt.‹ Auf der ›Butte‹, dem ›Hügelchen‹, wie die Einheimischen es nennen, gab es am nordwestlichen Rand den ›Marquis‹, eine große unbebaute Freifläche mit Gestrüpp und kleinen Gärten. Hütten und Baracken herrschten vor, einfachste Behausungen für die Armen, für Diebe und Banden, für Arbeiter und Wäscherinnen, für Straßenhändler und Prostituierte. Moderne Gasbeleuchtung gab es nicht, Kanalisation und Müllabfuhr ließen stark zu wünschen übrig, ebenso fehlten die Pferdebahnen, die den Rest von Paris mobil machten, und selbst die Polizei mied die engen und steilen Gassen. In dieser besonderen Umgebung konnte auch die immer internationaler werdende

[94] http://the-artists.org/artist/Berenice-Abbott/#sthash.qOy8aQhT.dpuf; 23.02.2014.

Gemeinde der Künstler ein bezahlbares Quartier finden, so dass das Viertel ›zu einer Art von riesigem Atelier‹ wurde.«[95]

Der Montmartre war ein tatsächlicher und in seinem atmosphärischen Vitalton zugleich ein »imaginärer Ort – Ergebnis der materiellen Organisation des Raumes und seiner sozialen Nutzung [und er] stellte tatsächlich einen Schmelztiegel ganz besonderer Art dar«.[96] Auf dem Hügel herrschte eine eher dörfliche Atmosphäre, die vor allem durch die besonderen sozialen Verhältnisse geprägt war, in denen sich das tägliche Überleben als eine immer wiederkehrende Herausforderung stellte. In diesem Milieu arbeiteten die Künstler, die sich zu einem Teil diesen Lebensbedingungen verschrieben hatten. Unter anderem thematisierten sie in ihren Arbeiten auch die Atmosphären ihres eigenen subkulturellen Quartiers, die ihre Stimmung prägten und ihr künstlerisches Tun disponierten.

Auf diesem Lebens-, Arbeits- und Erlebnishintergrund soll die Malerin Suzanne Valadon (1865–1938) gesagt haben: »Ich habe gezeichnet wie verrückt, damit ich, wenn meine Augen nicht mehr sehen, alles in den Fingerspitzen habe.«[97] Mit dieser synästhetischen Bemerkung bringt sie etwas vom leiblich-ganzheitlichen Charakter der Atmosphäre des Quartiers zum Ausdruck. In ihrer Aussage dürfte weniger das Bedürfnis anklingen, das Gesicht der Stadt in der halbdunklen Gegend des Montmartre erfassen zu wollen, sondern etwas vom Leib der Stadt, vom spürbaren Befinden in einer mehr zuständlichen als aktuellen Situation zum Ausdruck zu bringen. Diese war nicht zuletzt wegen der nahen Grenze zum Unterhaltungsquartier des unteren Montmartre von einer bizarren Dynamik gezeichnet: »Das Nebeneinander von archaischer Gesetzlosigkeit und Vergnügungsstätten aller Art verlieh dem Montmartre eine ganz besondere Aura von Sex und Crime.«[98] Höchst unterschiedliche Welten lagen hier dicht beieinander. Diese Nähe war an den Grenzverläufen in der beschriebenen Weise atmosphärisch auch spürbar. Daraus entstand eine ästhetische Spannung, die die Kunst innerhalb der Künstlerkolonie antreiben sollte. Aber auch für die bürgerliche Welt lag im Kunsttreiben auf dieser atmosphärischen Subduktionszone ein hohes Attraktivitätspotential. Das atmosphärisch so spannungsreiche Ne-

---

95 Pfeiffer 2014, S. 25 f.
96 Langlais 2014, S. 67.
97 Hille 2014, S. 309.
98 Parker 2014, S. 292.

beneinander höchst unterschiedlicher Quartiere der Stadt schafft eine Vorstellung jener für diese historische Situation charakteristischen Lebendigkeit, die eine Urbanität hervorbrachte, die ganz wesentlich durch atmosphärische Interferenzen und Konkurrenzen zwischen geradezu gegensätzlichen Vitalqualitäten städtischer Leibesinseln geprägt war.

Das Beispiel der Fotografie des Montmartre (Abb. 13) macht die Grenzen seiner Nützlichkeit als phänomenographisches Medium der Durchdringung urbaner Vitalqualitäten der Stadt deutlich. Die Eigenart der Situation verlangt auch vom Bild die Widerspiegelung charakteristischer Essenzen des Besonderen an einem Ort. Wenn die leibliche Dynamik einer Gegend im Bild nicht zur Anschauung kommen kann, weil die Mittel der exakten Fotografie Grenzen der ästhetischen Explikation setzen, entfaltet eine Fotografie keine bemerkenswerte phänomenographischen Potentiale. Das Bild zeigt zwar sich berührende Gesichter einer Stadt und es mag die pathische Sensibilität in der Wahrnehmung atmosphärischer Spannungsverhältnisse öffnen, die sich zwischen polaren Welten der Stadt in Grenzkorridoren konstituieren. Aber es bietet schon aufgrund seiner Maßstäblichkeit keinen *Ein-Blick* in die soziale Welt des marginalen Quartiers.

Eine Strichzeichnung von Pablo Picasso (s. auch Abb. 7 auf S. 121), die er als Mitglied der auf dem Montmartre lebenden Künstlerkommune machte, um eine Facette des dortigen Lebens zur Anschauung zu bringen, vermittelt im Unterschied zur fotografischen *Ansicht* des Siedlungsgebildes einen *Einblick* in die soziale Welt des Quartiers. Auf einem methodologischen Nebengleis illustriert die Skizze auch allgemeine ästhetische Ausdrucksdifferenzen zwischen Fotografie und Malerei, die hier Beachtung verdienen. Die Fotografie lichtet ab; innerhalb des Bildausschnittes lässt sie nichts Sichtbares weg, und im Medium der chemischen Reaktion »kommentiert« sie nicht. In dieser »Echtheit« liegt zugleich eine Schwäche. Während die Kamera optisch nur »sehen« kann, nimmt der Maler in seinem mimetischen Bezug zum Gegenstand seiner Bildgebung über das ihm weniger visuell als atmosphärisch Gegenwärtige zu einer gesellschaftlichen Situation Stellung. Picasso genügen wenige Striche, um die beklagenswerte Seite der ambivalenten Lebensbedingungen auf dem Montmartre aufzuzeigen. Seine Zeichnung ist trotz ihrer formal reduzierten Ausführung eher auf einer niedrigen »Abstraktionsbasis« anzusetzen, die nach Hermann Schmitz das »Filter zwischen der unwillkürlichen Lebenserfahrung und den Begriffen und Bewertungen«[99] bildet. Es war keine abstrakte Idee, die ihn zu dieser Zeichnung gebracht hatte, sondern das höchst konkrete und leiblich tagtäglich miterlebte Drama des Lebensverfalls durch die Trunk- und Drogensucht, das ihm zu dieser Ausdruckskraft und Ausdrucksmacht der Zeichnung verhalf. Die *Absinthtrinkerin* ist zum einen diese möglicherweise *individuelle* Person, wie es sie in der Konkretheit eines dahinsiechenden Lebens in der Realität des Montmartre gab. Aber sie ist zum anderen auch das »Bild« (im allegorischen Sinne) einer sozialen Situation auf dem Montmartre. Picasso abstrahierte also nicht; vielmehr konkretisierte und intensivierte er das quartiersspezifische Leben, das im Gesicht einer (beliebigen) individuellen Person nur aufscheinen sollte. So musste er seine Striche auch nicht mit der Präzision der Fotografie ausführen. Aber gerade im Verzicht auf Details »überzeichnete« er das Charakteristische der allgemeinen Situation. In diesem Ausdruck spiegelt sich auch seine Gestimmtheit durch die Vitalität eines Quartiers wider, in dem er lebte. Dass Picasso solche Skizzen nur als Entwürfe für Ölgemälde machte, ändert an der Ausdrucksstärke der Zeichnungen nichts. Man kann sogar umgekehrt sagen, dass er eine solch pathisch-sensible Technik einsetzen musste, um sich mit wenig technischem und zeitlichem Aufwand in die Lage zu versetzen, das punctum einer Szene so »genau« in der Sache (wenn auch ungenau im optischen Detail) festzuhalten, dass er es später gleichsam »endgültig« ins Bild setzen konnte.

Der Fotograf kann nur ablichten, was sich lichttechnisch foto*grafieren* lässt. Im Unterschied dazu macht Picassos Zeichnung *La Buveuse d'absinthe* von 1901 eine Grenze der Fotografie denkwürdig. An ihr muss die Fotografie weitgehend scheitern, wenn sie sich – wie das Gros der berufsmäßigen, insbesondere aber der Amateurfotografie – auf das Sichtbare in einem naiven Sinne kapriziert. Fotografie verfügt jedoch über die ihr eigenen Mittel, um unter der Bedingung optischer Analogie ihrerseits Situationen in einer Weise zu veranschaulichen, die geeignet sind, leibliche Dimensionen städtischer Welten spürbar zu machen. Die Wege einer vertiefenden Annäherung an Szenen des Tatsächlichen werden durch die Realitätssuggestion der Fotografie nur scheinbar geebnet.

[99] Schmitz 1999, S. 208.

4.4 Zur phänomenographischen Arbeitsweise früher Fotografen

Die folgenden Beispiele aus den Arbeiten bekannter Fotografen des 19. und frühen 20. Jahrhunderts werden illustrieren, worin der konkrete Ertrag der phänomenographischen Arbeit mit Fotografien für eine phänomenologische Stadtforschung liegen könnte. Es werden hauptsächlich Beispiele aus der frühen Zeit der Fotografie herangezogen. Im Vergleich zu spätmodernen, von medientheoretischen Debatten beeinflussten Theorien der Fotografie zeichnen sich die international anerkannten und herausragenden Pioniere der Fotografie durch eine medientheoretisch noch wenig verstellte Praxis des Arbeitens mit der Kamera aus. In der Frühphase der Fotografie war die Beziehung des Fotografen zum Gegenstand eher unter- als überprogrammiert. Das heißt aber nicht, dass die Altmeister der Fotografie ihre Arbeit theorielos betrieben hätten. Schon im 19. Jahrhundert wurden in Europa und in den USA von national und international bekannten Fotografen die erkenntnistheoretischen Implikationen der Fotografie grundlegend diskutiert. Sofern die fotografische Arbeit der ästhetischen Auseinandersetzung mit der Stadt gegolten hat, ging es stets im Wesentlichen – wenn auch mit je spezifischer Akzentsetzung – um die Fixierung des Flüchtigen und darin *Charakteristischen* im städtischen Leben. Auch wenn scheinbar »nur« Menschen, Dinge, Häuser und Stadtlandschaften fotografiert wurden, so stand doch die Aufgabe im Vordergrund, eine Essenz des ins Bild Gesetzten (ein punctum) zur Darstellung zu bringen, die sich der Sichtbarkeit des Bildes im engeren Sinne entzogen hatte. Viele Arbeiten großer Fotografen jener Zeit beeindrucken durch die intuitive Präzision, mit der sie die Vitalität städtischer Leibesinseln ins Bild gesetzt haben.

So wollte zum Beispiel Berenice Abbott, die von ihrer Anstellung als Laborassistentin bei Man Ray zur weltweit renommierten Fotografin aufstieg, »das sich wandelnde Gesicht der Metropole [New York, J. H.] für die Nachwelt festhalten«.[100] Während es hier das *Gesicht* der Stadt war, das ihr fotografisches Interesse fand, sprach sie an anderer Stelle vom »Geist der Metropole«, den sie »auf der höchst empfindlichen fotografischen Emulsion«[101] festhalten wollte. Beide Begriffe – *Gesicht* wie *Geist* – sind als Metaphern zu verstehen, die

[100] Van Haaftern 1997, S. 12.

[101] Abbott, zit. bei van Haaftern 1997, S. 16.

Abb. 14: Berenice Abbott: Tempo of the City I, May 13, 1938.

darauf aufmerksam machen, dass es für die Beschreibung des zentralen Anliegens, »die Stadt New York zu fotografieren«[102], keine in einem unmittelbaren Sinne treffende Formulierung gibt. Umso mehr zeigt die Umsetzung ihres Planes, dass im Zentrum ihrer Arbeit die Idee stand, den spezifischen Lebensrhythmus, die Lebendigkeit der Stadt New York im Medium der Fotografie zur Anschauung zu bringen (s. Abb. 14). In zahlreichen Arbeiten gelingt ihr dies in ausgezeichneter Weise. Das Bild *Tempo of the City* soll etwas von Abbotts Stil zum Ausdruck bringen. Die New Yorker Straßenszene ist hier eher ein exemplarischer Ort und viel weniger unverwechselbar

[102] Ebd.

mit *dieser* Stadt verbunden. Was Berenice Abbott mit »Gesicht« und »Geist« der Stadt in einem metaphorischen Sinne umschrieben hatte, macht das punctum des Bildes aus. Was Schlüter über das Bild im Allgemeinen sagt, konkretisiert sich in Abbotts Fotografie: »Für das Bild ist es typisch, daß es zwar die Sache selbst darstellt, das Abgebildete jedoch als Bild eine vom Original durchaus verschiedenen Seinsweise hat.«[103] Berührt ist damit die Differenz zwischen den tatsächlichen Menschen, die 1938 an dieser Stelle über den Gehweg eilten, und ihrer fotochemisch vermittelten Wiederkehr auf einem Filmstreifen und Papierabzug. Wie Abbott so waren sich die hier mit großen Arbeiten zitierten Pioniere der Fotografie dessen bewusst, was sie gleichsam oberhalb der lichtempfindlichen Schicht ihrer »Ablichtungen« zeigen wollten. Was man in ihren Bildern schließlich zu sehen bekam, hatte ihre bildgebende Arbeit erst sichtbar *gemacht*.[104] Deshalb geht die (in aller Regel professionelle) Intention der Sichtbar-*Machung* auch weit über das hinaus, was in einem naiven Sinne visuell gesehen werden kann. Zwar sind auf Abbotts Bild im engeren Sinne nur Menschen zu sehen, die eine Kreuzung queren. Das Bild vermittelt aber doch weit darüber hinaus einen Eindruck von einem charakteristischen Rhythmus der Stadt zu einer bestimmten Zeit an einem bestimmten Ort. Das, was Abbott in diesem und anderen Bildern sichtbar gemacht hat, sprach sie auch mit der Synästhesie der »flinken Oberflächen«[105] der Stadt an. Damit wird offensichtlich, dass sie über den Gebrauch der Fotografie ein tieferes Verstehen der Stadt anbahnen wollte. Das Niveau der Sichtbarkeit ihrer Bilder hatte sie zugunsten eines *spürbar* Gemachten überschritten.

Abbotts Redewendung von den »flinken Oberflächen« der Stadt zeugt von ihrem pathischen Sinn für das Geschehen im Milieu großstädtischer Leibesinseln. Dieses trägt auch die methodische Herangehensweise der im Folgenden an ausgewählten Beispielen diskutierten Arbeiten aus der frühen Stadtfotografie um die Mitte des 19. Jahrhunderts. Wenn hier noch Fotografien aus den 1930er Jahren (zum Beispiel von August Sander) einbezogen werden, so spiegelt sich darin keine Verwirrung im fotografiehistorischen Epochendenken wider. Insgesamt finden sich im Folgenden Fotografien der Stadt, die zum großen Teil auf industrialisierungsbedingte Probleme der

---

[103] Schlüter 1971, Sp. 914.
[104] Vgl. Schubbach 2008, S. 225.
[105] Abbott, zit. bei van Haaftern 1997, S. 12.

Stadtentwicklung verweisen und den Leib der Stadt (das Leben *der* Stadt wie das Leben *in* der Stadt) denkwürdig machen. Diese Denkwürdigkeit bildete den vitalen Antrieb, der den Akt des Fotografierens wesentlich gelenkt hat, verdankt sich die Produktion von Bildern (von Fotografien wie von Gemälden, Zeichnungen oder anderen ästhetischen Ausdrucksmitteln diesseits der Sprache) doch grundsätzlich einem affektiven Impuls.

Der gesamte bildgebende Prozess ist zum einen in einen historischen, gesellschaftlichen und politischen Diskurs über die Stadt sowie zum anderen in die Methode der Fotografie eingebunden. Die Auswahl der hier vorgestellten und diskutierten fotografischen Arbeiten berücksichtigt dies. Im Spiegel einer im 19. und frühen 20. Jahrhundert nicht nur technischen, sondern auch erkenntnistheoretischen Herausforderung der Fotografie ging es auch um die Etablierung einer neuen Kultur fotografischen »Sehens«. Dieser innovative Anspruch wird von der industriellen Massenproduktion des Fotoapparates und durch eine praktische Serialisierung bildgebender Routinen sehr schnell verdrängt. Die Macht der Kulturindustrie hat einen ästhetischen Sog der Vereinheitlichung erzeugt.

Von der gegenstandslogischen Seite betrachtet, bietet die frühe Phase der Fotografie einen methodisch noch frischen Einblick in die utopische, mehr aber noch die dystopische Stadt. In der Zeit der eskalierenden Steuerungsprobleme der Urbanisierung, der Hochzeit der Industrialisierung, wird die Fotografie zum Zerrspiegel der Stadtentwicklung. Im ausgehenden 19. und frühen 20. Jahrhundert zeigt sie in mikrologischen Segmenten gleichsam »Szenen« aus dem sich permanent wandelnden Gesicht der Stadt, um den Zustand ihres Leibes zu thematisieren. Damit brachte sie in einer historisch noch recht jungen bildgebenden Methode zuständliche Situationen gelebter urbaner Räume zur Anschauung.

Im Prinzip böte sich in der Gegenwart in ähnlicher Weise eine zwischen Dokumentation und »Obduktion« flottierende Fotografie der neoliberalen Stadt an, der Stadt der Luxurierung, der Exklusion und Distinktion. Auch diese postmodernen sowie postfordistischen Transformationen der urbanen Gesellschaft zeichnen sich in die Haut der Stadt ebenso ein wie in ihr Gesicht. Was in ihrem vitalen Leib spürbar wird, böte sich in besonderer Weise der reflexionsorientierten Veranschaulichung durch die fotografische Fixierung räumlich-gesellschaftlicher Situationen an. Zweifellos arbeiten auch heute Fotografen mit einem ausgeprägten pathischen Sensorium für zunehmend prekäre Formen urbaner Lebendigkeit an der Veranschaulichung gesellschaftlicher Verhältnisse.

Die im Folgenden vorgestellten Fotografen und ihre Arbeiten stehen für das Programm einer phänomenographischen Annäherung an den Leib der Stadt. Die ästhetische Mikrologie des Bildes wird zum Anlass einer phänomenographischen Verbreiterung der verstehenden Annäherungen an die Lebendigkeit städtischer Leibesinseln. Dieses Vorgehen ist phänomenologisch motiviert. Es soll nicht zuletzt zeigen, dass die Phänomenologie ihren Platz nicht außerhalb der sozialwissenschaftlichen Diskurse über die Stadt hat, sondern in deren Mitte. Das Bild der lebendigen Stadt ist nicht nur eine Geste des Zeigens im Sinne von Roland Barthes. Es ist kategorialer Teil eines ästhetischen Diskurses über den Zustand der gelebten Stadt – und es zeigt auf diesen Diskurs.

Der phänomenologische »Umgang« mit Fotografien folgt den in diesem Buch diskutierten theoretischen Kategorien. Eine Interpretation nach formalisierten Methoden qualitativer Inhaltsanalyse scheidet schon deshalb aus, weil das Bild hier nicht als Medium im Allgemeinen zur Diskussion steht, sondern von vornherein phänomenologisch und damit in bestimmter Weise erkenntnistheoretisch und thematisch fokussiert wird.[106]

[106] Ralf Bohnsack versteht ein Bild in seinem Buch über Bildinterpretation als »selbstreferentielles System« (2011, S. 28). Die Betrachtungsweise der hier zugrunde gelegten Systemtheorie folgt aber aufgrund ihrer metatheoretischen Vorannahmen einer Logik der Beziehung von Teil und Ganzem, die die theoretische Sensibilität der Phänomenologie geradezu auf den Kopf stellt. Unabhängig davon ist der System-Charakter des Bildes im Allgemeinen zu bezweifeln, weist das Bild in seiner Fixiertheit doch nicht die geringste Dynamik auf, aus der (im systemtheoretischen Sinne) autopoietische Wechselwirkungsprozesse mit einer Umwelt resultieren könnten. Im Fokus der Systemtheorie ist ein Bild ein Gegenstand, der zwar eine Funktion in einem sozialen System hat, nicht aber selbst ein System sein kann. Aus der systemtheoretisch-konstruktivistischen Sicht, wie sie von Bohnsack entwickelt wird, resultiert schließlich ein segmentierendes Denken in Bezug auf das in einem Bild Erscheinende. So missversteht Bohnsack auch das Barthes'sche punctum, wenn er es an »einzelnen Bildgegenständlichkeiten« identifiziert, die zu einer »Gesamt-Komposition« (ebd., S. 38) gehören. Es ist der Logik von Systemtheorie und Konstruktivismus geschuldet, dass der Rahmen des Ganzen eines Bildes hier als »Komposition« und damit als Ensemble von Einzelnem gedacht wird und nicht als eine Ganzheit von situativem Charakter. Das punctum ist aber immer die suggestive Essenz eines Bildes, in der sich auratische Ausstrahlungsqualitäten (i. S. von Benjamin) als ephemere Insistenzen ganzheitlich zur Geltung bringen.

4.4.1 Lewis Hine (1884–1940) und Paul Strand (1890–1976)

Wie viele seiner Zeitgenossen so war auch Lewis Wickes Hine im engeren Sinne kein »gelernter« Fotograf. Das nötige Wissen hatte er sich autodidaktisch angeeignet. Er studierte Soziologie und sammelte vor seinem Studium persönliche Erfahrungen als Arbeiter. Seine Fotografien waren deshalb auch der sozialen Welt der Arbeiter gewidmet. Das Profil seines Werkes ist sozialphilosophisch und politisch akzentuiert. Die Ästhetik seiner Bilder ordnete er inhaltlichen Programmen unter. Insbesondere die Aufnahmen aus der Zeit zwischen 1920 und 1940 spiegeln seine sozial-dokumentarischen Interessen wider. Hine galt als »social documentary photographer, who produces works in which social themes and social goals are paramount«.[107] Sein Verhältnis zur Welt der Arbeit war durch eine sachliche, moralische und ästhetische Aufmerksamkeit bestimmt:

»While Hine worked in a social documentary style, from the beginning he defined himself as an artist and even wrote about photography as an educational and artistic tool.«[108]

Er betrachtete seine Bilder als Werkzeuge der *Kommunikation:* »Hine recognized the latent power of the iconographical image (along with authoritative text) as an affective and compelling communications tool.«[109] Damit stellte er sich in die Tradition von Alfred Stieglitz, »who first prosposed photography as a medium of self-expressions«.[110]

Hines Arbeiten zeigen, dass in jeder Suche nach einem angemessenen Ausdruck auch eine Spur ins eigene Selbst zurückführt. Zuständliche und aktuelle persönliche Situationen – was ein Individuum in seiner Identität wie in seiner momentanen Gestimmtheit ausmacht – führen nicht allein, aber doch auch die Regie im Prozess der Bildgebung. Man kann von einer *disponierten Sensibilität* sprechen, die einem Fotografen die soziale Welt nicht nur visuell sichtbar macht, sondern in einem mitweltlichen Sinne leiblich erschließt. Die weniger intellektualistisch als vitalistisch geschärfte Aufmerksamkeit für atmosphärisch spürbare Situationen geht jeder gelingenden Ver-

---

107 Kaplan 1992, S. xix.

108 Ebd., S. xx.

109 Ebd.

110 Ebd., S. xvii.

Abb. 15: Lewis W. Hine: As the building pushes skywards (1930).

anschaulichung im Bild voraus. Darin liegt auch der so eindrückliche Effekt von Hines Bildern, in denen nicht nur Haut und Gesicht der Stadt in einem dokumentarischen Sinne aufscheinen, sondern ein ästhetischer Überschuss entsteht, der den Blick über die Welt der Arbeit(er) hinaus öffnet. So werden Facetten städtischer Leibesinseln spürbar, die den lebendigen Bewegungen des Urbanen ihren Puls verdanken.

Hines Bilder sind in einem seiner Arbeitsschwerpunkte dem Thema der Lebendigkeit der gefahrvollen Arbeit im Stahlkonstruktionsbau des Empire State Building in Manhattan gewidmet. Hine stellte einen ganzen Bildband mit Impressionen aus der Welt des Wolkenkratzerbaus zusammen. In Abb. 15 wird nicht nur die Gefährlichkeit der Arbeit (der Verschraubung und Verbolzung schwerer Eisenträger in großer Höhe) deutlich, sondern auch die leibliche Kommunikation, deren wortlose Abstimmung durch Blicke, Haltungen und Gesten Voraussetzung ist für das punktgenaue Einsetzen der in der Luft hängenden und am Stahlseil schwebenden Bauteile. Ein einverleibtes Gefühl für die Balance in der weitgehend ungesicherten

Arbeit »über« der Stadt wird weniger in einem optischen Sinne *sichtbar* als affektiv zudringlich. Die routinierte Selbstverständlichkeit scheinbar leichter Bewegungen auf den schmalen Standflächen und -kanten der Eisenträger vermittelt den Eindruck von fragiler Sicherheit, aber auch von Vertrauen in die Beherrschbarkeit des eigenen Selbst in der Lösung der sich stellenden Aufgaben.

In der Fernsicht schrumpft die Stadt zur Kulisse, zur Haut einer Welt, die sich in großer Tiefe unterhalb eines schwingenden (Un-) Ortes ausbreitet. Der Raum der Arbeit lag zwar – schon durch die Gegenwart von Dingen – im physischen Raum. Für die Arbeiter war dieser Raum aber aufgrund seiner Höhe und in seinem individuellen Erleben ein durch absolute Orte bestimmter Raum, dessen leibliches Herum (rechts, links, vorne, hinten, oben und unten) in jedem noch so kleinen Moment beherrschbar bleiben musste. Es ist Hine gelungen, in der Darstellung der Bewegungen, Gesten und Blicke der Arbeiter die Brücken einer im Wesentlichen auf leiblicher Kommunikation basierenden wechselseitigen Abstimmung im Umgang mit dem Material zu veranschaulichen. Dass auch die wörtliche Rede eine wichtige und ganz sicher unverzichtbare Rolle in der Koordination der Abläufe spielte, entzieht sich dem, was der bildlichen Darstellung im engeren Sinne zugänglich gemacht werden kann.

In seinem fotografischem Projekt *Men at Work* widmete sich Hine dem Thema der körperlichen Schwerstarbeit in der technischen Herstellung der Stadt der Wolkenkratzer. Über die Dauer von rund sechs Monaten begleitete er im Jahre 1930 den Bau des Empire State Building. Der 1932 von ihm publizierte Bildband mit 69 Fotografien folgt einer doppelten Emphase. Zum einen zollt er dem Industriearbeiter, der die Stadt der Wolkenkratzer mit Hilfe seinerzeit spektakulären neuen Maschinen aufbaute, Respekt; zum anderen drückt er seine Faszination für die Technik aus. Diese wird aber nicht aufs Artifizielle, Physisch-Mächtige und technisch Erhabene reduziert, wendet sich vielmehr stets der lebendigen Tätigkeit von Arbeitern zu. Es geht Hine um die körperliche Involviertheit des Arbeiters in die handwerkliche Erbauung der Stadt. Die Präsenz des Technischen ordnet sich dieser inhaltlich-programmatischen Präferenz unter. Daher rückt auch die leibliche Spannung einer auf technischen und handwerklichen Abläufen beruhenden Arbeit ins Bildzentrum. Im Vorwort seines Werkes *Men at Work* schrieb Hine selbst:

Abb. 16: Lewis W. Hine: The old bolter with a bag of bolts begins at eighteen (1930).

»I will take you into the heart of modern industry where machines and skyscrapers are being made, where the character of men is being put into the motors, the airplanes, the dynamos upon which the life and happiness of millions of us depend.«[111]

In Abb. 16 wird die komplexe Ästhetik seiner Bilder offenkundig. Wie viele seiner Arbeiten, so zeigt auch dieses in großer Höhe aufgenommene Bild nicht nur die noch rohe Stahlkonstruktion und einen älteren Arbeiter beim Verschrauben der riesigen H-Träger. Es zeigt zugleich die Stadt als das Milieu der Neubauten, hier mit dem *Chrysler-Building* rechts im Hintergrund. Alle Bilder sind knapp annotiert. Zu diesem Bild heißt es: »The old bolter with a bag of bolts begins at eighteen.« Darunter erscheint ein zweites, kleineres Bild (ohne Abbildung), in dessen Mittelpunkt ein jüngerer Mann seine Arbeit verrichtet:

[111] Hine 1977, ohne Seite.

»He hopes some day to be boss of the gang. He will have to take good care of himself, if he is to stay on the job as long as the old bolter above. Young and old, they all say it isn't really as dangerous as it looks.«[112]

Hine ergänzte seine Bilder aber nicht im üblichen Sinne durch Abbildungsunterschriften; er verzahnte sie mit angedeuteten Geschichten, die – wie seine Bilder – nichts »in Gänze« erklären, aber Umrisse einer viel größeren Sache zum Vorschein kommen lassen. Seine fotografischen Arbeiten veranschaulichen Situationen, die nur dem verständlich werden, der sie mit einem ganzen Hof von Bedeutungen verknüpft (zwischenmenschlichen, gesellschaftlichen, politischen, technikgeschichtlichen etc.). Indem das Häusermeer im Hintergrund seiner Bilder schwächer entwickelt und im Kontrast zurückgesetzt ist, wächst eine atmosphärische Spannung, in der sich der entstehende Neubau noch etwas undeutlich in den Raum der Metropole einbettet. Die Stadt kommt in der Lebendigkeit ihrer permanenten Veränderung – hier im Prozess technischen Bauens – zur Geltung. Der Eindruck vermittelt sich über die sichtbaren Arbeiter, deren lebendige Dynamik im Hantieren mit dem Material in schwindelnden Höhen an das empathische Vermögen des Bildbetrachters appelliert. Lebendigkeit drückt sich aber auch im entstehenden Neubau aus, der das Gesicht der Stadt schon in der Phase der Errichtung eines Gebäudes verändert. In den Momenten, die Hine in seinen Bildern festgehalten hat, werden Konzentration, Anstrengung und gespannte Aufmerksamkeit wahrnehmbar, die die Männer auf den Stahlträgern hoch über der Stadt in die Sicherheit ihrer gemeinsamen Situation investiert haben. Damit verbildlicht Hine eine höchst vitale Dimension im Hantieren mit Baustoff und Werkzeug. Seine Bilder spiegeln auch eine Facette jener Lebendigkeit wider, die auf eine *nicht*-intellektuelle Seite des gelebten Raumes der Stadt verweist.

Nach der Fertigstellung der Bauten erhielten seine Arbeiten dokumentarischen Rang, und bis heute halten sie die Erinnerung an eine Etappe in der Geschichte des Baus von Wolkenkratzern lebendig. In den vorscheinenden biographischen Geschichten der Arbeit und der Arbeiter bleibt eine sozialhistorische Dimension einer scheinbar vor allem technikgeschichtlichen Phase der Stadtentwicklung atmosphärisch präsent. Zwar setzt die Verbauung von Eisenträgern und Bolzen professionelle Kompetenzen voraus. Diese stehen und fallen

112 Ebd.

mit dem Grad der Einverleibung theoretisch-praktischer Routinen, die sich immer wieder in zahllosen geistigen und körperlichen Bewegungen aktualisieren und synthetisieren. Indem handwerklich relevante Theorie erst in der leiblich koordinierten Arbeit *wirklich* wird, steht sie für das Andere der abstraktionistischen Ideenwelt der Stadt in Kultur, Kunst, Politik und Ökonomie. Hines fotografische Blicke auf die Stadt vermitteln Anschauungen ihres historischen Wandels, in dem die Körper von Arbeitern als Medien dieser Veränderung fungieren und nicht das Geld, das hinter all dem steht.

Parallel zu den Sozialreportagen über den Bau des *Empire State Building* liefen gesellschaftliche Diskurse über die Stadt (als Welt der Arbeit und des Wohnens) gleichsam mit. Sie wirken deshalb auch auf die Perspektive des Fotografen ein wie auf die Einstellung des optischen Gerätes. Auf dem Hintergrund seiner biographischen Erfahrungen sowie seiner politischen Position merkte Hine über seine Arbeit an: »Hätten wir ein Bild, das auf diese Weise mitfühlend interpretiert wird, was für einen Hebel besäße dann die Sozialarbeit.«[113] Als Folge seiner zuständlichen persönlichen Situation und sozialkritischen Position »musste« Hine seine Bilder programmatisch eindrücklich inszenieren. Er konnte sich in seiner Arbeit nie auf Oberflächen beschränken. Jede ästhetizistische Verliebtheit in die Dinge hätte seinem sozialpolitischen Selbstverständnis widersprochen. Deshalb gelang es ihm auch, mit den abgebildeten Szenen *atmosphärische* Momente zum Ausdruck zu bringen, die gesellschaftliche Situationen thematisierten. Sein Arbeiten war programmatisch insbesondere durch die zu seiner Zeit geführten Diskurse über die soziale Situation der Arbeiter geprägt.

In der Eindringlichkeit des Arbeitsstils erreichte auch Paul Strand großen Einfluss mit seinen Fotografien. An der *Ethical Culture School* von New York lernte er bei Lewis Hine Fotografie.[114] Der charakteristische Stil der Bilder von Strand ist durch Tiefe und Intensität gekennzeichnet. Über seinen Arbeitsstil sagt Mark Haworth-Booth: »Their significance derives from a concentration of essentials – purity, passion, and precision – in a form that sustains these qualities as a

[113] Hine 1999, S. 271.

[114] Seine Bilder stellt er unter anderem in der von Alfred Stieglitz gegründeten »Galerie 291« in New York aus; vgl. von Brauchitsch 2002, S. 80.

lasting inheritance.«[115] Wie bei den Bildern von Hine so geht es auch bei den Arbeiten von Paul Strand um die Freilegung einer verdeckten Ebene des Wirklichen hinter der Sichtbarkeit körperlicher Oberflächen. Seine Arbeiten – und diese sind nicht nur charakteristisch für Strand, sondern für die meisten seiner Kollegen im ersten Drittel des 20. Jahrhunderts – zeigen die kulturelle Kehrseite einer abstrakten Welt: »They show us that abstract qualities are implanted there by culture.«[116] Wer so arbeiten kann, muss über ästhetische Kompetenzen der Bildgebung verfügen. Diese betreffen zunächst das Verhältnis zum sozialen Milieu bzw. dem »Feld«, das fotografisch erschlossen werden soll. Hine merkte als Strands Lehrer einmal an:

»Der örtliche Fotograf ist bis auf Ausnahmen für Ihre Zwecke ungeeignet. Kämpfen Sie sich selbst durch, besser mit wenig Technik und viel Einfühlung als umgekehrt.«[117]

Und so bewies sich, durch Hine instruiert, auch Strand als sensibler Teilhaber lebendiger Szenen, deren Vitalität in *atmosphärisch* treffenden Bildern zum Ausdruck kam. Das Arbeitsgerät unterwarf er den sich stellenden Zwecken – es war ihm sogar von nachrangiger Bedeutung. So lernte Strand, dass die Übertragung der Authentizität einer Szene in das, was Roland Barthes später mit dem Begriff des punctum bezeichnen sollte, höhere Ansprüche an seine ästhetische Kompetenz zur Bildgestaltung stellte als die *technisch* perfekte Umsetzung eines Bildprogrammes. Als Fotograf folgte er einem scheinbar widersprüchlichen Ziel. Zum einen näherte er sich seinem Feld als disziplinierter Betrachter. Zum anderen vermochte er die soziale Wirklichkeit, die sich ihm bot, nur ästhetisch angemessen ins Bild zu setzen, wenn er sich den Menschen und Situationen als empathisch teilnehmender Beobachter näherte. Ähnlich dem Ethnologen agierte er in seinem Feld. Auf diesem Hintergrund ist auch eine Aussage von Hine zu verstehen, wonach »die Aufnahmen […] die machen [sollen], die an vorderster Front stehen«.[118]

Es ist dem optischen Realismus der Fotografie geschuldet, dass ihre Produkte nichts Abstraktes thematisieren, es sei denn vermittelt im bzw. hinter dem Gesicht einer konkreten Gestalt. Ein Beispiel

[115] Haworth-Booth 1987, S. 5.
[116] Ebd., S. 7.
[117] Hine 1999, S. 272.
[118] Ebd.

Abb. 17: Paul Strand: Market Day, Luzzara, Italy 1953.

bietet Strands Fotografie »Market Day, Luzzara, Italy, 1953«[119] (s. Abb. 17). Die Lebendigkeit einer Straße könnte kaum deutlicher werden als in dieser Momentaufnahme. Gerade die Einfrierung der Bewegungsabläufe einer dispersen Menschenmenge drückt die besondere Ausdrucksstärke der Situation aus. Zwar bleibt das in Bewegung befindliche Ganze erhalten. Aber es lässt sich auch in Segmente auflösen. Der in einem engeren Sinne »dokumentarische« Gehalt des Bildes geht dagegen kaum über die Illustration eines italienischen Marktes – halb Straße, halb Platz – hinaus. Betrachtet man aber die an den körperlichen Haltungen vorscheinenden leiblichen Dispositionen und persönlichen Situationen der sich am Ende der Straße in einer undeutlich zu erkennenden Masse verlierenden Personen, fühlt sich der Betrachter in eine dynamische Vielstimmigkeit unhörbar dahinströmender Geschichten hineingezogen. Die eingefrorenen Bewegungen der Menschen verraten etwas von ihrer Stimmung und lassen den zeitlichen Charakter des Geschehens an den inselhaften Orten in einem formlosen Fluss der Ereignisse vorscheinen, mal kürzer, mal länger – aber stets von relativ kurzer Dauer.

Die meisten Menschen gehen über die Straße, schieben ihr Fahrrad, hantieren und fahren damit oder sitzen auf dem Sattel. Überall stehen Menschen, sehen sich an und um, kaufen Dinge oder sprechen

---

119 Haworth-Booth 1987, S. 57.

mit Händlern. Im fixierten Bild gibt es nichts Lebendiges – und doch wird gerade die Lebendigkeit des Städtischen durch die Atmosphäre des Bildes veranschaulicht. Spürbar wird sie als jenes Infra-Wissen (Barthes), das sich in der Imagination dem nachspürenden Denken aufdrängt. Diese Form der Annäherung setzt ein mimetisches Vermögen voraus – ein Einschwenken auf einen fiktiv-streunenden Pfad der Teilnahme am lokalen Treiben. Ein Gefühl für den Takt des Ortes impliziert auf dem Wege leiblicher Kommunikation ein Einfädeln in die situativen Mikrologien des Platzes. Das scheinbar nur illustrative Bild *zeigt* im Medium des Sichtbaren weniger, als es auf stumme Weise zu spüren gibt – in der fotografisch hergestellten »Bewegungslosigkeit« urbaner Lebendigkeit, wie seinem »Schweigen«[120]. Eine städtische Szene der frühen 1950er Jahre entfaltet in der fotografischen Geste des Zeigens auf diese Weise eine intensive Beredsamkeit.

3.4.2 Eugène Atget (1857–1927)

Eugène Atget verdiente sich seinen Lebensunterhalt mit Fotografien, die er in der Einstellung eines Archivars geradezu massenhaft an allen nur erdenklichen Orten in Paris machte. Zu Lebzeiten nahm niemand seine Arbeit als einen Beitrag zur Kunst wahr. Sein Ruf als Pionier der Fotografie und seine künstlerische Platzierung unter den bedeutendsten Fotografen des 20. Jahrhunderts verdankt sich erst der Initiative der amerikanischen Fotografin Berenice Abbott, die ihn über Man Ray kennenlernte. Abbott kaufte nach Atgets Tod dessen Negativbestand auf und veräußerte ihn später an das *Museum of Modern Art* in New York weiter. Über Eugène Atget sagte sie:

> »Er wird uns in Erinnerung bleiben als Stadthistoriker, wahrer Romantiker, Liebhaber der Stadt Paris und Balzac der Kamera, dessen Arbeiten sich wie die Fäden einer Tapisserie zu einem großen Gemälde französischer Kultur zusammenfügen.«[121]

Atget war kein Künstler im engeren Sinne. Es kann sogar daran gezweifelt werden, ob er in der Art und Weise seines Fotografierens überhaupt ein ästhetisches Interesse verfolgt hatte oder ob ihm nicht vielmehr daran gelegen war, gut verkäufliche Fotografien zu machen.

[120] Baudrillard 2000, S. 260.
[121] Zit. bei Adam 2008, S. 22.

Atgets Arbeit war ökonomisch motiviert, folgte einem dokumentarischen Stil und leistete in gewisser Weise eine Obduktion der Stadt. Atgets archivierender Arbeitsstil war auch durch den Zeitgeist disponiert. Im letzten Drittel des 19. Jahrhunderts entstand in den europäischen Metropolen (vor allem in Paris, London und Berlin) das museale Bedürfnis der Denkmalpflege, die »alte« Bausubstanz im Bild zu dokumentieren.[122]

»Die Anhäufung empirischer Fakten, vor allem bildlicher Informationen, war der Kern und das Ziel eines gewerblich definierten Modus der Bildproduktion, dem Atget folgte.«[123]

So hinterließ er ein Kaleidoskop mikrologischer Blicke auf die Strukturen der Haut und die Falten im Gesicht der Stadt.

Atgets archivierende Arbeit hat eine substanzreiche Dokumentation von Paris zur Zeit der ersten beiden Dekaden des 20. Jahrhunderts hinterlassen. Die Eigenart seines dokumentarischen Stils hat einen ästhetisch bemerkenswerten Effekt; die von ihm aufgenommenen Szenen erscheinen in eigenartiger Weise. Sein persönlicher Stil besteht darin, Orte der Stadt in einem »abgeschminkten«[124] Gesicht zur Anschauung zu bringen. Die so entstandenen nackten und dekontextualisierten Bilder lagen seinerzeit dem Surrealismus nahe, beschränkten sie sich doch auf die scheinbar »reine« Darstellung der Dinge.

Je systematischer er Pariser Straßen, Bauten und in seiner Wahrnehmung beachtenswerte Orte erfasst hatte, desto größer war auch seine Chance, eingehende Nachfragen nach Bildern mit einem passenden Angebot beantworten zu können. Atget war kein Theoretiker der Fotografie, obwohl seiner Arbeit ganz offensichtlich eine Theorie zugrunde gelegen hatte. Hätte er nur spontan und regellos nach der Manier der »Knipser« fotografiert, wiesen vor allem seine Architekturbilder keinen so charakteristischen Stil auf. Dieser zeichnete sich dadurch aus, dass beinahe alle Straßenszenen, Hausansichten, Grundstückseinfahrten, Plätze und andere städtische Orte menschenleer sind. Menschen sind auf seinen Bildern nur dann zu finden, wenn er sich zielgerichtet ihrer Dokumentation widmete, so in der Reihe »Gewerbetreibende und Händler auf den Straßen von Paris«. Mit seinem archivierenden Stil setzte er sich von den bildgebenden Mo-

---

[122] Vgl. Krase 2008, S. 129.
[123] Ebd., S. 143.
[124] Benjamin1963, S. 56.

den seiner Zeit ab, wonach das konventionelle Porträt immer wieder aufs Neue reproduziert und als Paradigma der Bildgestaltung tendenziell auf jede postkartentaugliche Ablichtung prominenter städtischer Orte angewendet wurde.

Atgets Szenen waren schnörkellos – seine Bilder von Bauten ebenso wie die von Menschen. Sein Stil, menschenleere Bauten, Straßen und Plätze zu fotografieren, verlangte von ihm, schon zu frühen Stunden des Tages seine Arbeit aufzunehmen. Er musste gewissermaßen vor den Menschen an seinen Aufnahmeorten sein. Aber da er mit einer Großbildkamera im Format 18 × 24 cm arbeitete, konnte er durch besonders lange Belichtungszeiten auch bei Tage den Eindruck der Menschenleere erwecken. Schon aus formalen Gründen folgte die Methode seiner fotografischen Arbeit einem ästhetischen Programm. Ob er aber deshalb bereits Ästhet war, sei dahingestellt, auch wenn Walter Benjamin in ihm einen Repräsentanten des Surrealismus sah:

»Atgets Pariser Photos sind die Vorläufer der surrealistischen Photographie; Vortrupps der einzigen wirklich breiten Kolonne, die der Surrealismus hat in Bewegung setzen können. Als erster desinfiziert er die stickige Atmosphäre, die die konventionelle Porträtphotographie der Verfallsepoche verbreitet hat.«[125]

Atgets Bilder der gebauten Stadt widmeten sich in besonderer Weise ihrer Haut. Man kann darüber streiten, ob er in den toten städtischen Szenen etwas vom Gesicht der Stadt sichtbar gemacht hat oder nur die Strukturen archivierte, in denen sich Gesichter im gelebten Raum der Stadt letztlich erst herausbildeten. Über Atgets Arbeitsmethode sagte Walter Benjamin:

»Sie [seine Bilder, J. H.] sind nicht einsam, sondern stimmungslos; die Stadt auf diesen Bildern ist ausgeräumt wie eine Wohnung, die noch keinen neuen Mieter gefunden hat. Diese Leistungen sind es, in denen die surrealistische Photographie eine heilsame Entfremdung zwischen Umwelt und Mensch vorbereitet. Sie macht dem politisch geschulten Blick das Feld frei, dem alle Intimitäten zugunsten der Erhellung des Details fallen.«[126]

Die Zuordnung Atgets zum Surrealismus geht im Wesentlichen auf Man Ray zurück.[127] Ob sich Atget auch selbst als Surrealist verstan-

---

[125] Ebd., S. 57.

[126] Ebd., S. 58.

[127] Vgl. Krase 2008, S. 141.

den hatte, bleibt eine offene Frage. Zweifellos entsprechen die meisten seiner Bilder den stilistischen Eigenarten des Surrealismus, der in der Fotografie die Durchsetzung einer veränderten Sicht der Menschen auf die Welt zum Ziel hatte und in einer ausgeprägten Spannung zu den ästhetischen Darstellungstraditionen der Zeit stand:

»Die gänzliche Verachtung jeder ästhetischen Formel oder sonstigen Restriktion und eine tiefe Vertrautheit mit dem Metier können allein eine neue gesellschaftliche Ordnung durchsetzen.«[128]

Den traditionellen Regeln des Abbildens hat sich Atget in der Tat entzogen. Das gilt auch für seine Art der dokumentarischen Fotografie, die in ihrem Stil bis heute eine ästhetische Leitlinie »menschenfreier« Architekturfotografie ist.

Das 1912 aufgenommene Bild »Eingang zum Presbyterium« (s. Abb. 18) konkretisiert Atgets dokumentarische Methode. Die Gasse erscheint aseptisch, klinisch, ja sogar in gewisser Weise tot und ohne jede Spur menschlichen Lebens. Die Szene suggeriert sich als Ausdruck einer von Menschen verlassenen Stadt. Aber es sind nicht nur die »fehlenden« Menschen, die einen Eindruck von der Lebendigkeit der Stadt gar nicht erst aufkommen lassen. Es gibt auch keine beweglichen Dinge, die darauf hinweisen, dass der Ort ein bewohnter und lebendiger ist oder vor kurzer Zeit noch war. Die Gasse weist noch nicht einmal sichtbare Spuren von Schmutz auf. Das Bild bringt – trotz aller Architektur – einen leeren Raum zur Anschauung, in dem alle noch »warmen« Spuren aktuellen menschlichen Lebens aus der Stadt ausgeräumt sind.

Atget konzentrierte sich ganz auf die »Stofflichkeit« seiner Orte und lieferte mit seiner analytischen Methode der Trennung und Isolierung ein sehr reichhaltiges phänomenographisches Material, das sich für eine phänomenologische Reflexion der dargestellten Orte und städtischen Situationen anbietet. Die hinterlassene Dokumentation von Paris stellt sich als eine Mikrologie städtischer Orte dar. Vielleicht war Atget an der leiblichen Vitalität der Stadt nie tatsächlich interessiert. Die Dinge, Gassen, Plätze, Läden, Gärten und einfachen Häuser legen in ihrer Ferne zu den sie benutzenden Menschen die These zumindest nahe. Im Effekt führte sein Darstellungsstil dazu, dass die abgebildeten Orte und Stoffe für den Menschen im Heidegger'schen Sinne fragwürdig werden. Sie verlieren ihre Selbstver-

128 Man Ray 1999, S. 248.

Abb. 18: Eugéne Atget: Entrée du presbytère, Saint-Séverin (12 rue de la Parcheminerie / 5e arr.) (1912).

ständlichkeit, dank derer im Alltag alles so trügerisch nahe ist. In der Tat entsteht dadurch ein über dem Realismus gleichsam schwebender Blick auf die banale Welt des Alltages. Es ist dieser »Über«-Blick, der sich nicht mehr am Gewohnten orientiert und deshalb jene »heilsame

Entfremdung« vermittelt, von der Walter Benjamin in Bezug auf Atgets Bilder sprach.

Die »Reinigung« der Szenen von Spuren menschlicher Anwesenheit verknüpft die nackt gemachten Dinge und Orte wieder mit der Frage, was all das Abgebildete den Menschen bedeutet haben mochte und was sie mit den Dingen an bestimmten Orten taten. Erst der *Entzug* der Sinnverweise, die den Dingen und Orten im gelebten Raum der Stadt anhaften, provoziert die in der Entfremdung keimende Suche nach dem Charakter der Dinge und ihren Bedeutungen, die ja immer von Menschen verliehene Bedeutungen sind. Die Verfremdung der städtischen Szenen fordert das Denken nicht auf einem geraden Wege heraus, wie auf eine einfache Frage eine ebenso einfache Antwort folgt. In der Verfremdung werden die Dinge an ihren Orten und mit ihnen bedenklich. »Das bedenklichste ist das, was von sich aus den größten Reichtum des Denkwürdigen bei sich aufspart.«[129] Solche Denkwürdigkeit im Heidegger'schen Sinne provoziert die Methode Atgets. Er zeigt uns die »normalsten« Dinge des täglichen Lebens im Raum der Stadt – doch sind sie aus allem aktuellen Leben, das auf imaginäre Hinterbühnen verlegt zu sein scheint, entflochten. So wird aus dem Selbstverständlichen das Seltsame: »Bedenklich nennen wir das Unsichere, das Dunkle, das Drohende, das Finstere, überhaupt das Widrige.«[130]

In diesem Sinne hat das Bild »Eingang zum Presbyterium« in besonderer Weise einen widrig zudringlichen Charakter. Es sperrt sich gegen sein Bedenken, es wehrt ab, weil es nicht menschlich ist, sondern tot und leer. Gerade deshalb drängt es sich als Form phänomenographischer Explikation auf und provoziert in seiner (surrealistischen) Exzentrik die phänomenologische Durcharbeitung der Details, die das Bild zu sehen und zu spüren gibt. Was hat es mit der Leere des Ortes auf sich? Als was empfinden wir eine Leere, wenn sie atmosphärisch als Gefühl umschließt und uns eine Gegend in ganz fremder Weise wahrnehmen lässt? Was bedeuten uns die Dinge und Orte *im Allgemeinen*, wenn wir sie be- und durchleben? Die Arbeit am Erscheinenden verlangt die Überwindung bewährter Blicke, tradierten Deutens und vermeintlich sicheren Wissens.

Zu neuem »Sehen«, das sich in einem strukturell erweiterten Wahrnehmen erst artikuliert, führt nach Heidegger allein der

---

[129] Heidegger 1997, S. 59.
[130] Ebd., S. 11.

»Sprung«. In ihm tritt die Erlebnis- und Vorstellungswelt des Vertrauten zurück und eine unsichere und offene Welt des Wagnisses bestimmt die Suche nach neuen Orientierungen. »Was Schwimmen heißt, sagt uns nur der Sprung in den Strom.«[131] Hat Atget sich in der Art und Weise, wie er seinen Szenen die sichtbaren Spuren menschlichen Lebens entzogen hat, vielleicht doch der leiblichen Dimension der Stadt zugewandt? Der systematische Entzug der vitalen Gegenwart von Personen wäre dann als eine Form der Thematisierung der Lebendigkeit der Stadt zu verstehen.

Seiner Methode ist Atget auch in den Bildserien über »Gewerbetreibende und Händler auf den Straßen von Paris« gefolgt, wenngleich es doch darin nicht die von Menschen gereinigten Dinge waren, die seine Beachtung fanden, sondern leibhaftige Personen, die einer Tätigkeit nachgegangen sind. Diese Menschen bildete er wie Gebäude, Plätze und Statuen ab. So steht die »Blumenverkäuferin«, die er 1899 fotografierte (s. Abb. 19), so statisch einem Kunden gegenüber, wie die 1910 aufgenommenen Kutschen ohne Pferde (ohne Abbildung) beinahe abstrakt wirken – nicht wie Fahrzeuge, die sich einem regen Gebrauch anbieten, sondern wie Modelle *denkbarer* Kutschen. Auch nun legt sich wieder jener unsichtbare, aber spürbare Schleier über die Szenen, die scheinbar leblose Starre suggerieren und so charakteristisch Atgets menschenleere Stadtbilder durchdringen. In ihrer Exzentrik ist diesen Bildern ein hohes Maß an Irritation eigen, das zu einem Nachspüren dessen herausfordert, was am Ausdruck der Menschen zu fehlen scheint. Sein »aseptisches« Prinzip variiert sich in der Darstellung architektonischer Szenen, denn nicht alle folgen denselben Inszenierungsprinzipien. Manchmal unterscheiden sich Atgets Stadt-Bilder in ihrem atmosphärischen Ausdruck sogar deutlich voneinander. Zwar ist auch das Bild »Hôtel Richelieu« aus dem Jahre 1900 menschenleer (s. Abb. 20). Aber es ist nicht bar jeder Spuren menschlicher Anwesenheit an diesem Ort: Ein Rutenbesen, eine zweizackige Gabel, ein abgenutzter Holzschrank, der mit Flaschen, Dosen und allem möglichen chaotisch durcheinander liegendem Zeug vollgepackt ist, erinnert daran, dass an diesem Ort möglicherweise erst in einem gerade vergangenen Moment kleinere vielleicht ganz unbedeutende Arbeiten ausgeführt worden sind.

Zwar fordert auch das Bild »Hôtel Richelieu« durch das Fehlen

---

[131] Ebd., S. 9.

Abb. 19: Eugéne Atget: Marchande de fleurs (Rue Mouffetard devant / 5e arr.) (1899).

anwesender Menschen zur mikrologischen Vertiefung in die Details der Szene heraus; doch bringen die Spuren menschlichen Hantierens und tätigen Aufenthalts das Bild den Erwartungen, die an solche Orte gerichtet werden, viel näher. Die Szene scheint »dichter am Leben der

Abb. 20: Eugéne Atget: Hôtel Richelieu«, Paris
(18 quai de Béthune / 4e arr.) (1900).

Menschen« zu sein als der »Eingang zum Presbyterium«. Schon der hölzerne Treppenturm suggeriert in seinen gerundeten Formen das Lebendige eher als die eckige Gestalt der steinernen Gasse beim Presbyterium. Es sind aber nicht nur die Formen der Baustoffe, die von

Lebendigkeit künden, sondern auch die Baustoffe selbst. So erleben wir weitgehend glatte, steinerne Wände (s. Abb. 18) eher als kalt, hart und abweisend, im Unterschied zu dem Treppenturm (s. Abb. 20), an dem die Materialeigenschaften des Holzes lebendig und weich erscheinen, obwohl das Holz doch tatsächlich tot ist und je nach seiner Art auch durchaus hart sein mag. Das sinnliche und atmosphärische Erleben eines im Bild erscheinenden Milieus wird auf synästhetischem Wege ganz wesentlich durch die Stofflichkeit der wahrnehmbaren Dinge gestimmt.

Atget fokussierte nicht das Leben *der* Stadt oder *in* der Stadt. Er wollte zeigen, was es in ihr tatsächlich gibt. Und so *existierte* der 1913 von ihm fotografierte Laden eines Schuhhändlers mit den beiden langen Reihen von Stiefelleisten vor dem quadratischen Sprossenfenster (s. Abb. 21) auch tatsächlich an jenem Ort. Das Bild ist eine Geste des Zeigens im Sinne von Roland Barthes.[132] Aber in einem weiteren Sinne *existierten* nicht nur die abgebildeten Dinge. *Mit* ihnen existierten auch die multiplen Bedeutungen, die den Dingen und Orten anhafteten und in Bedeutungshöfen untereinander verklammert waren. Auch darauf zielt das Zeigen des Bildes, zunächst unabhängig von der Frage, ob Atget nur Objektivierbares dokumentieren oder möglicherweise darüber hinaus auch Belege für das Leben der Stadt liefern wollte. Die über das evidente Zeigen hinausgehenden Verweise bleiben jedoch in einem Hintergrund. Das auf der Fotografie Abgebildete gibt sich in seinen möglichen Bedeutungen erst dem preis, der sich auf den Heidegger'schen »Sprung« begibt. Erst dann zeigt das Bild der aufgehängten Stiefelletten eine hinter der Schicht der Sichtbarkeit sich öffnende komplexe Situation, zu der eine Welt der Arbeit und des Handels sowie der Moden und Lebensstile gehört.

In seiner Banalität war das Bild der Stiefeletten zur Zeit Atgets widerständig. Es stellte das Andere dessen dar, was zu den abbildungswürdigen »Sehenswürdigkeiten« einer Stadt wie Paris gehörte. Deshalb erzählt es auch eine medientheoretische Geschichte, wonach banale Orte und Dinge im offiziellen Bilderbuch der Stadt keinen Platz hatten und noch heute keinen Platz haben. Indes ist damit die Grenze der Phänomenologie erreicht, will sie sich doch nicht in die

---

[132] Vgl. Barthes 1985, S. 12. »Eine Photographie ist immer die Verlängerung einer Geste; sie sagt: *das da, genau das, dieses eine ist's!* und sonst nichts; sie kann nicht in den philosophischen Diskurs überführt werden, sie ist über und über mit der Kontingenz beladen, deren transparente und leichte Hülle sie ist.«

Abb. 21: Eugéne Atget: Enseigne et balcon, Paris (17 rue du Petit-Pont / 5e arr.) (1913).

Spekulation über gesellschaftliche Verflechtungen ihrer Gegenstände verwickeln. Aber im transdisziplinären Kontext relativieren sich disziplintheoretische bzw. paradigmatische »Reinheitsgebote« durch gegenstandsbezogene Erkenntnisinteressen, so dass unterschiedliche theoretische Orientierungen in eine fruchtbare Beziehung zueinander treten können. So stiftet die Phänomenologie gerade in ihrer Anknüpfung an Gesellschafts-, Zivilisations- und Sozialisationstheorien jene produktiven Bedenklichkeits-Potentiale, in deren Entfaltung sich die Frage aufdrängt, warum das Banale im ästhetischen Bild der Stadt oft fehlt, warum es zum Selbstverständlichsten gehört und romantizistischen Erwartungen ebenso widerspricht wie den Klischees der hyperästhetisierten Stadt. Anders herum gedacht, steht damit die Frage im Raum, was die Faszination des Ästhetisierten, Romantischen und klischeehaft »Schönen« im Erleben essentiell ausmacht.

Phänomenologisch bemerkenswert ist der sensible Sinn Atgets für das alltagskulturell Übersehene.

> »Er suchte das Verschollene und Verschlagene, und so wenden auch solche Bilder sich gegen den exotischen, prunkenden, romantischen Klang der Stadtnamen; sie saugen die Aura aus der Wirklichkeit wie Wasser aus einem sinkenden Schiff.«[133]

Benjamin verband mit seinem Begriff der *Aura* die Vorstellung eines »Atmens«[134] der Dinge. Indem Atget in der Eigenart seines Darstellungsstils den Dingen dieses Atmen entzog, hatte er sie auch ihrer evidenten Verwicklung in den Leib der Stadt beraubt. Er intensivierte die Exotik des Banalen, indem er die Dinge aus dem gelebten Raum der Stadt herausschnitt und gleichsam für sich präsentierte. So kann man Atgets Bilder auch als einen Versuch der Reduktion des Gesichts der Stadt auf die Materialität ihrer Haut verstehen. Walter Benjamin sieht in Atgets Werk im Sinne von Bertold Brecht einen »aufbauenden« Beitrag, »etwas ›Künstliches‹, ›Gestelltes‹«[135], das dann notwendig werde, wenn die direkte Ablichtung der Realität nichts mehr über diese aussage.

Atget weckt mit seinen Fotografien Misstrauen, denn, was diese in der Perspektive eines naiven dokumentarischen Anspruchs präsentieren, verweist doch bei andauernder und nach-denkender Betrachtung auf Bedeutungen, die mitunter weniger den Dingen anhaften als ihrer Wahrnehmung. Ein Bild sagt im Sinne Benjamins nichts über Realität aus, wenn es in seiner Ästhetisierung die gesellschaftlichen Verhältnisse verzerrt. Daraus ergibt sich für ihn die Forderung nach

---

133 Benjamin 1963, S. 57.
134 Vgl. ebd.
135 Brecht, zit. bei Benjamin 1963, S. 63.

einer *dienenden* Rolle der Fotografie. »Sie muß daher zu ihrer eigentlichen Pflicht zurückkehren, die darin besteht, der Wissenschaften und der Künste Dienerin zu sein.«[136] Zwar verliert sie in dieser Zuschreibung den Status einer eigenständigen Kunst, erhält jedoch durch die ihr auferlegte methodische Pflicht zur Offenlegung von Tatsachen und Sachverhalten Macht, die sich im Kontext anwendungsorientierter Mittel-Zweck-Relationen entfaltet. Nun läuft aber nicht jede Ästhetisierung auch auf eine Verzerrung hinaus. Letztlich verschwimmt die Grenze zwischen Ästhetisierung und Dokumentation, weil der selbst von Benjamin explizit gewürdigte *dokumentarische* Stil Atgets auch als eine (verdeckte) Form der Ästhetisierung aufgefasst werden kann. Dann würde sich Benjamins Kritik an der Ästhetisierung der Bilder aber in ihr Gegenteil verkehren, wäre es ihr doch erst zu verdanken, dass sie wahrnehmbar und bedenklich gemacht hätte, was sich – eingebettet in abgestumpfte lebensweltliche Sehroutinen – der bewussten Wahrnehmung zunächst entzogen hatte.

Unter welchen medientheoretischen Bedingungen lässt sich die Produktion eines Bildes als abgeschlossen betrachten? Unter anderem war es Benjamin, der die Beschriftung gewissermaßen als Teil des Bildes reklamierte, da sein vertieftes Verstehen der diskursiven Beigabe bedürfe. Für Benjamin hatte das nackte Bild einen Mangel an Fassbarem:

> »Aber muß nicht weniger als ein Analphabet ein Photograph gelten, der seine eigenen Bilder nicht lesen kann? Wird die Beschriftung nicht zum wesentlichsten Bestandteil der Aufnahme werden?«[137]

Damit macht sich innerhalb der Fotografie ein proto-wissenschaftlicher Explikationsanspruch geltend. Wie und in welcher Weise dieser eingelöst werden kann, ist damit nicht gesagt. Schließlich ist das Maß des expressis verbis Hinzufügbaren ebenso von der Art des Bildes abhängig wie von den mit einem Bildgegenstand verbundenen Bedeutungen, nicht zuletzt aber auch von den Intentionen des Bildgebenden sowie vorhersehbaren gesellschaftlichen Rezeptionskontexten. Die Beispiele aus der Arbeit von Atget erweisen sich in ihrem phänome-

---

[136] Benjamin 1963, S. 64. Diese Funktion hatte die Fotografie auch am Beginn ihrer Technik- und Kulturgeschichte. Deshalb merkte Alfred Stieglitz an, Fotografie sei einst »als ein Bastard der Wissenschaft und der Kunst betrachtet« worden (Stieglitz 1999, S. 219).

[137] Benjamin 1963, S. 64.

nographischen Wert gerade in der Reduktion textlicher Ergänzungen auf minimale topographische Ortsangaben. Das Wenige, das er zu seinen Bildern »sagt«, füllt gleichsam als Kehrseite eines Mangels sprachlicher Explikation ein produktives Vakuum der Reflexion. Im Unterschied dazu zeigen die von John Thomson und Adolphe Smith mit umfangreichen Erläuterungen versehenen Bilder (s. auch Abb. 27 und 28, S. 206 f.), dass sich erst in der ausführlichen Konnotation erschließt, worauf die Bilder zeigen sollen. In der Konsequenz solch narrativer Bildüberschreibungen erweitert sich der phänomenographische Rahmen, aus dem heraus Fotografie im hier diskutierten Kontext ihren Beitrag für eine Phänomenologie der Stadt leisten kann. Letztlich bleibt die Frage der Synthese von Bild und ergänzendem Text offen, denn der thematischen Kommentierung eines Bild-Gegenstandes haftet die Hypothek an, dass jedes über das (fotografietechnisch vermittelte) Erscheinen hinaus *Gesagte* die Aufmerksamkeit lenkt und das Denkbare einschränkt.

Atgets Werk gilt heute als Bindeglied zwischen der topographischen Fotografie des 19. Jahrhunderts und dem »künstlerischen Dokumentarismus des 20. Jahrhunderts«[138]. Unabhängig davon, dass seine Bilder eine historische Situation der Stadt in der Moderne thematisieren und veranschaulichen, gelten sie als »Zeugnisse einer Passion, einer visuellen Unbedingtheit […], der die Übermittlung einer bildräumlichen Wahrnehmung« alles bedeutete.[139] Wenn es dann bei Krase weiter heißt, Atget sei ein »von visueller Neugier« erfüllter Mann gewesen, so ist das nur unter dem Vorbehalt richtig, dass er tatsächlich in einem einfachen Sinne Dinge, Menschen und Orte nur zeigen wollte, wie sie sich ihm rein gegenständlich darboten. Trifft aber die Annahme zu, dass er vitale Szenen der Stadt präsentieren wollte, so dürfte ihn weniger eine »visuelle« als vielmehr eine situative Neugier am Leben der Stadt zu seinem so charakteristischen Stil des Arbeitens angetrieben haben. Dann wären seine Arbeiten auch nicht in einem allein visuellen Interesse gefangen gewesen. Wie auch immer er intentional an seine Arbeit herangegangen sein mag – seine Bilder geben in der Perspektive einer Phänomenographie des Leibes der Stadt bei genauerer und vor allem *dauernder* Betrachtung etwas von der urbanen Vitalität der Großstadt preis, das sich dem flüchtigen Blick auf die Oberfläche der städtischen Haut zunächst entzieht. Ge-

[138] Krase 2008, S. 127.
[139] Ebd.

rade deshalb bieten sich seine Fotografien für eine Phänomenologie der Stadt an.

4.4.3 *Alfred Stieglitz (1864–1946)*

Die Arbeitsweise des amerikanischen Fotografen Alfred Stieglitz unterscheidet sich deutlich von der Atgets. Stieglitz war kein ikonographischer Archivar. Er wollte mit seinen Bildern authentische *Situationen* »seiner« Stadt New York festhalten. Sein Werk drückt sich in einer Vielzahl von Stadt-Bildern aus, die kunsthistorisch von herausragender Bedeutung sind. Die Stadt kommt bei Stieglitz auch dann in lebendigen Szenen zur Anschauung, wenn er Bauten ohne sichtbares soziales Milieu fotografierte. Aber er stellte sie in anderer Weise dar als Atget, für den die Abwesenheit von Menschen Ausdruck seines Stils war. Bei Atget fehlten nicht nur Menschen, sondern oft auch die auf sie verweisenden Spuren. Durch diese puristische Methode entstand der überwiegend sterile und tote Eindruck seiner Szenen. Stieglitz setzte dagegen auch dann Atmosphären der Lebendigkeit ins Bild, wenn man Menschen auf seinen Bildern vergeblich sucht. Sie waren gegenwärtig, weil er die Spuren ihres Wirkens eindrucksvoll herausstellte.

Auch die von ihm fotografierten Menschen repräsentieren etwas vom Charakter städtischen Lebens zu Stieglitz' Zeit. Sie zeigen das Leben der Stadt und die Art und Weise der situativen Einschreibung der Gesellschaft ins urbane Gesicht des Raumes. Stieglitz ging es nicht um eine »Abbildung« des Großstadt-Gesichts oder einzelner Züge. Er war weniger an einer Porträtierung der Stadt interessiert als an der Veranschaulichung ihrer leiblichen Lebendigkeit, ihres gelebten Raumes, performativen Dahinströmens wie der Widersprüche, die sich den Menschen als Aufgabe lebendiger Bewältigung stellten. So dokumentieren seine Arbeiten das Leben der Stadt oft aus der Perspektive sozialer Milieus und politischer Verhältnisse. Da er im tatsächlichen Stadtraum seiner Bilder lebte und eine Beziehung zu ihm hatte, war er auch selbst in den Leib der Stadt involviert. Er hatte ein Gespür für die Orte und die sie tragenden Situationen. Deshalb konnte er den Wandel aktueller Situationen sensibel wahrnehmen und ihren authentischen Charakter im fotografischen Bild zur Geltung bringen.

Seine Art zu arbeiten, drückt sich auch in seinen Techniken im Umgang mit dem Apparat aus. So hatte er seine Bilder mitunter ab-

Abb. 22: Alfred Stieglitz: Winter Fifth Avenue (1893).

sichtlich nicht in der ihm technisch möglich gewesenen optischen Schärfe aufgenommen. Ein herausragendes Beispiel liefert das Bild »Winter Fifth Avenue« von 1893, dessen Ausdruck von einer schleierhaften Unschärfe geradezu lebt (s. Abb. 22), so dass sich die Unwirtlichkeit der Situation in diesem Wetter unmittelbar ins Befinden des Betrachters überträgt. Die Immersivität des Eindrucks verdankt sich nicht zuletzt der überhöhten Darstellung des Schneetreibens. Die Szene wird in ihrer atmosphärischen Ausdrucksmacht durch die mit der Peitsche ausholende Bewegung des Kutschers noch einmal intensiviert. Selbst die *nasse* Kälte wird spürbar, wenn sich ein synästhetisch vermitteltes taktiles Spüren der Kommunizierbarkeit durch ein im engeren Sinne visuelles Ausdrucksmittel auch entzieht. Stieglitz kannte die technischen Möglichkeiten zur Erreichung seiner atmosphärischen Ausdrucksziele genau. Deshalb spielte er in der Inszenierung seiner Bilder auch strategisch abgewogen mit den Mitteln leiblicher Kommunikation. Am gegebenen Beispiel ist die Unschärfe das situationsadäquate Medium, in dem sich der von ihm intendierte Eindruck erst darstellt. Stieglitz war sich bewusst, dass er etwas zur Anschauung bringen wollte, das mit visuellen Mitteln nur sehr begrenzt zu bewerkstelligen war. Deshalb setzte er auch nicht die übliche Großbildkamera ein, sondern eine Handkamera, deren Ergebnisse in der Schärfe deutlich hinter den Möglichkeiten einer Plattenkamera lagen. Dieser Aufnahmetechnik ist es auch zu verdanken, dass das atmosphärische Mit-Sein des Fotografen in der Kälte des Tages, an dem er für diese Aufnahme mehrere Stunden ausgeharrt haben soll, so ausdrucksstark zur Geltung kam. In seiner gesamten Arbeit ordneten sich die Parameter der Aufnahme- und Labortechnik einem ästhetischen Programm unter. Besonders seine in der Dunkelheit des Abends und der Nacht aufgenommenen Bilder machen das deutlich.

»Stieglitz nahm bewußt die technischen Ungenauigkeiten in Kauf, mit denen traditionelle Photographen sich abmühten, wenn sie nachts photographierten: die Unschärfe bewegter Objekte, die Lichthöfe der Straßenlampen, die Reflektionen auf dem nassen Gehsteig und scharfe Kontraste von Hell und Dunkel.«[140]

In diesem Sinne unterschied er auch zwischen »richtigen Bildern« und topographischen Aufnahmen.[141] »Richtige Bilder« erforderten je nach dem zugrunde liegenden Bildgebungsprogramm die Ausschöpfung der Möglichkeiten der Aufnahme- und Labortechnik. Als Beispiel für die atmosphärische Zuspitzung einer Situation mit aufnahme- und labortechnischen Mitteln mag das Bild »From the Window« dienen (s. Abb. 23). Es setzt den Kontrast zwischen Wolkenkratzerarchitektur und ökonomisch unterprivilegierten Formen des Woh-

[140] Woods 2002, S. 72.
[141] Vgl. ebd., S. 70.

Abb. 23: Alfred Stieglitz: From the Back Window (1915).

nens in einer sozioökonomisch gegensätzlichen Metropole im Metier des Ästhetischen deutlicher in Szene als ein wortreicher und elaborierter Text. Starke Ausdrucksmedien des Lebendigen sind zum ersten die scheinbar unprofessionellen Lichthöfe, die sich um das Fenster eines bewohnten Zimmers legen. Das Licht unterscheidet sich im Vergleich zu dem hinter den Fenstern des Hochhauses. Die spezifische Art der Überstrahlung unterstreicht aber nicht nur eine besondere lokale Atmosphäre im Bereich der Häuser im Vordergrund. Sie akzentuiert auch eine soziale Welt, die sich schon im bildlichen Erscheinen kategorial vom Raum des Hintergrundes abhebt. Zur Differenzierung zwischen Vorder- und Hintergrund bediente sich Stieglitz formal-ästhetischer Mittel aber nur, um etwas über die urbane Lebendigkeit seiner Stadt zu erzählen. So markiert die bildräumliche Trennung zwei unterschiedliche Bereiche des Ineinander-Fließens von zwei Städten, deren Leben unterschiedlichen Rhythmen folgte. Die ästhetisch herausgestellten Unterschiede zwischen beleuchteten und nicht-beleuchteten Fenstern suggerieren schon auf der Oberfläche des Bildes die Realität zweier Welten.

Die Pluralität der Formen urbaner Lebendigkeit der Stadt wird auch im Kontrast der Grauwertdifferenzierung im Vorder- und Hintergrund sichtbar. Während die Welt der Hochhäuser durch mittlere Grauwerte tendenziell vereinheitlicht erscheint, drängt sich im vorderen Bereich der bewohnten Häuser ein in den Grauwerten fein abgestufter Eindruck auf. Zwar ist diese differenzierte Tonabstufung nur eine lichttechnisch vorhersehbare Folge der gestaltreichen Sichtbarkeit des Vordergrundes. Aber diese »Optik« setzt sich auch unmittelbar in sich suggerierende Bedeutungen um. Das optisch Nahe drängt sich im Grad seiner Detailliertheit auch affektiv weit zudringlicher auf als der vergleichsweise diffuse Hintergrund. Das Innere der Hochhäuser bleibt abstrakt, das der Häuser des einfachen Milieus im Vordergrund lässt dagegen relativ konkrete, aber dennoch vage bleibende Einblicke zu. In den Fenstern der ersten beiden Flachdachhäuser ist zwar nichts Konkretes in einem dinglichen Sinne zu sehen; dennoch wird atmosphärisch ein bewohntes Innen mehr spürbar als erkennbar.

Vor allem die zwischen den Häusern gespannte Wäscheleine ist schon an sich ein »Beweis« für einen wohnenden Rhythmus im gelebten Raum, der das räumlich nahe Milieu im Vergleich zum entfernten »Leben« der Hochhäuser charakterisiert, würde doch zu Recht niemand vor deren Fenstern das Trockenen frisch gewaschener Wäsche erwarten. *Aktuelle* Lebendigkeit drückt die Wäscheleine aber darüber hinaus auch in einem anderen Sinne aus. Zum einen ist ihr die frische und noch nasse Schwere der Wäsche am durchhängenden Verlauf der Leine anzusehen. Die nach unten *ziehende* Bewegungssuggestion des *Durchhängenden* überträgt sich in das sehende Spüren und damit in das leibliche Empfinden. Zum anderen drängt sich der größte Grad der Grauwertdifferenzierung des Bildes auf kleinem

Raum an den Textilien auf, die der Leine ihre Schwere geben. Details, die in der Sache bedeutungslos sind, geben dem Ganzen der Situation einen charakteristischen Ausdruck. Durch ihn wird der Bildvordergrund zu einem thematisch herausgehobenen Feld. Es ist vor allem die Zweiteilung des Bildes, die zunächst die sichtbaren Dinge fragwürdig macht (die Arten der Bebauung und die materielle Gestaltung der Bauten). Zugleich stehen die segmentierbaren Situationen des Vorder- wie Hintergrundes im ganzheitlichen Rahmen dieses *einen* Bildes. Dieser wird von der Bedeutung der Spannung zwischen zwei Welten zusammengehalten, die nicht nur eine formale Spannung zwischen einer *neuen* Welt moderner Hochhäuser und einer *alten* Welt einfacher Wohnhäuser ist. Es ist vielmehr die widersprüchliche Ganzheit zweier kategorial geschiedener Welten in der urbanen Einheit der gelebten Stadt, die im singulären Eindruck des Bildganzen spürbar wird.

> »Und in den Spalten zwischen den neuen Bauten findet Stieglitz den Himmel. In den erhalten gebliebenen Rissen des Pflasters findet er seine Bäume. Und in seinen charakteristischen Stadtbildern, die so weit davon entfernt sind, die Schwere und Härte der Steine zu unterstreichen, betont er das vorhandene Leben.«[142]

Das Beispiel zeigt, dass die phänomenologische Reflexion auf der Grundlage des fotografischen Bildes zur Erscheinung kommender Dinge (die verschiedenen Formen der Bebauung, was in und an den Häusern sichtbar wird) und Halbdinge (das Licht und das Halbdunkel) komplexe Situationen in ihrer Verschachtelung von Bedeutungen aufzudecken vermag. Diese Situationen stehen als Horte von Bedeutungen in jenen Welten, in denen die sozial so disparaten Geschichten des gelebten Lebens und Arbeitens ihre Anfänge und Enden haben. An diesem Punkt verzahnt sich die Phänomenologie notwendig mit der Gesellschaftstheorie. Das Bild von Stieglitz ist in dieser Sichtweise ein ästhetischer Kommentar zum historischen Prozess der Vergesellschaftung und damit eine theorie-komplementäre Explikation einer politischen Situation der modernen Großstadt.

Stieglitz' Bild ist kein dokumentarischer Beitrag zur Wolkenkratzer-Topografie New Yorks. Es bietet einen Einblick in den vitalen Leib der Stadt – auf einer Grenze heterogener, gebauter wie gelebter Welten, einer Grenze städtischer Leibesinseln. Das Verhältnis von

---

142 Mumford 1951, S. 57 f.

Stieglitz zum Bautyp des Wolkenkratzers war stets ambivalent. Die vertikalen Bauriesen hatten für ihn eine starke ästhetische Anziehungskraft; sie repräsentierten ihm aber auch das Vorschreiten einer abstrakten Welt, die das Leben in und mit der Natur zunehmend in einen bedeutungsschwachen Hintergrund verschoben hatte. Vielleicht war es gerade diese doppelte Empathie, die ihn in die Lage versetzte, so emotional packende Bilder zu machen, in denen soziale, lebensweltliche und systemische Gegensätze mitunter in kontrastreichen Inszenierung zwischen grellem Licht und fahlem Schatten zur Geltung kamen. In einem Brief an den Schriftsteller Sherwood Anderson schrieb Stieglitz:

»New York ist verrückter denn je. Der Lebensrhythmus steigert sich ständig. – Aber Georgia und ich scheinen irgendwie gar nicht Teil davon zu sein, noch sind wir Teil von irgend etwas anderem. Wir leben hoch oben im Shelton Hotel – zumindest für einige Zeit – vielleicht den ganzen Winter über. Die Winde heulen und rütteln an dem enormen Stahlskelett – wir kommen uns vor wie mitten im Ozean. – Alles ist so ruhig – abgesehen vom Wind und dem zitternden und schwankenden Stahlriesen, in dem wir wohnen – es ist einfach wunderbar.«[143]

In der Fotografie »Spring Showers« aus dem Jahre 1901 setzt Stieglitz eine alltägliche Situation unwirtlichen Wetters ins Bild, die in aller Regel nicht das Fotografieren herausfordert, sondern unterbricht (s. Abb. 24). Das Bild liefert keinen Beitrag zur Welt der Postkarten, in der die reputierliche und glänzende Seite der schönen großen Stadt überhöht zur Geltung kommt. Vom Gesicht der Stadt gibt das Bild kaum etwas preis. Ein heftiger Regenschauer hüllt die Bauten, Kutschen und Menschen im Bildhintergrund in einen verwaschenen Schleier. Die sichtbare Nässe eines niedergehenden Schauers überträgt sich auf dem Wege synästhetischer Charaktere in ein Gefühl leiblichen Mit-Seins in einem unwirtlichen Moment. Über die Brücke der leiblichen Kommunikation verbindet sich der Eindruck einer scheinbar banalen Situation mit Bedeutungen, die das Erleben betreffen, aber doch auch über die Situation des Wetters hinausgehen. Und so vermischt sich der gerade niedergehende Regen mit der zuständlichen Situation der Stadt im Allgemeinen. Wenn es auch so scheint, so geht es doch in diesem Bild nur am Rande um einen heftigen Regenschauer. Es ist vielmehr der Zustand der Natur in der technisch

[143] Zit. bei Woods, 2002, S. 73.

Abb. 24: Alfred Stieglitz: Spring Showers (1901).

erbauten Wolkenkratzerwelt von New York, der sich in einem Bild üblen Wetters ausdrückt.

Die sichtbare Szene der Stadtreinigung vermittelt zwischen dem starken Regen und der zuständlichen Situation einer modernen Wolkenkratzermetropole: Im Ausfegen des Rinnsteins wird die Sterilisierung der Stadt anschaulich. Die dürre Gestalt eines noch kleinen und durch ein martialisches Gitter geschützten Bäumchens unterstreicht das *technische* Bauen als das leitende Paradigma der Stadtentwicklung. Die Gestalt des schrägen Schutzgitters überträgt sich als *Umkippen* synästhetisch ins leibliche Empfinden und verbindet sich mit der Bedeutung des Gefährdet-Seins. Deshalb greift der folgende Bild-Kommentar von Graham Clarke zu Stieglitz' Bild auch viel zu kurz: »This photograph has been cropped in order to emphasize the verticality of the subject – a tree on the edge of Madison Square.«[144] Das Hochformat des Bildes betont vielmehr die vertikale Gestalt der jämmerlich erscheinenden Gestalt eines Baumes in der ungleichzeitigen Gleichzeitigkeit der »prächtigen«, dem Himmel zustrebenden Hochhäuser. Aus der doppelten Bedeutung des Vertikalen – eines forcierten In-die-Höhe-Bauens und eines behinderten In-die-Höhe-Wachsens lebt die spürbare Spannung des Bildes.

»Die Natur in ihrer einfachsten Form, das Wunder von Morgen und Abend, verschwand aus dem Alltag der Metropole. Und deshalb, ich betone ›deshalb‹, denn solche Reaktionen sind selten Zufall, finden diese Elemente in Stieglitz' Fotografien mit neuer Kraft Eingang. […] So fand auch Stieglitz die notwendigen Keime einer lebendigen Umwelt selbst in einer Metropole, die jeden Sinn für die Scholle verloren hatte und Schritt um Schritt, Block um Block zu einer Steinwüste wurde.«[145]

Lewis Mumford, dessen Buch »Metropolis« sich auch als eine Hymne an das fotografische Werk von Stieglitz liest, merkt unter anderem an:

»Indem Stieglitz sich den Apparat so unterwarf, war er befähigt, die menschlichen Bereiche wieder zu erobern, die durch den einseitigen Triumph der Maschine verlorengegangen waren.«[146]

---

144 Clarke 2006, S. 14. Auch ein Bild des Flatiron-Building (vgl. ebd., S. 16) ist in seinem Format der Vertikalität des Gebäudes und eines im Vordergrund stehenden Baumes angepasst worden und betont damit ein charakteristisches Merkmal der amerikanischen Großstadt um 1900: die Vertikalisierung der Stadt.

145 Mumford 1951, S. 56.

146 Ebd., S. 54.

Es zeichnet die geradezu typisch unorthodoxen Stadtbilder des Fotografen aus, dass er des Öfteren Situationen ekstatischen Wetters zum Anlass nahm,[147] um auf städtische Szenen abseits dahinströmender Normalität aufmerksam zu machen und damit auch seiner persönlichen Beziehung zur Metropole einen Ausdruck zu verleihen. Darin bringt sich zugleich etwas von seinem allgemeinen gesellschaftlichen Verhältnis zur Stadt und ihrer Widersprüche zur Geltung.

Was Stieglitz mit den Mitteln der ihm eigenen Art der Fotografie sichtbar machen konnte, erschließt sich dem Betrachter auch als ein Spiegel der Leiblichkeit der Stadt und nicht nur als Widerschein ihres bildhaften Gesichts, wie es scheinen mag. Stieglitz hatte sich in seiner berufsmäßig betriebenen Fotografie konsequent der Reproduktion gesellschaftlich zirkulierender Bild-Klischees enthalten. Seine Arbeiten sind bildliche Narrative, die etwas vom Leib der Stadt erzählen, in dem Urbanität als eine spezifisch widersprüchliche Lebendigkeit eine immer wieder neue Gestalt fand und finden wird. Insbesondere darin liegt der Beitrag seiner Arbeiten für eine Phänomenographie der Stadt. Dieser konnte sicher auch deshalb so überzeugend gelingen, weil sich Stieglitz in seinem Leben selbst *bewusst* im Raum der Stadt situiert hatte. Seine spezielle Methode der Fotografie war ihm das geeignete und wohl auch ausdrucksstärkste Medium, seine spannungsreichen Beziehungen zur Stadt zur Anschauung zu bringen. So gesehen, haben seine fotografischen Arbeiten einen nicht zu unterschätzenden politischen Wert. Der geschärfte fotografische Blick auf die vertikale Stadt der Hochhäuser galt zugleich einer gespaltenen metropolitanen Welt der Widersprüche. Das Lebenswerk von Stieglitz sollte später für Lewis Mumford, der in den frühen 1950er Jahren durch sein Werk »Metropolis« weit über die Grenzen der USA hinaus als Pionier der Stadtsoziologie bekannt wurde, eine wichtige ästhetische Quelle theoretischer Inspiration werden.

---

[147] In Stieglitz' Werk finden sich zahlreiche Bilder, die im Regen, Schneetreiben, Schneematsch, der Dämmerung oder der Dunkelheit aufgenommen worden sind. Stieglitz benutzte das *Infranormale*, um Aufmerksamkeit für das trügerisch Normale zu wecken.

4.4.4 *John Thomson (1837–1921)*

John Thomson war schottischer Fotograf. Er begann mit seiner fotografischen Arbeit kurz nach der allgemeinen Nutzbarmachung der von Talbot in den 1830er Jahren erfundenen Technik der Herstellung von lichtempfindlichen Negativen, mit denen eine noch sehr einfache Vervielfältigung fotografischer Aufnahmen möglich wurde. Thomson war ein Pionier der Fotografie, wodurch seinen Arbeiten eine große Aufmerksamkeit sicher war. So konnte er sich auch sehr schnell mit Fotografien einen Namen machen, die er auf langen Reisen im Fernen Osten machte. Ab 1862 arbeitete er für rund zehn Jahre in Asien.[148]

Die Fotografie wurde zu Thomsons Zeiten schnell mit dem Nimbus der Objektivität verbunden, und die »dokumentarischen« Anwendungsformen fanden einen prominenten Platz in einer neuen ikonographischen Kultur. Auf diesem historischen Hintergrund konnte Thomson von einem noch frischen Interesse am Bild profitieren. Seine auf dem asiatischen Kontinent gemachten Aufnahmen verhalfen ihm zu einer prominenten Stellung in der Londoner Gesellschaft. Und so hatte er – noch einige Dekaden vor Alfred Stieglitz – wesentlich an der Konstitution einer neuen Welt der technisch erzeugten Bilder teil. Zu seiner Zeit konnte er mit seinen Fotografien ein Vakuum der Imagination füllen, weil er am Beginn einer neuen kulturindustriellen Epoche der Massenmedien stand. Von nun an sollte ein unstillbares Bildbegehren eine langsam in Schwung kommende Kulturindustrie der Bilder beflügeln.

Nach seiner Rückkehr aus Asien tat er sich mit dem politisch linksgerichteten Journalisten Adolph Smith zusammen, um das gemeinsame Dokumentationsprojekt *Street Life in London* in Angriff zu nehmen.[149] In zahlreichen Bildstudien widmeten sich beide der Illustration von Szenen aus dem Leben von Straßenstreichern, Straßenhändlern und Menschen, die allen nur erdenklichen Beschäftigungen nachgingen, um sich in der sozialen und ökonomischen Welt Londons ein Überleben zu sichern.[150] Es gab aber bereits fotografische »Vor-Bilder«, die auf das Vorhaben *Street Life* von Thomson und

---

[148] Vgl. Jacobs 2008.

[149] Die Motivation zu dem Vorhaben ging unter anderem auf die Studie »London Labour and the London Poor« zurück, die der Journalist Henry Mayhew durchführte. Damit lag in gewisser Weise ein Drehbuch für die dokumentarische Arbeit von Thomson und Smith vor.

[150] Vgl. auch Museum of London: Public Disinfectors; http://www.museum

Smith Einfluss hatte. Zum einen widmete sich die englische Zeitschrift *The Graphic* schon in den 1860er Jahren der Dokumentation des Elends der Armen in den Straßen Londons.

»Many of *The Graphic*'s images examined classic working-class themes. Thus we see working-class markets, charitable institutions, the fallen middle classes, and the amusements of the poor.«[151]

Gedruckt wurden noch keine Fotografien, sondern Holzschnitte (»Woodburytypes« bzw. »wood-engravings«), die ab 1860 auch auf der Grundlage von Fotografien hergestellt werden konnten (sog. Fotoxylografien). Zum anderen thematisierten ab den 1860er und 70er Jahren wenige andere Fotografen das soziale Elend der britischen Arbeiterklasse,[152] so neben Henry David Dixon sowie Alfred und John Boll auch Thomas Annan (s. Abb. 25 und 26). Dessen Fotografie »Old Vennel off the High Street« aus dem Jahre 1868 vermittelte auf luzide Weise den Eindruck der klammen Enge eines gassenartigen Durchganges zwischen zwei Häuserreihen in Glasgow. Atmosphärisch besonders eindrücklich kommen darin – nicht zuletzt aufgrund einer Bewegungsunschärfe – die beklagenswerten Lebens- und Wohnverhältnisse in englischen Industriestädten um die Mitte des 19. Jahrhunderts zur Geltung. Unter demselben Bildtitel kursieren indes *zwei* Varianten, von denen die verwacklungsfreie die weitaus größere Verbreitung gefunden hat (s. Abb. 25). Dass diese Fotografie jedoch ein bei weitem schwächeres Ausdruckspotential hat als die »verwackelte« Variante, scheint in der ästhetischen Bildbewertung massenmedial konditionierter Wahrnehmungsregime von nachgeordneter Bedeutung gewesen zu sein. Unschärfen machten Landschaften romantisch und menschliche Gesichter schön; als Ausdrucksmittel der Sozialfotografie galt die Unschärfe als Mangel.

Eine *systematische* fotografische Auseinandersetzung mit prekären Lebensformen im großstädtischen Raum der frühen englischen Industriestädte des 19. Jahrhunderts leistete erst John Thomson. Das Verdienst von Thomson als Pionier der Sozialfotografie ist unstrittig:

---

oflondonprints.com/image/192993/john-thomson-public-disinfectors-c-1877; 01.05.2014.

151 Ovenden, 1997, S. 81.

152 Schon in den 1840er Jahren dokumentierte William Henry Fox Talbot, der nach der Daguerreotypie das Negativ-Positiv-Verfahren und damit die Fotografie im engeren Sinne erfunden hatte, das Londoner Straßenleben. Allerdings: »people did not feature in any prominent way in these mainly architectural documents« (ebd., S. 83).

Abb. 25: Thomas Annan: Old Vennel off the High Street I (1868).

»To combine photographs of the London street, and the place the poor, the working classes, criminals, and the homeless at the centre of the images, was a new departure in the photographic documentation of the social topography of London, and Thomson's innovative use of photomechanical technology heightened the effects of this portrayal.«[153]

[153] Ebd.

Abb. 26: Thomas Annan: Old Vennel off the High Street II (1868).

Das Werk *Street Life in London* besteht aus 36 Bildreportagen, die seinerzeit aktuelle Situationen aus dem Leben armer bzw. marginalisierter Bevölkerungsgruppen ins Bild setzten. Diese charakterisierten für Thomson das Leben der Arbeiter und ihrer Familien in London um die späte Mitte des 19. Jahrhunderts. Die einzelnen Studien wurden seit Oktober 1876 in der Zeitschrift *The Publishers' Circular* veröffentlicht.[154] Zur Publikation aller Reportagen in Buchform kam es zuerst im Februar 1877, bevor dann im Oktober eine luxuriös ausgestattete Geschenkversion (für das Weihnachtsgeschäft) produziert wurde.[155] Die Reportagen stellten zwar Einzelfälle vor; doch nahmen Thomson und Smith sie zum Anlass, strukturelle gesellschaftliche Situationen in den Fokus zu nehmen, die an Bildern individueller Personen *exemplarisch* sichtbar wurden.[156] Zu jedem einzelnen Bild wurden zum Teil recht ausführliche sozialkritische Kommentare verfasst (nur in einer Reportage zum Thema des öffentlichen Fotografierens erscheinen *zwei* Bilder zum selben Thema). Vierundzwanzig Essays stammen von Smith und zwölf von Thomson, wobei sich die Texte von Smith durch ein stärkeres sozialkritisches Profil auszeichnen.[157] Allerdings sind alle Bilder gestellt, wodurch nicht nur deren Inszenierungscharakter deutlich wird, sondern auch ihre thematisch-programmatische Situierung.

Die Arbeit von Thomson war nicht nur originell, weil sie sich im Medium der damals noch recht neuen Fotografie ausdrückte; sie traf auch den sozialkritischen Zeitgeist in der Mitte des 19. Jahrhunderts und ein gestiegenes Interesse an Menschen in prekären Lebenslagen auf den Straßen von London.

»However, a combination of political, intellectual, and cultural factors has developed since the late eighteenth century that led writers and artists to begin to pay attention to the under class.«[158]

Das Thema öffentlicher Armut samt der damit verbundenen sozialen Begleitumstände war zu Thomsons Zeiten nicht neu, und die Aufmerksamkeit für die Situation marginalisierter Gruppen in den Großstädten wurde durch seine Bilder auch nicht erst geweckt. Umso mehr fielen seine Arbeiten auf den fruchtbaren Boden einer bereits angebahnten Sensibilität der Wahrnehmung. So konnte er das ästhetische Vakuum einer bereits ausgebildeten ethischen Sensibilität mit

---

[154] Vgl. ebd., S. 37.

[155] Vgl. ebd. Zur vollständigen Publikation der 1861 erschienenen Arbeit vgl. auch http://web.archive.org/web/20050325102259/http://etext.lib.virginia.edu/etcbin/toccer-new2?id=MayLond.sgm&images=images/modeng&data=/texts/english/modeng/parsed&tag=public&part=all; 01.05.2014.

[156] Eine in ähnlicher Weise exemplarische Positionierung des Individuums für eine gesellschaftliche Situation wird sich auch im Werk von August Sander wiederfinden (s. Kapitel 4.4.5).

[157] Hannavy 2008, S. 644.

[158] Jacobs 2008, S. 1389.

Bildern füllen, die in einem unmittelbaren Sinne als »Dokumentationen« verstanden worden sind. Thomsons Arbeit gilt als Schlüsselwerk in der Geschichte der dokumentarischen Sozialfotografie.[159] Gleichwohl konnte er von seinem sozialkritischen Engagement mit der Kamera nicht leben. Und so gründete er 1879 in London ein Studio für Porträtfotografie.[160]

Auf Versteigerungen international renommierter Auktionshäuser werden gegenwärtig für Originalabzüge aus dem Zyklus »Street Life in London« beträchtliche Summen erzielt. Anlässlich einer in Paris durchgeführten Auktion erschien 2013 im englischen *Telegraph* ein Artikel über das Street Life-Projekt. Darin merkt der Verfasser über Thomsons Bilder an: »They are so very painful, and so very true.«[161] In der Tat zeichnen sich seine Bilder durch eine starke atmosphärische Intensität aus. Der hohe Grad der Affizierung, den Thomsons Bilder *heute* vermitteln, dürfte aber nicht nur dem dokumentarischen Wert der Bilder geschuldet sein, sondern ganz wesentlich auch auf eine gewisse Exotik zurückgehen, bietet die aktuelle soziale Wirklichkeit – zumindest in der »Ersten Welt« – keine auch nur ansatzweise vergleichbaren Szenen.

Zum Projekt »Street Life in London« stellt das *International Museum of Photography and Film »George Eastman House«* fest: »The photographs gave these people and their surroundings an immediacy and individuality that had never been seen before.«[162] Thomsons Verdienst verdankt sich zu großen Teilen aber auch der technikgeschichtlichen Gunst seiner Zeit, in der das »realistische« Bild eine bis dahin unbekannte emotionale Reichweite der Beeindruckung erlangen konnte. Thomson vermittelte mit seinen Bildern Einblicke in das Leben auf Londons Straßen, die man bis dahin nur aus persönlichem Erleben, aus Texten oder Erzählungen Dritter kannte. Thomsons Bilder waren nun im Prinzip für jedermann (zunächst nur in England) zugänglich. Als ästhetische Ausdrucksformen hatten sie großen Einfluss auf die sich paradigmatisch verändernden Kulturen der Repräsentation.

---

[159] Vgl. auch http://digital.library.lse.ac.uk/collections/streetlifeinlondon; 01.05.2014. Dort findet sich auch ein Überblick über die Bilder des 1876 f. publizierten Serie »Street Life in London«.

[160] Vgl. Jacobs 2008, S. 1389.

[161] Wilson 2013.

[162] http://www.eastmanhouse.org/media/exhibitions/travex/pdf/street-life-london.pdf; 01.05.2014.

Besondere Aufmerksamkeit verdient die *Methode* von Thomson und Smith, wonach alle Bilder des Street Life-Zyklus in Verbindung mit einer Bildunterschrift veröffentlicht wurden. Darin drückt sich ein Anspruch an das dokumentarische Bild aus, der unter anderem in der Kritik von Victor Burgin am gleichsam »nackt« publizierten Bild in unserer Zeit wieder auftaucht, aber auch bei Walter Benjamin schon expliziert wurde. Während wir bei Alfred Stieglitz und vielen anderen Fotografen um 1900 meistens nur Kurztitel unter Fotografien finden, folgten Thomson und Smith dem Programm einer ausführlichen Explikation. Die textlichen Erläuterungen umfassten oft eine halbe bis mehrere Druckseiten und wiesen starke narrative Elemente auf. Die mit eigenen Worten der Protagonisten, meist aber paraphrasierten Aussagen der in ihren Milieus fotografierten Menschen versehenen Fotografien setzten die Reportagen in einen fachlich wie perspektivisch erweiterten Rahmen.[163] Die ästhetisch wie diskursiv pointierten Einblicke in konkrete Lebenswelten verflüchtigten sich nicht im verschleiernden Gewand einer abstraktionistischen Sprache ins (Pseudo-)Wissenschaftliche. Mit ihrem Arbeitsstil nahmen John Thomson und Adolphe Smith eine Pointe dessen vorweg, was sich erst Dekaden später in der Chicagoer Schule unter dem Label »Sozialökologie« entwickeln sollte. Im Zentrum des Interesses von Thomson und Smith stand nie allein das Gesicht der Stadt. Viel mehr war es der an sozialen Inseln aufscheinende Leib der Stadt, den beide Autoren sichtbar und spürbar gemacht und damit dem kritischen Nachdenken von Prozessen urbaner Vergesellschaftung geöffnet haben.

Zwei Beispiele aus dem Werk »Street Life in London« seien kurz vorgestellt, das Bild »Public Desinfectors« (s. Abb. 27) und »The London Boardmen« (s. Abb. 28). Zum ersten der beiden Bildbeispiele ist in der ausführlichen Erläuterung von Adolphe Smith zu lesen:

> »While reducing the general death-rate, our recent sanitary legislation has called into existence a class of men who must of necessity be daily exposed to the gravest dangers. To the list of men who, by reason of their avocations, constantly face death to save us from peril, we must add the public desinfectors. These modest heroes are truly typical of our advanced civiliation […].«[164]

---

[163] Vgl. Thomson 1981.

[164] Ebd., S. 98.

Abb. 27: John Thomson: Public Desinfectors (1877).

Die Darstellung der öffentlichen Desinfektoren als Helden lässt die Risiken erahnen, denen diese Männer ausgesetzt waren, die von einem Beamten (mit hinreichender Distanz zum infektiösen Milieu) eingesetzt wurden. Öffentliche Desinfektoren[165] gingen in Haushalte,

[165] Die gegenwärtigen Aufgaben von Desinfektoren haben sich innerhalb der Gesundheitsbürokratie auf Tätigkeitsfelder des Hygienemanagements verschoben.

Abb. 28: John Thomson: The London boardmen (1877).

deren Bewohner an Pocken oder ansteckendem Fieber erkrankt waren. Dort sammelten sie infizierte Textilien aller Art ein, um sie mit ihren Handkarren zu zentralen Desinfektionsöfen abzutransportieren. Die detaillierte Beschreibung weist darauf hin, dass zumindest einer der beiden Autoren die Protagonisten nicht nur gesprochen, sondern auch auf den Wegen ihrer Arbeit begleitet hatte:

»They alike disinfect the houses of the poor and the rich; one day destroying the rubbish in a rag merchant's shop, and the next handling the delicate damask and superfine linen which shade and cover the bed in some Belgravian mansion.«[166]

Über das zweite Bild (s. Abb. 28) aus dem Portfolio »Street Life« , das hier angesprochen werden soll (»The London Boardmen«) heißt es in einer langen Beschreibung zur sozialen Situation der Schilderträger unter anderem:

»There is perhaps no more heterogeneous set in existence than the London boardmen. […] boardmen are of all sizes, ages, shape, and complexion. Some are hopelessly vulgar and ignorant, others have received the education of gentlemen. They represent, to use a consecrated expression, all who have ›gone to the wall‹. Any one is temporarily in difficulties may offer to carry boards. Others, who are permanently incapable of helping themselves, live on, year after year, contentedly bearing this simple burden. Old men, grown grey in crime and drunkenness, may be a little dissimulation obtain employment as boardmen.«[167]

Auch nun gehen die textlichen Bild-Ergänzungen auf Recherchen zurück, die Thomson und Smith im Milieu ihrer Protagonisten durchgeführt hatten. Über »The London Boardmen« ließe sich grundsätzlich Ähnliches sagen, wie über »Public Desinfectors«. Der methodische Weg der Autoren folgte zwar einer journalistischen Logik. Er weist aber auch Merkmale dessen auf, was sich in der Gegenwart mit Begriff und Konzept qualitativer Methoden der Sozialforschung verbindet. Zwar war die Vorgehensweise von Thomson und Smith offensichtlich intuitiv, und sie stützte sich wohl kaum auf eine methodisch regulierte Erhebung und Auswertung von Interviews. Aber das Prinzip der direkten Kontaktaufnahme mit einem sozialen Feld und der Paraphrasierung erhobener Aussagen über das Leben der Dargestellten aus deren subjektiver Perspektive lag dem Verfahren in einer einfachen Form durchaus zugrunde. Nun wollten beide Autoren sicher keine sozialwissenschaftliche Forschungsmethode begründen. Jedoch strebten sie danach, *affektive* Wirkungen zu erzielen, die sich wesentlich der Herstellung einer Betroffenheit von der

[166] Ebd., S. 99.
[167] Thomson 1981, S. 151.

sozialen Situation armer Menschen in den Straßen von London verdanken sollte. Das journalistisch-sozialkritische Programm von Smith bedurfte geradezu zwingend einer Kommentierung der Bilder von Thomson, denn nur auf diesem Wege konnte die Situation (zum Beispiel) der Boardmen so wirkungsvoll im Bild erscheinen. Mehr noch bahnten gerade die narrativen Bildergänzungen eine *pathische* Vorstellung vom Leben dieser Menschen an:

»Their hours, it is true, are short, that is to say from ten to five in winter, and ten to six in summer; but they must be constantly on the move during the whole of this time, and their employment is far from regular.«[168]

Thomson und Smith gelang es, mit ihrer Methode, über die Ebene der im Bild sichtbar gemachten Einzelfälle hinaus, eine mitspürende Beziehung zur sozialen Wirklichkeit marginalisierter Gruppen aufzubauen. Das Medium, über das diese Beziehung hergestellt wurde, war die Synthese von Bild und Text. Deren Wirkung entfaltete sich zum einen auf einer *sachlichen* Gegenstandsebene, das heißt dem Kontext der einzelnen Fälle. Die persönlichen Situationen der Protagonisten galten Thomson und Smith nur als exemplarische »Bilder« desolater gesellschaftlicher Situationen. Deshalb waren sie zum anderen daran interessiert, über die *affizierende* Berührung der an ihren Bildern interessierten Öffentlichkeit Aufmerksamkeit für sozial marginale, aber doch charakteristische Leibesinseln im Raum der Stadt zu wecken.

Thomson hatte in seiner Zeit Einfluss auf die Veränderung der Wahrnehmung sozialer Situationen der Stadt. Dieser bestand vor allem in der Stärkung der Bedeutung des Bildes als Informations- und Kommunikationsmedium. Sukzessive erschien die Stadt im Medium der Bilder in einer zweiten Wirklichkeit abseits der harmlos-illustrativen Bilderwelt der Postkarten und offiziellen Stadt-Ansichten. »Street Life« war ein journalistisches und politisches Projekt. Es dürfte in der visuellen Fixierung prekärer sozialer Lebenswirklichkeiten zu einer intensiveren Bewusstmachung und Reflexion gesellschaftlicher Probleme der Großstadt geführt haben.

Die Synthese von Bild und Text eröffnet einen differenzierten Weg zum Verstehen komplexer Bedeutungswelten, die in persönlichen Lebenslagen sowie gesellschaftlichen Situationen zur Anschauung kommen. »Street Life« liefert in diesem Sinne ein profun-

---

168 Ebd., S. 150f.

des Beispiel für eine bild- und textbasierte Phänomenographie der Stadt. Es unterscheidet sich kategorial von solchen Projekten, die allein auf einen *ästhetischen* Bild-Ausdruck bauen und keinem übergeordneten Programm folgen. Welche phänomenographische Methode letztlich die größere phänomenologische Reichweite entfaltet, hängt vom Programm und Gegenstand eines Bild-Projektes ab. Die von Thomson und Smith gebotene Text-Bild-Synthese bildet eine solide Basis für die Aufschließung soziologischer Mikrologien. Die Bildoberflächen werden rissig, weil das ästhetisch Beeindruckende durch feldspezifische Ergänzungen der ethischen Reflexion gegenüber geöffnet wird. Jeder von Thomson und Smith verfasste Text war indes nicht anders möglich denn als eine Interpretation[169], und so filterte diese (als Produkt einer Filterung) auch die Bild-Text-Rezeption. Das sich in diesem Zuge differenzierende empathische Verstehen folgt damit (auch in den ethischen Bewertungskategorien) vorgezeichneten Pfaden. Solche Lenkung leistet nicht zuletzt eine gewisse Zerstreuung der selbstreferentiellen Wahrnehmung. Damit vermittelt sie eine Lockerung der Verankerung von Betroffenheit im Erleben des Bildrezipienten. Der Bildkommentar steuert nicht nur das Bildinterpretieren und -verstehen, er provoziert auch die Fragwürdigkeit der *Reflexion* des Bildes auf dem Hintergrund subjektiver Betroffenheit.

Da jede phänomenologische Reflexion a priori auf der Interpretation eines Affizierenden aufbaut, sind Thomsons Bilder in ihrer phänomenographischen Brauchbarkeit wegen ihrer ausführlichen Textbeigaben auch nicht gemindert. Was für den Konstruktionscharakter der Fotografie im Allgemeinen gilt, variiert sich im Bereich textlicher Diskurse nur. Jeder Kommentar hantiert mit explizierten Bedeutungen, die in der Bildrezeption zu impliziten Bedeutungen affektiven Bilderlebens in Beziehung treten. Eine Phänomenographie der lebendigen Stadt führt zu einer produktiven Dynamisierung pluraler Verstehensgründe, und die Öffnung der Bezugspunkte nachspürenden Denkens erhöht die Resonanzfähigkeit leiblicher, hermeneutischer wie theoretischer Intelligenz.

---

[169] In diesem Sinne merkt David Jacobs über Thomsons Arbeit in Asien einen gewissen Eurozentrismus an; vgl. Jacobs 2008, S. 1387.

4.4.5 *August Sander (1876–1964)*

August Sander gehört zu den wichtigsten Fotografen des 20. Jahrhunderts. Er repräsentiert in seinen Arbeiten den Stil der Neuen Sachlichkeit. Sein Hauptwerk zur Typologie des Menschen im 20. Jahrhundert umfasst eine Vielzahl von Porträts, die nach Berufsständen geordnet sind. Sander wollte ein dokumentarisches Bild der Gesellschaft vorlegen. Seine Porträts zeichnen sich auch deshalb durch ihren gestellten Charakter aus.[170] Die Protagonisten sehen meist direkt in die Kamera, so dass sich eine immersive Beziehung zum Rezipienten konstituiert. »His ›Man of the 20th Century‹ was never published in one comprehensive book, but volumes of his work did appear«[171], so das 1929 veröffentlichte Buch »Antlitz der Zeit«.[172] »August Sanders epochaler Zyklus ›Menschen des 20. Jahrhunderts‹ zählt zu den bedeutendsten Werken der Kunst- und Fotogeschichte des letzten Jahrhunderts.«[173]

Die von Sander fotografierten Menschen blieben mit Ausnahme prominenter Persönlichkeiten aus Politik, Wirtschaft und Kunst anonym. Im Allgemeinen notierte er nur den Beruf oder ein anderes identifizierendes, aber die Anonymität der Personen wahrendes Merkmal, das sich mit einem Individuum verband. Charakteristisch für seine Bilder ist nicht nur der Aufnahmestil seiner Porträts, sondern auch die Pose der Abgelichteten. Sie stehen in einer Art und Weise in ihrem je eigenen räumlichen Milieu, die den Eindruck erweckt, die Haltung der Protagonisten solle im Sinne einer stumm bleibenden Erläuterung etwas von deren Leben zum Ausdruck bringen. Ganz in diesem Sinne schrieb Walter Benjamin Sander nicht nur eine vorurteilslose Fähigkeit zur Beobachtung zu, sondern außerdem eine zugleich kühne wie zarte Aufmerksamkeit: »Es gibt eine zarte Empirie, die sich mit dem Gegenstand innigst identisch macht und dadurch zur eigentlichen Theorie wird.«[174] Vielleicht verweisen seine Bilder auch deshalb in aller Regel nicht nur auf unverwechselbare

---

[170] Vgl. von Brauchitsch 2002, S. 106.
[171] N.N. 1977, S. 9.
[172] Sander 1990.
[173] So heißt es über das fotografische Werk von August Sander anlässlich der Eröffnung der Ausstellung »Menschen vor Flusslandschaft« (August Sander und die Fotografie der Gegenwart aus der Sammlung Lothar Schirmer) in der Münchner Pinakothek der Moderne (vgl. http://www.pinakothek.de/flusslandschaft; 25.04.2014).
[174] Benjamin 1963, S. 59.

Biographien, sondern mehr noch (ähnlich wie in Thomsons »Street Life«-Projekt) auf in ihnen hinterlegte gemeinsame (meist gesellschaftliche) Situationen. Als Individuen sind die Personen sie selbst; als empirische Exemplare ihrer Zeit sind sie auf einem durchschimmernden sozialen Hintergrund Repräsentanten gesellschaftlicher Lebensformen, die sich in eine historisch variantenreiche Vielfalt einordnen. Vielleicht schrieb John von Hartz auch deshalb: »Armed with his camera and insights, he went out among his people and brought back images of their souls.«[175] Sander fotografierte menschliche Stillleben, die in der Art ihrer totalen Inszenierung bis heute einen magischen Sog auf den Betrachter ausüben.

Oft porträtierte er seine Protagonisten in ihrem je eigenen Milieu. Damit bahnte er ein tieferes Verstehen der von ihm abgebildeten Menschen an. Auf zwei Beispiele sei hier verwiesen, weil sie als Beiträge zu einer Fotografie der Stadt verstanden werden können, was für Sanders Typologie des Menschen im 20. Jahrhundert ansonsten nur bedingt gilt – die Bilder »Arbeitslos, 1928« (s. Abb. 29) und »Bergmannskinder, um 1930« (s. Abb. 30).

Das erste Bild zeigt einen Arbeitslosen, der an einer Häuserecke steht. Die gegenüberliegende Wand ist durch eine optische Unschärfe weichgezeichnet. Am Ende der Gasse verliert sich die Unschärfe in einen überbelichteten offenen Raum. Es dürfte dem Respekt Sanders gegenüber dem sich in einer prekären sozialen Situation befindenden Protagonisten geschuldet sein, dass er einer der wenigen Personen ist, die nicht in die Kamera sehen. Zwar ist der Mann in seiner individuellen Unverwechselbarkeit erkennbar; aber mehr noch steht er dort als Repräsentant einer (gemeinsamen) gesellschaftlich desaströsen Situation der Arbeitslosigkeit. Dies erfährt der Bildbetrachter aber erst durch die Bildunterschrift. Ohne den knappen Text wäre das Bild (gerade in seinen politischen Implikationen) kaum verständlich. Der der Kamera abgewandte Blick des Mannes weist in seinem gestischen Charakter über das Sichtbare hinaus. Die Bildinszenierung wird der Situation des Mannes in besonderer Weise gerecht.

Im Allgemeinen war es der Blick, durch den Sander seine Protagonisten in Frontalaufnahmen identifizierte. In diesem Bild kommt es auf den der Kamera *abgewandten* Blick an. Bei diesem geht es wie bei den anderen seiner Aufnahmen nicht um das Zeigen eines Sehens von irgendetwas. Alle Blicke der von Sander Porträtierten sind letzt-

[175] von Hartz 1977, S. 9.

Abb. 29: August Sander: Arbeitslos, 1928.

lich inszenierte Gesten, die in den meisten Fällen auf nichts als die individuelle Präsenz verweisen sollten. In diesem Bild geht der Blick ins Leere; er wird auf keinen virtuellen Betrachter gerichtet, um ihn aber doch umso mehr zu treffen. Der Arbeitslose sieht nichts Bestimmtes an, seine blickende *Haltung* drückt vielmehr eine Geste der Abwendung und Scham aus. Darin kommt eine Anonymisierung zur Geltung, die im Unterschied zu den wohl meisten Porträts von Sander einen verdeckten politischen Akzent trägt. Das Bild folgt einem ästhetisch-politischen Programm, wonach Sander gleichsam »notgedrungen« ein Individuum zeigt, um in der Sache des Bildes das gesellschaftliche Problem der Arbeitslosigkeit der damaligen Zeit zu thematisieren. Das fotografische Arrangement unterstreicht gerade in seiner nuancierten Abweichung vom Stil anderer Porträts die prekäre Lage des Mannes.

Die Konkretheit des Bildes ist ambivalent. Einerseits wird die Individualität des Mannes unterstrichen, indem es *dieses* Individuum ist, das Sander fotografiert hat und nicht eine anonyme arbeitslose Menschenmenge oder irgendein anderer Arbeitsloser. Andererseits abstrahiert das Bild von *dieser* Person, um etwas historisch und gesellschaftlich Typisches zur Geltung zu bringen. Im Medium des Atmosphärischen hat Sander spürbar gemacht, was sich auf der Bildoberfläche nicht ausmachen lässt. Er setzt einen Arbeitslosen als Repräsentanten einer gesellschaftlichen *Situation* ins Bild. In demselben Stil lichtete er einen »Kleinwüchsigen« und eine »Sekretärin« ab. Damit zeigte er auf einem vordergründigen Niveau nicht mehr, als dass es zu seiner Zeit Kleinwüchsige und Sekretärinnen gab. Aber auch diese Bilder zielen insofern auf das Allgemeine gesellschaftlicher Verhältnisse, als er damit auch zu erkennen gab, dass man beide ins öffentliche Bild setzen *durfte*.

In der Porträtierung bekannter Persönlichkeiten ging Sander anders vor (bekannt sind z. B. die Bilder der Sopranistin Claire Dux, des Jugendstil-Architekten Richard Riemerschmid oder des Malers Anton Räderscheidt). Hier rückte er namentlich identifizierte individuelle Personen in den Fokus und nicht gesellschaftliche Situationen. In diesen eher wenigen Bildern stehen seine Protagonisten allein für sich selbst. Sie repräsentieren keine Gruppen, weil sie allein höchst locker in die fiktive Gemeinschaft einer Gruppe eingebunden sind. Damit unterstreicht Sander zugleich die Möglichkeit der Individualität in einer Gesellschaft Ähnlicher.

Die menschenleere Umgebung positioniert den Arbeitslosen nicht an irgendeinem Ort, sondern in *seiner* Stadt, deren historische Realität wenig Hoffnung auf Besserung versprach. Die Unschärfe, die den Mann umgibt, ist ebenso Ausdrucksmittel einer Geste des Zeigens, wie die Leere des Straßenraumes. Sander benutzt hier das Sicht-

Abb. 30: August Sander: Bergmannskinder, um 1930.

bare nur, um darüber hinaus auf das Zeitgeschichtliche zu verweisen. Die Zukunft des Mannes ist unklar wie die andere Seite der Straße. Das gleißende Licht an deren Ende verliert sich deshalb auch ins Diffuse. Der existenzielle Charakter der Lage der abgebildeten Person manifestiert sich in der Demutshaltung, in der er seinen Hut nicht auf dem Kopf trägt, sondern in den übereinander liegenden Händen hält.

Das Bild »Arbeitslos« gibt es, wie viele von Sanders Bildern, in mehreren Negativ-Versionen. Es steht damit in einer Reihe mehrerer anderer *authentischer* Aufnahmen, von denen er nach bestimmten Kriterien (z. B. dem thematischen Kontext einer Ausstellung) das eine oder andere Negativ für die Herstellung eines Abzuges auswählte. Dass eine solche Auswahl den dokumentarischen Kontext von Grund auf verändern konnte, zeigt das Beispiel der zweiten Version des *Arbeitslosen*, das Sanders »erste Wahl« war und deshalb auch den Abschluss in seinem 1929 veröffentlichten Buch »Antlitz der Zeit« bildete (ohne Abbildung). Bemerkenswert ist der deutlich kleinere Ausschnitt dieser zweiten Aufnahme, auf der die Person nur bis zu den übereinander gelegten Händen zu sehen ist.[176] In einem 1977 in London erschienenen Bildband über Sanders Arbeiten umfasst dieser Bildausschnitt weniger als ein Viertel des Bildes in Abb. 29. Indem auch die linke Bildhälfte mit der ins Offene führenden Straße fehlt, bleibt vieles vom Kontext der Szene rätselhaft. Schließlich ist der Hut in seiner Hand nur noch zu etwa einem Viertel im oberen Bereich zu erkennen; die den Hut haltenden Hände sind kaum zu sehen. Zwar passt Sander durch die Wahl des reduzierten Bildes die Aufnahme an den Stil seiner meisten Porträts an. Indes konstituiert sich damit ein von Grund auf veränderter dokumentarischer Rahmen. Die individuelle Person rückt nun in den Fokus, der atmosphärische Bezug zur gemeinsame Situation der Arbeitslosigkeit, auf die der Habitus des Mannes nur im räumlichen Kontext der Straße verweist, verschwindet beinahe ganz. Was für die Produktion eines Bildes im Allgemeinen zutrifft, ist in seinem kommunikativen Gebrauch nicht anders. Grundsätzlich besteht eine dialektische Beziehung zwischen den Gesten des Zeigens eines Bildes und seiner kulturhistorisch in gewisser Weise »formatierten« Rezeption. Programme der Dokumentation sind auch deshalb gesellschaftlich situiert.

Auch in dem Bild »Bergmannskinder«[177] (s. Abb. 30, S. 215) setzt Sander die Unschärfe als fotografisches Ausdrucksmittel ein. In

[176] Vgl. Photographische Sammlung / SK Stiftung Kultur 2009, Bild Nr. 77.

[177] Das Bild »Bergmannskinder«, das in der britischen Publikation neben dem Titel »Citychildren« den Zusatz »Cologn« trägt, ist nicht in Köln, sondern in der ehemaligen Bergmannsstadt Mechernich (bei Köln, heute Landkreis Euskirchen) aufgenom-

den undeutlichen Umrissen einer im Hintergrund erscheinenden Siedlung kündigt sich ein Thema an, das erst mit der Bildunterschrift konkret wird. Sander hat nicht irgendwelche Kinder fotografiert, sondern drei *Mädchen,* die er als *Bergmanns–Kinder* vorstellt. Sie sehen geradewegs – nun wieder typisch für seine Porträts – in die Kamera. Die Positionierung der Mädchen im Raum verweist auf den sozialen Rahmen der hinter ihnen schemenhaft erkennbaren Siedlung. Wenn die Gesichter der drei Kinder auch scharf durchgezeichnet sind, so gewinnt der Betrachter doch den Eindruck, als liege die Zone größter Schärfe auf den Klinkersteinen der Häuserecke im rechten Bildteil. Wie Sander 1928 einen Konditor mit der (berufsbedingt) zu ihm gehörenden Rührschüssel samt Rührstab abbildete, so ist es hier eine Mauerkante, der eine zu den Kindern gehörende Bedeutung anhaftet. Sie ist ein Verortungsmedium; der Hinweis zielt nicht auf irgendein Stadtquartier, sondern die Siedlung einer Bergwerks-Stadt. Wie die Stadt aber im Allgemeinen (und damit abstrakt) bleibt, so haben auch die Mädchen keine Namen. Zwar sind sie als konkrete Individuen sichtbar. Sander zeigt sie aber stellvertretend für *Bergmannskinder* im Allgemeinen. Auch die im Hintergrund undeutlich verschwimmenden Häuser sind keine Häuser einer *bestimmten* Stadt; ihre Schemenhaftigkeit macht sie in Verbindung mit der Bildunterschrift zu Häusern einer *Bergmanns*-Siedlung.

Haltung und Gesichtsausdruck der drei Mädchen zeugen kaum von Selbstbewusstsein. Nur das auf beinahe unmerkliche Weise leicht im Vordergrund stehende Mädchen im rechten Bildteil lässt ein zaghaftes Lächeln erahnen. Die beiden anderen sehen ernst und regungslos in die Kamera. Die Bergmannskinder werden damit zu exemplarischen Kindern einer Stadt. Dass es sie auch individuell, konkret und tatsächlich gab, spielt eine beinahe untergeordnete Rolle. Ihre *individuelle* Sichtbarkeit ist in ihrer gleichzeitigen Anonymität der Preis der Darstellung eines Allgemeinen, das sich medial an ihnen nur verkörpert. Die Position der drei ist auch in diesem Bild kein Produkt des Zufalls, sondern Ausdruck einer Inszenierung. Alles hat seine Ordnung – die Größte der drei steht in der Mitte, die beiden anderen, jede etwa gleich groß, rahmen die Mittlere. In der formal

men worden. Das ändert nichts an dem sichtbar werdenden Bezug der Kinder zu ihrer Bergmannsstadt. Ich danke Frau Rajka Knipper vom August Sander Archiv der Photographische Sammlung / SK Stiftung Kultur der Sparkasse KölnBonn für Hinweise zur Geschichte der beiden hier besprochenen Fotografien von August Sander.

hergestellten Ordnung stehen die Mädchen wie Museumsrelikte in einer virtuellen Vitrine. In der Art und Weise, in der sie das Bild gleichsam konservierend einkapselt, werden sie zu affizierenden Medien der Berührung. Im atmosphärischen Milieu der ergreifenden Macht der Gefühle bahnen sie (im existenzphilosophischen Sinne von Romano Guardini und Otto Friedrich Bollnow) eine indirekte bzw. medial vermittelte »Begegnung«[178] an. Sie stiften Betroffenheit, weil sie als anrührendes Sinnbild einer wenig hoffnungsvollen Lebenssituation in einer Gesellschaft in schwierigen Zeiten erscheinen.

Die Bilder »Arbeitslos« (in der hier abgebildeten Version) und »Bergmannskinder« spiegeln persönliche und gemeinsame Situationen wider. Die persönlichen Situationen sind durch gemeinsame gesellschaftliche Situationen disponiert. In beiden Bildern scheinen darüber hinaus jeweils spezifisch zuständliche Situationen einer Stadt in der Gesellschaft auf, wenn diese auch nur in einem Segment zum Vorschein kommen. Im Vergleich mit dem Stil der von Eugéne Atget angefertigten Stadt-Bilder thematisierte Sander die Stadt in einem methodisch gleichsam umgedrehten Sinne. Während Atget die Struktur der städtischen Haut und die Physiognomie des Gesichts bestimmter Orte zeigte und in besonderer Weise die Darstellung von Bauten verfolgte, rückte August Sander die Menschen ihrer Stadt unmittelbar ins Zentrum. Gesicht und Habitus der Dargestellten sind Gesten des Zeigens, die sich mit einem Thema verbinden. Die Blicke der Menschen sind beredsame Gesten, in denen sich weniger individuelle als typische Lebensgeschichten ankündigen. Sie sind *An*-Blicke, in denen sich – zwischen einem persönlichen und zugleich allgemeinen Leben – mehr ganzheitlich an-, als im Detail ausspricht. Die Personen machen etwas vom Geist der Zeit spürbar, wenn auch nicht in einem dezidierten Sinne verstehbar. Die beiden hier gezeigten Bilder von Sander stehen für eine vergleichsweise pointierte Thematisierung der Stadt als Lebensraum und soziales Milieu. Dennoch zeigt die Stadt von ihrer Haut wie von ihrem Gesicht bestenfalls etwas Schemenhaftes. Dass dennoch auf eindrückliche Weise etwas vom Charakter städtischer Orte und Lebensver-

---

[178] Guardini versteht Begegnung als eine unvorhersehbare, vor allem aber existenziell ergreifende Situation, die die Beziehung zu einem Anderen (in aller Regel einem anderen Menschen) von Grund auf verändert (vgl. Guardini 1965, S. 16 f.). Auch für Bollnow geht es in der Begegnung um »existentielle Berührung mit dem anderen Menschen« (vgl. Bollnow 1968, S. 97).

hältnisse fassbar wird, ist Resultat einer empathischen Inszenierung mikrologischer Gesten.

In der inszenierten Präsenz der fotografierten Menschen scheint auch etwas vom Leib der Stadt vor. Er schimmert – in der Umkehrung der Methode Atgets – durch die gleichsam vitale Gegenwart der Porträtierten hindurch. Der Leib der Stadt kommt in Gestalt pluraler An-Blicke in Facetten des gelebten Raumes zur Geltung. Vielleicht merkte gerade deshalb John von Hartz an, Sanders Bilder zeigten etwas von den Seelen der Menschen. Doch zeigen sie tatsächlich weniger Seelen als affektiv geladene Situationen, durch die die Personen zwar gestimmt sind, in dieser Gestimmtheit selbst aber wiederum »unsichtbar« bleiben. In der Betrachtung der Bilder konstituiert sich als Brücke der Wahrnehmung ein affektiver Spannungsbogen zwischen Erscheinen und subjektivem Erleben. Über den Bogen der Gefühle rückt Sander mit seinen Protagonisten auch deren Stadt und Gesellschaft ins Bild.

Sanders Arbeiten, die programmatisch mit einem expliziten Dokumentationsanspruch verbunden und auch in der Rezeption der 1920er und 30er Jahre so aufgenommen worden sind, zeigen in einem engeren und weiteren Sinne noch einmal die Grenzen des Dokumentarischen (s. auch Kapitel 4.3), die im Wesentlichen durch einen gesellschaftlichen Werterahmen abgesteckt sind. So sollte Sanders fotografisches Werk »Menschen des 20. Jahrhunderts«, das auf einen Umfang von 500 bis 600 Fotografien angelegt war, »einen Querschnitt durch die heutige Zeit und unser deutsches Volk«[179] liefern. Im Jahre 1927 stellte Sander den Stand seiner Arbeit im Kölnischen Kunstverein vor. In einer 1930 in der Rhein-Mainischen Volkszeitung erschienenen Rezension hieß es dazu: »Die ganze breite Front vom Bauern bis zum Literaturkritiker, vom Großindustriellen bis zum Arbeitslosen ist erfasst.«[180] Sander machte zwar Bilder von Menschen, aber diese wurden – sowohl auf dem Hintergrund seiner eigenen Programmatik wie der seinerzeit herrschenden Rezeptionslogik – als Einblicke in eine in bestimmter Weise hierarchisch aufgebaute Gesellschaft dargeboten und verstanden. So schrieben sich auch die herrschenden Denkschablonen und Klischees als Formatierungsautomatismen in die Produktion seiner Bilder ein. Aber auch unabhängig davon markieren Sanders Fotografien von Menschen in

[179] Conrath-Scholl 2009, S. 14.
[180] Zitiert bei Conrath-Scholl 2009, S. 15.

ihrem jeweiligen Milieu, beabsichtigt oder unbeabsichtigt, oft auf höchst subtile Weise eine Position, wie die beiden hier diskutierten Bilder zeigen.[181]

In einem weiteren Sinne wird der dokumentarische Anspruch aber auch dadurch noch einmal unterlaufen, dass Aussteller, Kuratoren und Herausgeber von Bildbänden mit einem je eigenen »Dokumentations«-Interesse auf Originalarbeiten zugreifen. So erscheint zum Beispiel das Bild *Bergmannskinder* in der britischen Publikation von 1977 unter dem Titel *Citychildren*.[182] Die umstandslose Umbenennung von *Bergmanns*-Kindern in *Stadt*-Kinder muss zwangsläufig zu einer Veränderung des interpretativen Rahmens führen, womit der dokumentarische Charakter des Bildes in einen ganz anderen Kontext gestellt wird.

---

[181] In diesem Sinne merkt Gabriele Conrath-Scholl an: »Denn wie die augenscheinlich dargestellten Inhalte gewinnt das gesamte, auch widersprüchliche, emotionale und latent verdeckte Potential der von ihm registrierten Wirklichkeit ein individuelles und anschauliches Gesicht.«; ebd., S. 21.

[182] Vgl. von Hartz 1977, S. 45 und 92.

5. Von der Rezeption zur Produktion des phänomenographischen Bildes

Der Nutzen der Fotografie im Projekt einer Phänomenographie der Stadt erschließt sich in einem kritisch nach-spürenden und nach-denkenden Bildgebrauch. Beispiele aus den Arbeiten bekannter Fotografen des späten 19. und frühen 20. Jahrhunderts konnten den Ertrag dieser Perspektive für eine phänomenologisch differenzierte Reflexion der Stadt illustrieren. Fotografien haben sich darin als *ästhetische* Explikationen des Erlebens städtischer Leibesinseln gezeigt. Die *Bildnahme* hat Wege der Annäherung an städtische Räume eröffnet. Der fixierte Charakter des Bildes erwies sich als Medium leiblicher Kommunikation mit ganzheitlichen, aber auch segmentierten städtischen Situationen. Gegenstand der Diskussion waren in den vorangegangenen Kapiteln stets von Dritten hergestellte Bilder. Damit bot sich der mimetische Ausdruck *fremder* Subjektivität in der Beziehung zu städtischen Räumen im Medium des Bildes als Brücke einerseits des Verstehens, andererseits der Aufspürung eigener subjektiver Beziehungen zu städtischen Leibesinseln an. Die subjektive Archäologie persönlich berührender Bedeutungen folgte auf diesem Pfad einem schon gesponnenen ästhetischen Faden. Das fotografische Bild war in dieser Perspektive allein Gegenstand der *Rezeption*.

Im Folgenden soll es als Medium der Produktion thematisiert werden. Subjektivität findet damit nicht mehr im Vollzug der Bildnahme ihre reflexiven Anknüpfungspunkte; sie drückt sich nun selber in mimetischen Prozessen der Bildgebung aus. Mit anderen Worten: Der Ertrag aus der Reflexion von Beispielen professioneller Bildproduktion soll im Folgenden für die ausdrucksorientierte Produktion von Fotografien nutzbar gemacht werden, die nun in ein erkenntnistheoretisch umgekehrtes Verhältnis rücken. Sie finden nun weniger als Eindrucks- denn als Ausdrucksmedien Beachtung. Auch dabei geht es um die Beherrschung des Apparates bzw. seine Unterwerfung unter ein subjektives Ausdrucksbedürfnis und -interesse.

Besonders Vilém Flusser hatte sich in seiner Philosophie der Fotografie mit der (vermeintlichen) Macht des Apparates auseinandergesetzt. Das Ziel der Emanzipation vom technischen Automatismus beschränkt sich auch nun nicht darauf, über die »Möglichkeit der Freiheit – und damit der Sinngebung – in einer von Apparaten beherrschten Welt nachzudenken«[1]; es liegt vielmehr darin, diese Möglichkeiten tatsächlich auszuschöpfen. Die Erschließung gestalterischer Freiräume bildet die Grundlage für die Durchführbarkeit der hier zur Diskussion stehenden phänomenographischen Annäherung an die vielgestaltige Erlebniswelt der Stadt im Prozess der Bild*gebung*. Nicht das Bildverstehen stellt sich nun als Aufgabe, sondern die Herstellung des Bildes. Es soll subjektive Beziehungen zur Stadt ausdrücken, das heißt eigene Bedeutungen leiblichen Mit-Seins im multiplen Raum der Stadt auf produktiv-ästhetischem Wege explizieren. Das Bild wird damit als *Ausdrucksmedium* subjektiven Stadterlebens zum phänomenographischen Arbeitsmittel der phänomenologischen Rekonstruktion städtischer Situationen. Gegenstand der Bildgebung werden in aller Regel Haut, Gesicht und Leib der Stadt sein.

Das Bild hat in seinem Herstellungscharakter eine zweifache mediale Funktion. Zum einen drückt es bewusst gewordene subjektive Stadtbeziehungen aus. Zum anderen ist es aber auch – in einem umgekehrten Sinne – Medium zur Findung eines affektiv angemessenen Ausdrucks im Bereich der *Sprache*. Das Bild steht also in einer zweifachen Beziehung zur Sprache. Es ist (a) sprachlicher Ausdruck bzw. zu großen Teilen sprachlich vermittelte Selbstgewahrwerdung und dient (b) als alphabetisierendes Medium der Differenzierung sprachlicher Aussagen räumlichen Befindens und Erlebens. Es steht damit im Fadenkreuz der An- und Ausbahnung einer sprachlich-reflexiven Durchdringung subjektiver Beziehungen zu städtischen Räumen.

Ähnliches meint Martino Stierli, wenn er Fotografie als »eine Art anthropologisch-ethnologische Feldforschung« beschreibt, die dem Ziel folgt, »die alltägliche urbane Umwelt in den Blick zu rücken«.[2] Darin klingt kein Programm der Dokumentation an, sondern das einer ästhetischen Explikation, die die *Kommunikation* subjektiver Verwicklungen in städtische Situationen anstrebt.[3] Diese läuft auf das Projekt einer thematisch akzentuierten Sichtbarmachung um-

---

[1] Flusser 1983, S. 74.
[2] Stierli 2011.2, S. 56.
[3] Ebd., S. 62.

und mitweltlicher Erlebnisqualitäten hinaus.[4] Sichtbar Gemachtes ankert im Bereich der Fotografie immer im Tatsächlichen, das der optischen Erfassung durch ein Subjekt zugänglich ist. Die Bildproduktion steht damit zwischen Objektivierung und Subjektivierung. Sie macht deshalb in einem einfachen Sinne auch nichts sichtbar, thematisiert vielmehr subjektive Beziehungen zu einem visuell Wahrnehmbaren, erfasst aber in diesem Zuge ganz wesentlich auch ephemere (z. B. atmosphärische) Ortsqualitäten.

Was »objektiv« auf der Seite des Wirklichen ist, existiert als solches nicht in einer einfachen Weise wie das *Faktum* zum Beispiel *dieser* Eiche genau an *dieser* Stelle. Wäre die Sache der Darstellung eines der Anschauung Würdigen und Bedürftigen so einfach, wäre Barthes punctum nicht von Nöten gewesen. Auch für Paul Strand stellte sich die Aufgabe der Fotografie als ein komplexes Projekt. Fotografie war für ihn »Instrument intuitiver Erkenntnis«[5]. Eine tentative Sensibilität für das zur Erscheinung Kommende war dabei vorausgesetzt. Nur auf der Grundlage einer Details gegenüber aufgeschlossenen Wahrnehmung lässt sich jenes punctum im Sinne des Wortes »aufnehmen«, das die Essenz einer Situation ausmacht, so dass es vom sensiblen Bildbetrachter in der kritischen Bildnahme auch wieder ent-deckt werden kann. Fotografie wird nun zu einem Projekt der Wahrnehmung, das einer spezifischen Aufgabe unterstellt ist – der *Ermöglichung* einer erweiterten Wahrnehmung. Auf einen Dritten, gleichsam externen Betrachter kommt es dabei nicht an, liegt ein wesentliches Ziel der Produktion des fotografischen Bildes doch darin, die *eigene* subjektive Wahrnehmung auf die Probe zu stellen, kritisch zu prüfen, im Medium des Bildes zu explizieren und diese Explikation für die Differenzierung der eigenen Wahrnehmung wieder in Anspruch zu nehmen. Das phänomenographische Projekt der Bildgebung ist so auch als eine Praktik der Sorge um das eigene Selbst im Sinne von Foucault zu verstehen – als Aspekt einer Kunst der Selbststeuerung.[6]

Auch Paul Strand betrachtete die Fotografie als eine Methode der Wahrnehmung. Zwar könne die Sache selbst nicht zum Vorschein

---

[4] Recht nahe an dieser Haltung der Fotografie – wenn auch diesseits phänomenologischer Konzeption – arbeiteten bekannte Sozialfotografen wie Thomson und in einem weiteren Sinne auch Hine.

[5] Strand, zit. bei Geimer 2009, S. 194.

[6] Vgl. Foucault 2004, S. 310.

kommen, aber die Fotografie könne ihr zu einem »lebendigen Ausdruck« verhelfen.[7] »Objektivität« könne sie nur verbürgen, wenn dem Objekt »Ehrfurcht« entgegengebracht werde.[8] Dies kann nur heißen, ein Objekt nicht in vorschnellen konsumistischen Gesten mit dem Apparat gleichsam zu verschlucken, sich seinem Erscheinen vielmehr zu öffnen und sich seinen Gesten der Äußerung zu widmen. Erkenntnistheoretische und ethische Argumente laufen damit auf eine Praxis der Fotografie hinaus, die eine Kultur der Distanz und Empathie zugleich reklamiert. Während der Begriff der Empathie im Allgemeinen auf die Gegenwart von Menschen (bedingt auch von Tieren) bezogen ist, wäre die Beanspruchung einer über die soziale Welt hinausgehenden Sensibilität (z. B. gegenüber Dingen) um ein Moment des Pathischen zu erweitern. Damit reklamiert sich die Verknüpfung kritischer Sensibilität gegenüber der eigenen Wahrnehmung einerseits und einer technischen Kultur der Bildnahme andererseits.

Auch in der visuellen Anthropologie von Gregory Bateson und Margaret Mead stand die Fotografie im Dienste eines erkenntnistheoretischen Programms.[9] Bateson und Mead setzten sie als wissenschaftliches Arbeitsmittel der Bildproduktion ein. Ähnlich wie schon zuvor Paul Strand vertraten sie die Auffassung einer »Objektivität« der mechanischen Kamera,[10] weshalb sie auch als »objektivierendes Mittel der Darstellung von Wirklichkeit herangezogen werden«[11] könne. Was Bateson und Mead unter Objektivität verstanden, unterscheidet sich von der Idee, etwas so zur Darstellung zu bringen, wie es »wirklich« ist. Objektivität meint nun *Objektivierung*, die sich als Resultat einer sukzessiven Herausarbeitung charakteristischer Merkmale eines Gegebenen herausschält. Dabei wird vorausgesetzt, dass der einem Programm *unterworfene* Apparat größere Erträge in der objektivierenden Annäherung an einen Gegenstand verspricht als sein technischer Automatismus. Die Kamera ist dann nicht – wie sie 1888 der Astronom Jules Janssen verstand – »Netzhaut des Wissenschaftlers«, sondern Arbeitsgerät, das systematisch zur ästhetischen

[7] Strand, zit. bei Geimer 2009.
[8] Ebd.
[9] Stierli 2011.2, S. 66.
[10] Ebd., S. 76.
[11] Ebd., S. 78.

Herausarbeitung eines Gegenstandes und damit auch eines Themas eingesetzt werden kann.

Die einem *phänomenographischen* Programm folgende Nutzung der Fotografie als Methode kann von der ihr eigenen Segmentierung, Fokussierung und Fixierung profitieren, wenn sie vor der Aufgabe steht, etwas Wirkliches im Medium des Bildes zu explizieren. Im Rahmen einer Phänomenologie der Stadt geht es trotz aller Orientierung am ganzheitlichen Erscheinen nie um »alles«, was es an einem Ort gibt. Die Konzentration auf herausgehobene Eindrücke, die zum Gegenstand *ästhetischer* Darstellung werden, kommt der phänomenologischen Reflexion entgegen. Auch das sich aus einem herumwirklichen Milieu Heraushebende erscheint insofern in einem ganzheitlichen Sinne, als auch etwas Begrenztes bzw. Isoliertes in komplexen Zusammenhängen (u.a. der Bedeutungen) und pluralen sinnlichen Dimensionen, also vor ganzheitlichen Horizonten erscheint. Der Vorzug der fototechnisch bedingten Fixierung eines Gegenstandes erwies sich schon in der Möglichkeit der vertiefenden Reflexion »großer« Bilder der Fotografiegeschichte. Einen erkenntnistheoretischen Wert hält die Fixierung auch in der Option der Bewusstmachung von Selbst- wie Weltbeziehungen bereit.

Der Akt ästhetischer Bild-Produktion setzt pathische Sensibilität für den ganzheitlichen Charakter von Situationen voraus. Erst wenn eine Situation in ihrer ganzheitlichen Verklammerung der sie zusammenhaltenden Bedeutungen erkannt ist, kann auch die *visuelle* Segmentierung einer aktuellen räumlichen Mikrologie in einer Weise gelingen, dass sich die Essenz einer Szene im punctum des Bildes verdichtet. Solche Sensibilität verlangt die Antizipation der Bildnahme (durch einen Bildrezipienten), ist sie doch nie eine einfache Rezeption im Sinne einer (semiotisch) »lesenden« Aneignung. Kein Bild wird nur in einem eingleisigen Wege *an*-gesehen. Vom Bild selbst geht eine leiblich affizierende Macht des Erscheinens aus. So sehen wir Bilder nicht nur an – sie sehen auch uns an, und das gilt ebenfalls, wenn nicht in besonderer Weise, für Bilder, die aus der subjektiven Perspektive selbst produziert worden sind. Sie »sehen« aber in einem anderen Sinne als wir mit den Augen die Dinge ansehen. Die Bilder sehen uns an, weil sie sich als Partner leiblicher Kommunikation über Bewegungssuggestionen und Gestaltverläufe zeigen und uns deshalb auch affektiv ansprechen.

Die in ihrem Erscheinen affizierenden Bedeutungen stellen entweder eine Beziehung zum Gezeigten her oder sie sind Spiegel einer solchen Beziehung. Fotografien bilden zwar in aller Regel etwas tatsächlich Existierendes ab. »Sichtbar« ist aber nicht allein die »Materialität« physischer Dinge. Genau genommen dürfte auch hier nur von jener Schicht der Dinge die Rede sein, die uns in der visuellen Wahrnehmung erscheint bzw. zugänglich ist. Aber nicht nur physische *Dinge* können im fotografischen Bild zur Anschauung gebracht werden, sondern ebenso das Licht, die Dunkelheit und das Halbdunkel. Deshalb verlangt die Bildnahme eine Sensibilität für das situative Zusammenwirken der stofflichen Dinge und der sie in bestimmter Weise zur Erscheinung bringenden Halbdinge. Zwar können manche Halbdinge (wie Helle und Dunkelheit) auch an sich im Bild erscheinen; in besonderer Weise wirken sie auf die atmosphärische »Einkleidung« der im physischen Raum wurzelnden Dinge ein. Die bewusste, pathisch sensible »Aufnahme« von Atmosphären verlangt ein *theoretisches* Bewusstsein der Bedeutung des punctum. Heinz Brüggemann bezeichnet das »punctum als unmittelbaren pathischen Effekt« des Bilderlebens.[12] Phänomenologisch relevante Gegenstände der Wahrnehmung und bildlichen Darstellung sind nicht zählbare Singularitäten, sondern emotional spürbar werdende Situationen, die oft atmosphärisch gegenwärtig sind.

Mit der Frage, was sich aus dem Bereich des Wahrnehmbaren in den der Sichtbarkeit übertragen lässt, stellt sich die nach den Methoden des überhaupt Visualisierbaren. Die Bildbeispiele in Kapitel 4 haben gezeigt, dass es keine gegenstandslogischen Grenzen gibt, das visuell Darstellbare also selbst keinen visuellen Charakter haben muss. Damit verschiebt sich die Frage auf eine ontologische Ebene. Andreas Haus merkt – bezogen auf die verschiedenen Seinsweise von visualisierbaren Themen, Gegenständen und Situationen – an, die Fotografie stelle nie Realität, sondern Wirklichkeit dar: »Realität *ist* – Wirklichkeit *geschieht*.«[13] Mit dem Wirklichen thematisiert er zugleich die Zeitlichkeit der Fotografie, in der sich die Wirklichkeit des Fotografen mit der des Fotografierten überlagert. Ihr zeitlicher Charakter erklärt sich schon aus der »lebendigen Wahrnehmung«, die das »Bild im weiteren Sinne als Dokument der Geschichte erkennbar«[14] hervorbringt. Der fest-stellende Charakter des fotografischen Bildes situiert die Methode mehr in der Zeit als im Raum der abge-

---

[12] Brüggemann 2007, S. 253.
[13] Haus 2000, S. 89.
[14] Ebd., S. 93.

bildeten Dinge. Das Roland Barthes'sche »Es ist so gewesen«[15] könnte den diachronischen Charakter der Fotografie nicht besser herausstellen. Die der Foto-Chemie geschuldete Fixierung der »Aufnahme« greift als mediale Inszenierung in die Ökonomie der Zeit ein, indem sie zum Stillstand bringt, was im Wirklichen nie zum Stillstand kommt. Mit der Herauslösung von Segmenten aus dem Fluss des Lebens greift das Bild in die affektive Verwurzelung der Menschen in den Lauf der Dinge ein. Die Zeitlichkeit der Fotografie hat eine zweite Dimension in den Affekten, denn im Modus der unterbrochenen Zeit fungieren die Affekte in einem synchronisierenden Sinne. Sie bringen die durch (persönliche) aktuelle Bedeutungen gestimmte Zeitlichkeit des Fotografen mit der Zeitlichkeit eines Bildgegenstandes zusammen. Die Zeit eines Bildes ist somit eine doppelte – die zerronnene Zeit des Bildgebenden und die auf andere Weise zerronnene Zeit dessen, was im Bild sichtbar wird.

In der Fixierung segmentiert das Bild ein der Visualisierung zugängliches Element aus dem Prozess eines permanent Wirkenden und sich Verändernden. Darin kommt auch der dialogische Charakter sogenannter »Aneignung« von Wirklichkeit – hier mittels des Bildes – zur Geltung. Was in der Bildnahme ein scheinbar nur optisches Gegenüber ist, suggeriert sich doch tatsächlich in seinem Aus-sich-heraus-Treten mehr als Partner leiblicher Kommunikation. Dies impliziert, dass sich die Möglichkeit einer im strengen Sinne des Wortes »analogen« (abbildenden) Darstellung gar nicht erst bietet. Die Bildproduktion dient einer in gewisser Weise zeitlich »konservierenden« Darstellung einer Wirklichkeit, die im (späteren) Bild-Erleben aus ihrer Segmentierung und Fixierung heraus erst wieder exhumiert werden muss. Folglich verbindet sich mit der Bildgebung im Rahmen einer phänomenographisch zweckorientierten Bildverwendung der antizipatorische Anspruch, die Herstellung des Bildes von vornherein auf die spätere Exhumierung hin zu entwerfen. Die Kompetenz zur phänomenographischen Bildgebung verlangt daher auch die Synthese von theoretischer, leiblicher und hermeneutischer Intelligenz.[16]

Sowohl Bildgebung wie auch Bildnahme sind als sprachlich gerahmte Situationen zu verstehen. Der Bildnahme gehen sprachlich explizierte bzw. verfasste Beziehungen zum Gegenstand des Bildes in aller Regel voraus, und die Rezeption setzt sich zumindest sektoral

[15] Barthes 1986, S. 126.
[16] Vgl. Schmitz 2010, S. 94.

ins Sprachliche durch. In beiden Prozessen geht aber nicht *jede* ästhetische Beziehung zu einem Bildgegenstand auch in Sprache auf. Nun liegt der konstruktivistische Einwand nahe, die ästhetische Potenz eines Bildes liege im Schatten der Sprache und die Bildrezeption orientiere sich von vornherein an kulturell zirkulierenden Schablonen wiederum sprachlicher Deutungen und Bedeutungen. Damit wäre aber vorausgesetzt, dass es keinen ästhetischen Ausdruck gibt, der nicht schon sprachlich geebnet wäre. Der gesamte Bereich der Kunst stünde damit in einem diskursiv bereits abgesteckten Feld. Kunst könnte schließlich nichts zur Anschauung bringen, das nicht schon sprachlich entfaltet vorliegen würde. Theoretische und ästhetische Rationalität stünden damit in einem Verhältnis der Komplementarität und es gäbe keine Zonen der Inkommensurabilität. Man könnte dann nur ins Bild setzen, was sich auch mit genau demselben Sinn und denselben Bedeutungen aus-*sprechen* ließe. Das ist aber nicht der Fall, denn schon im alltäglichen emotionalen Erleben drängen sich zahllose Eindrücke auf, für deren Aussage die Menschen »keine Worte finden« können. Dieser Mangel an sprachlicher Explizierbarkeit hat zu großen Teilen seinen Grund sicher im individuellen und (sub-)kulturellen Unvermögen des differenzierten Umgangs mit der Sprache. Die Differenz zwischen dem, was sich sagen lässt, im Unterschied zu dem, was spürbar ist, liegt aber auch darin begründet, dass sich nicht alles, was spürbar wird, in gleicher Bedeutung in die Form von Worten fügen lässt. Bild und Wort stehen zwar in einem zirkulären, aber gebrochenen Verhältnis zueinander. Deshalb macht Hermann Schmitz darauf aufmerksam, dass man nur zur Sprache bringen könne, was besprechbar[17], also der Sprache zugänglich sei. In der Tat gelingt den Menschen auf dem Boden ihrer unwillkürlichen Lebenserfahrung die sprachliche Verständigung über Gefühle auf einem weitgehend intuitiven Niveau. Auf der Schwelle der Rationalitäten vermittelt gerade die phänomenographische Bildproduktion eine Alphabetisierung der sinnlichen und leiblichen selbst- wie gegenstandsbezogenen Wahrnehmung städtischer Situationen *und* in der Folge dann auch eine Alphabetisierung der Sprache.

Subjektives Erleben städtischer Leibesinseln findet seinen fotografischen Ausdruck in besonderer Weise in solchen Bildern, deren punctum im Bereich veranschaulichter Atmosphären liegt. Damit provoziert sich die Frage nach deren Repräsentativität. Wofür steht

[17] Schmitz 2011, S. 173.

das Dargestellte? Von der Zuschreibung einer bestimmten Authentizität, die auf Identität verweist, hängt letztlich das Verstehen des sichtbar Gemachten ab. Wofür soll das Wahrgenommene und ins Bild Gesetzte gehalten werden? Als wessen Ausdruck soll es verstanden werden?

6. Zur Authentizität von Atmosphären

Was für die Fotografien von Lewis Hine, Paul Strand, Eugène Atget, Alfred Stieglitz und vielen anderen gilt, ist bei jenen Bildern kaum anders, die als ästhetisches Ausdrucksmedium im Rahmen eines phänomenographisch-phänomenologischen Projekts erst produziert werden. Auf dem essentiellen Niveau ihres punctum verdichten sie sich im ephemeren Ausdruck der Atmosphären. Wenn nach Roland Barthes der Referent am Bild stets haften bleibt, so gilt das nicht nur für im engeren Sinne visualisierbare Ansichten von Bildgegenständen, sondern auch für den atmosphärisch-ganzheitlichen Ausdruck einer Situation. Es kann an dieser Stelle vorausgesetzt werden, dass Atmosphären im Medium der Fotografie zur Anschauung gebracht werden können. An anderer Stelle habe ich dieses Thema zum Gegenstand einer ausführlichen Diskussion gemacht und mit zahlreichen Bildbeispielen illustriert, inwieweit Atmosphären im fotografischen Bild darstellbar sind.[1] Boris von Brauchitsch merkt in diesem Sinne an:

> »Fotografie hat im Hinblick auf Atmosphäre ein archäologisches Bedürfnis. Sie möchte sie offenlegen, konservieren und anschaulich, nach Möglichkeit ständig verfügbar machen, das Ephemere in eine Ewigkeit überführen [...] und sie ist dazu wie kein anderes Medium geeignet.«[2]

Umso mehr wird damit aber die *Authentizität* im Bild zur Erscheinung kommender Atmosphären denkwürdig. Das Thema ist indes untrennbar mit einem zweiten verbunden, dem der Authentizität des Erscheinens tatsächlicher Räume der Stadt. Bilder der Stadt bringen Atmosphären zur Anschauung, die sich in einem tatsächlichen Raum als herumwirkliche Vitalqualität konstituiert haben. Die Fotografie beansprucht Komplementarität zwischen der sinnlich wahrgenommenen Wirklichkeit der Situation einer Aufnahme und dem spürbaren Ausdruck des fotografischen Bildes. Indes läuft die sich

---

[1] Vgl. Hasse 2012.1.

[2] von Brauchitsch 2008, S. 186.

damit stellende Aufgabe auf eine Quadratur des Kreises hinaus, befindet sich die sinnlich plurale Welt im tatsächlichen Raum und die visuelle Welt der Bilder doch in keinem Verhältnis einfacher Komplementarität. Es kommt noch hinzu, dass die sinnliche Erfahrungswelt in ihren *Grenzen* durch den Blick einer wahrnehmenden Person abgesteckt wird, die visuelle »Welt« des Bildes aber an Bild-Rändern endet und in keinem tatsächlichen Raum je weitergeht. »Authentizität« heißt aber nicht »Identität« (als Einheit mit sich selbst)[3] und so stellt sich die Frage der Authentizität als eine der Ähnlichkeitsgrade, die sich am punctum entscheidet. Wird dieses in der Bildgebung verfehlt, mangelt es dem Bild letztlich auch an Authentizität. Diese ist jedoch auch dann, wenn sie sich im punctum wiederzuerkennen gibt, nicht gegen »Verfall« gesichert. Während das fixierte Bild in seiner Sichtbarkeit über die Zeiten hinweg beharrt, so nicht der Ausdruck, da er als etwas subjektiv Bedeutendes erst im Blick (bzw. im Eindruck) lebendig wird. Indem der Blick auf einen Gegenstand des Ästhetischen immer in einer Kultur der Wahrnehmung wurzelt, führen Verschiebungen im Spektrum kultureller Werte auch zu einem Verschwimmen der Bezugspunkte des Authentischen.

Das Problem des Authentischen im hier diskutierten Kontext ist seine bipolare Relativität. Auch dieses Thema wird noch einmal dadurch erschwert, dass sich vor die Frage nach der Authentizität einer im Bild dargestellten Atmosphäre die nach der Authentizität der Referenzwirklichkeit des Bildes schiebt. Das Differenz- und Ähnlichkeits-Verhältnis zwischen dem atmosphärischen Ausdruck einer Situation im tatsächlichen Raum und der Atmosphäre eines Bildes ist mannigfaltig und mit der Frage nach den Bezugspunkten des Authentischen verknüpft. Dies liegt nun zunächst und noch ganz allgemein darin, dass die mit etwas verbundenen Bedeutungen auf nicht immer evidente Weise zu- und ineinander geordnet sind. Die Ordnung von Bedeutungen verdankt sich im gesellschaftlichen Raum keinem Zufall, sondern programmatischer Relationierungen, die i.S. von Hermann Schmitz durch »chaotisch-mannigfaltige« Komplexität gekennzeichnet sind.[4] Authentizität setzt also auch eine Ähnlichkeit

---

[3] Vgl. auch Heidegger 1976.

[4] Für Schmitz ist eine Situation chaotisch-mannigfaltig, wenn in ihr »die einzelnen Sachverhalte, Programme und Probleme mehr oder weniger im Hintergrund verschlossen bleiben, obwohl sie auch den wahrgenommenen Sachen so eingegeben sind, daß sie in diesen oder als dies wahrgenommen werden« (2007, S. 67).

der mit einer Atmosphäre verbundenen Programmstruktur voraus, und zwar zwischen Bild und dessen Referenzwirklichkeit.[5]

Ein Beispiel liefert der in Frankfurt am Main ablaufende städtebauliche Prozess der architektonischen (Re-)Konstruktion einer begehbaren »mittelalterlichen« Szene durch eine historisierende Bebauung im Bereich des Römerberges. »Tatsächlich ist die Vorstellung, mit dem Dom-Römer-Areal wäre die Frankfurter Altstadt wiederzugewinnen, die emotionale Triebfeder der langjährigen Debatten.«[6] Es versteht sich aber von selbst, dass die historische Rekonstruktion, die mit High-Tech-Mitteln des Hochbaus durchgeführt wird, kein einziges mittelalterliches Haus in einem »authentischen« Sinne wird rekonstruieren können. Authentisch könnten die neuen alten Häuser auch dann nicht sein, wenn sie mit mittelalterlichen Baustoffen und Baumethoden errichtet würden. Authentisch kann eine mittelalterliche Bebauung nur sein, wenn sie in der Zeit des Mittelalters, also nicht nur mit den technischen Mitteln der Epoche, sondern auch auf dem Hintergrund ihrer Ideen- und Gefühlswelt erbaut worden wäre. Die historische Nicht-Authentizität mittelalterlich nur *erscheinender* Bauten sagt aber nichts über das Authentizitäts-*Erleben* der am Ende entstehenden Atmosphäre.

Planungspolitische Entscheidungen zur Forcierung historisierender Rekonstruktionsprojekte sind in ihrem Kern stets atmosphärologische Kalküle und damit kommunalpolitischen Programmen unterworfen. Was Gerhard Vinken als »postmoderne Heimatschutzästhetik« verballhornt,[7] hat sich demokratisch als durchsetzungsfähige Utopie eines neuen Erlebnis-Bildes der Stadt durchgesetzt. Solche Projekte richten sich nur am Rande an das Heimatgefühl der Stadtbürger. Sie sollen sich vor allem im interkommunalen Wettbewerb der Städte um Standorteigenschaften als repräsentative Raumbilder bewähren. Auch in früheren Jahrhunderten haben Politiker und mächtige gesellschaftliche Akteure oft zur großen Geste des Historismus gegriffen. Stets ging es dabei in erster Linie um die Herstellung einer Atmosphäre beeindruckender »alter« (Neu-)Bauten, die programmatisch für eine Welt der Bilder konzipiert waren. Bewirkungskalküle solcher Art gehen allenthalben auf. Auf zahllosen Frankfurter

[5] Es sei an dieser Stelle davon abgesehen, dass es im Bereich der Natur Atmosphären ohne Programm gibt.
[6] Vinken 2013, S. 121.
[7] Ebd., S. 129.

Ansichtskarten prangen jene historisierenden Bauten, die schon zwischen 1981 und 1984 an der sogenannten Ostzeile des Römerbergs errichtet worden sind. Die Atmosphäre des Platzes, die schon lange wirkmächtig mit dem Image der Stadt verschweißt ist, kündet von der Macht der *Visiotype*[8]. Dabei ist die Frage nach »Echtheit« ohne Bedeutung; es kommt allein auf kommunizierbare Wirkungen an. Wenn also rekonstruierte Bauten im Sinne eines Echten und historisch Unverfälschten schon nicht authentisch sind, wie kann es dann die Atmosphäre einer auf diese oder ähnliche Weise inszenierten Szene sein?

Das Thema spitzt sich auf dem Niveau der Bilder noch einmal dadurch zu, dass diese – im Unterschied zu tatsächlich erscheinender Wirklichkeit an einem Ort – fototechnische bzw. computertechnische Hervorbringungen sind. Ein Bild erfordert vielfältige technische Aktionen, bevor als authentisch erscheinen kann, was in einem Akt unmittelbarer Herstellung erst sichtbar *gemacht* worden ist. An einem Bildbeispiel aus dem Werk von Atget (Ecke Rue de Seine und Rue de L'Échaudé, Paris 1924) illustriert von Brauchitsch die Möglichkeiten der manipulativen Konstruierbarkeit eines atmosphärischen Bildausdrucks durch Dunkelkammer-Techniken des Kontrastes, der Tonung, der partiellen (Nach-)Belichtung sowie anderer Wege der Einflussnahme auf den Ausdruck eines Bildes.[9] Die Möglichkeit der fototechnischen Einschreibung einer Atmosphäre in ein Negativ oder einen Papierabzug kommt der Authentizität eines Bildes so viel entgegen, wie sie diese auch zunichte machen kann. Damit stellt sich die Frage nach dem authentischen Ausdruck einer Fotografie als eine der Angemessenheit der Methoden, den Eindruck einer Referenzwirklichkeit im Sinne des punctum treffend wiederzugeben. Sofern Techniken der Bildgestaltung und -produktion zur Vermittlung eines authentischen Eindrucks führen können, gewinnt die Frage der Authentizität noch an Eindringlichkeit.

Eine kunsthistorisch parallele Debatte wurde um die Mitte des 19. Jahrhunderts geführt. Dabei ging es um die wahrnehmungstheoretischen Effekte der Unschärfe in der Malerei sowie, bezogen auf die Seite der Produktion wie die der Rezeption, mittelbar um Authentizitäts-Fragen. Der Realismus in der Malerei zeigt, dass die Möglichkeit der Erzielung großer Schärfe in der detaillierten Darstellung der

---

[8] Vgl. Pörksen 1997.

[9] Vgl. von Brauchitsch 2008, S. 181.

Dinge nicht erst der Fotografie bedurfte. Die Debatte machte schnell klar, dass optische Schärfe des Bildes aber nicht schon a priori auch die Genauigkeit des im Bild Dargestellten förderte. So hatte Baudelaire die erbarmungslose Schärfe und Detailgetreue des Dargestellten in der Malerei als einen »gnadenlos dummen Realismus« disqualifiziert.[10]

> »Der Affekt gegen das Detail war freilich auch ein Affekt gegen die an Einfluß gewinnende Naturwissenschaft. Der damit verbundene Streit drehte sich primär um eine Ortsbestimmung der Wahrheit.«[11]

Immer wieder werden Debatten um ästhetische Ausdruckskulturen (im Gemälde, in der Fotografie, in der Situations- und Zeitangemessenheit der Rede usw.) von ethischen Werten, politischen Interessen und anderen Ausstrahlungen des Zeitgeistes unterströmt. Dies impliziert, dass es kein Ausschlussverhältnis gibt, wonach das im Bild in optischer Schärfe Erscheinende wahr oder authentisch wäre und das unscharf Gemachte den berechtigten Verdacht der Täuschung auf sich ziehen müsste. Die verwischte Unschärfe der Gemälde, die William Turner in einer späten Phase seines Schaffens besonders bekannt machten, evoziert gerade durch atmosphärologische Techniken authentische Gefühle. Das gleiche lässt sich für einen großen Teil der Gemälde von Franz Radziwill sagen, obwohl seine Bilder den Stil des magischen Realismus repräsentieren und sich durch außerordentliche Schärfe im Detail auszeichnen. Deshalb verdienen sie aber nicht das Urteil eines »gnadenlos dummen Realismus« im Sinne von Baudelaire. Authentisch an Randziwills Bildern ist nichts Wirkliches, das man in den von ihm gemalten – oft fiktiven – Gegenden je hätte »sehen« können. Authentisch ist vielmehr die subtil im Medium des Ästhetischen explizierte Kultur-, Technik- und Zivilisationskritik.

Wenn zum Teil noch heute unscharfe Bilder »das schon seit der Romantik bestehende Verlangen nach einer atmosphärischen, ›musikalischen‹ Kunst befriedigen«[12] können, so steckt auch im Verlangen nach einem visuell vermittelten Gefühlserleben ein spezifischer Authentizitätswunsch. Um die Mitte des 19. Jahrhunderts kritisierte der Landschaftsfotograf Alfred H. Wall

[10] Vgl. Ullrich 2009, S. 26.
[11] Ebd., S. 26.
[12] Ebd., S. 28.

»viele Fotografen, weil sie die malerisch-atmosphärischen Wirkungen ihres »Mediums vernachlässigten und den Eindruck einer Landschaft etwa dadurch zerstörten, daß sie unter Mißachtung der Luftperspektive, nach einer scharfen Horizontlinie strebten.«[13]

»Malerische« Landschaften galten dann als besonders authentisch, wenn sie durch eine gewisse Unschärfe »verzeichnet« waren.

Die Frage des Zusammenhangs von Schärfe und Authentizität diskutierte schon Georg Simmel in seinem Buch über Rembrandt. Natürlich ging es ihm dabei um die Un-/Schärfe in der Malerei; aber die von ihm vorgetragenen Argumente lassen sich im Prinzip bruchlos auf die Fotografie übertragen. Die Differenzierung der Schärfe implizierte für Simmel die partielle Produktion von Unschärfe. »Besonders durch die Graduierung der Deutlichkeiten [lasse sich] dem Ganzen [der] Hauch e i n e s Lebens«[14] einflößen. Darin klingt der Wunsch nach der *authentischen* Wiedergabe eines ganzheitlichen Eindrucks an, zumal es Simmel nicht um die generelle Lebendigkeit einer dargestellten Szene ging, sondern um die Individualität und damit die besondere Einmaligkeit »eines« Lebens. Zur maximalen Schärfe – Simmel sprach von geometrischer bzw. mathematischer Korrektheit – merkte er an: »Die geometrisierende Tendenz und die scharfe Deutlichkeit alles Vorgeführten sind nur zwei Ausdrücke für dieselbe rationalistische Gesinnung«[15], als deren Ausdruck er auch die Gleichmäßigkeit sah, die »nur das Gegenteil des wirklichen Seherlebnisses«[16] sei:

»Wo das Bild der Dinge vom L e b e n aufgenommen und in seiner Wiedergabe von diesem getränkt ist, da ist auch Ungleichmäßigkeit der Durchführung gegeben, Vorder- und Hintergrund nicht nur in einem räumlichen, sondern auch in einem qualitativen Sinne.«[17]

In den Zonen der Unschärfe kehrt Ungleichmäßigkeit im gemalten wie fotografierten Bild wieder. Wo die Unschärfe den Eindruck einer Fotografie auf charakteristische Weise prägt, ist dies – von verwackelten Knipser-Bildern abgesehen – aus Gründen der Erzielung eines (authentischen) atmosphärischen Ausdrucks in aller Regel beabsichtigt. Die hergestellte Unschärfe ist dann kein Mittel der Verschleie-

[13] Ebd., S. 29.
[14] Simmel 1916, S. 62.
[15] Ebd., S. 60.
[16] Ebd., S. 60 f.
[17] Ebd., S. 61.

rung von Authentizität, sondern – eher umgekehrt – eines ihrer ästhetischen Präzision. Ob solche Praktiken gelingen, ist nur zu einem kleinen Anteil eine Frage geeigneter Techniken, vielmehr aber eine der ästhetischen Professionalität der Bildgestaltung. Das Bild »Winter Fifth Avenue«, das Stieglitz 1893 aufnahm (s. Abb. 22, S. 190), ist als Folge einer fototechnischen Entscheidung in diesem Sinne unscharf (s. auch Kapitel 4.4.3). Mit anderen Worten: Stieglitz verfolgte das Ziel, eine von ihm (zu einem früheren Zeitpunkt als dem der Aufnahme dieses Bildes[18]) erlebte Atmosphäre in einer Weise ins fotografische Bild zu übertragen, die seinem Erleben möglichst ähnlich sein sollte. Ein Mittel zur Erreichung dieses Zieles bot sich für ihn in der Verwendung einer unscharfen Abbildungstechnik. Der Rauigkeit des Wetters, die nicht klare und reine, vielmehr verhangene Sicht sollte in einer gewissen Undeutlichkeit des Bildes eine atmosphärisch *authentische* Entsprechung finden. Unschärfe ist ein synästhetisches Ausdrucksmittel, das an bestimmte – situationsspezifische – Gefühle appelliert. Auch die Verteilung von Schärfe und Unschärfe in Stieglitz' Bild »From the Back Window« (s. Abb. 23, S. 192) dient der Zuspitzung atmosphärischer Authentizität, die der wirklichen Szene schon deshalb nicht entsprochen haben kann, weil die spezifischen Lichthöfe einiger Fenster allein Produkt der Anwendung aufnahme- und labortechnischer Methoden sind und in der Wirklichkeit des Ortes so nicht vorkommen konnten. Darauf kommt es aber in der Frage der Authentizität nicht an. Die Authentizität der Atmosphäre eines Ortes zu einer bestimmten Zeit ist also von jener atmosphärischen Authentizität zu unterscheiden, die im auratischen Potential eines hergestellten Bildes zur Anschauung kommt. Diese ist wiederum nicht mit jener Authentizität identisch, die ein Bildbetrachter in seiner persönlichen Situation der Bildnahme empfindet. So mag das begehbare Bild der in den 1980er Jahren auf dem Frankfurter Römerberg inszenierten ersten »mittelalterlichen« Bebauung dem schlecht informieren Touristen als authentisch-mittelalterliche Atmosphäre

[18] Das atmosphärisch so zudringliche Bild ist keine Spontanaufnahme, sondern Produkt einer bildgebenden Planung. So hat Stieglitz eine Reihe von Vorstudien gemacht, in deren Auswertung er sich auch dann für das letztlich eingesetzte technische Arrangement entschieden hat. Im Übrigen sind bei Berufsfotografen vorbereitende Bildstudien zur ästhetischen und technischen Abtastung eines im Einzelfall Bildbaren Teil professionellen Vorgehens. Der »Schnappschuss« gehört eher in das Verhaltensmuster des sog. Hobby-Fotografen, der nicht nur bei Vilém Flusser leicht abwertend auch als »Knipser« angesprochen wird.

erscheinen, dem mit der Architekturgeschichte der Stadt vertrauten Kulturkritiker dagegen als authentische Atmosphäre der Fälschung bzw. dissuasiven Stadtästhetisierung. Wir haben es also mit verschiedenen *Situationen* zu tun, in denen sich ein affizierbares Subjekt auf je eigene Weise in eine Beziehung zu einer Situation des Erscheinens setzt.

Wie jedes Ausdrucksmittel, so steht auch der Gebrauch der Unschärfe unter dem Einfluss der Moden. Auf den gegenwärtigen Einsatz der Unschärfe in der fotografischen Bild-Produktion bezogen, merkt Boris von Brauchitsch an:

»Sie steht nicht mehr für das Bemühen um eine künstlerische Aura, die mit Weichheit dem Auge schmeichelt, sondern, im Gegenteil, auch für besondere Authentizität. Die Unschärfe ist Ausdruck [...] des Versuchs, etwas Reales mit den verfügbaren (jedoch unzureichenden) technischen Mitteln erkennbar zu machen.«[19]

Dem kulturindustriell gezüchteten Wunsch nach Authentizität liegt im Bereich der Fotografie ein naives Identitätsdenken zugrunde. Danach wird die Möglichkeit der authentischen Übertragung eines situativ verwurzelten Eindruckserlebens in ein bildliches Ausdrucksmedium vorausgesetzt. Diesem Denken liegt die Idee zugrunde, die situativ aufscheinende Atmosphäre eines Ortes könne mit allen an sie gebundenen Gefühlen in einem fotografischen Bild konserviert und in der Folge nach Belieben wieder abgerufen werden. Das damit verbundene Authentizitäts-Konzept geht von der Vorstellung eines »Eigentlichen« aus, das auch über Vermittlungswege hinweg in seinem Bestand erhalten werden kann. Von diesem kulturindustriell geweckten Begehren eines Authentischen ist der philosophische Begriff der Authentizität zu unterscheiden.

Bei Martin Heidegger steht das Authentische für das Unverfälschte und »Eigentliche«[20]. Ähnlich ist es bei Lévi-Strauss das in primitiven Kulturen noch im persönlichen Kontakt Bewahrte.[21] Auch in der Existenzphilosophie erhebt sich das »eigentliche« Dasein aus der »Abkehr vom Zustand der Uneigentlichkeit«[22]. Das existenzphilosophische Denken des Authentizitäts-Begriffes verspricht in seiner Verknüpfung mit philosophischen Wahrheitsfragen keinen Lösungs-

---

[19] von Brauchitsch 2008, S. 176.
[20] Krückeberg 1971, Sp. 692.
[21] Vgl. ebd.
[22] Bollnow 1993, S. 42 f.

weg in der hier anstehenden Frage nach der Authentizität bildlich dargestellter Atmosphären. Auch die Trennung zwischen »echt« und »unecht« führt nicht weiter, erweisen sich doch offensichtlich gefälschte Szenen durchaus als Medien authentischen *Erlebens*. Die Ökonomie des Tourismus lebt geradezu von diesem Widerspruch.

Es soll daher zwischen einer Authentizität der Dinge und Halbdinge zum einen und einer Authentizität der Gefühle zum anderen unterschieden werden. Die Authentizität der Gefühle setzt die der Dinge nicht voraus. Das heißt, auch nicht-authentische Dinge, wie die auf dem Frankfurter Römerberg rekonstruierten mittelalterlichen Fachwerkhäuser, vermögen (als Folge technisch gekonnter Fälschung sowie mangelhaften Wissens um ihren Fälschungscharakter) das authentische Gefühl »echt alter« Bauten zu vermitteln. Noch das offensichtlich Gefälschte und als solches Entlarvte kann authentische Atmosphären suggerieren.

Als »authentisch« verstehe ich solche Gefühle, die – ungeachtet der Frage nach der Authentizität einer Referenzwirklichkeit – im subjektiven Erleben auf dem Hintergrund einer aktuellen persönlichen Situation Autorität beanspruchen. Authentizität wird dabei nicht in irgendeinem »Original« gleichsam *hinter* den Bildern gesucht. Sie ist allein *situativ* begründet und misst sich an der leiblich ergreifenden Macht der Gefühle.

Auch die Haut der Stadt, ihr Gesicht wie ihr Leib erscheinen uns immer aus dem Rahmen von persönlichen und oft auch gemeinsamen Situationen mit den ihnen anhängenden Bedeutungen. Diese Bedeutungen sind es letztlich, die uns in ihrer Verklammerung mit Programmen und Problemen dieses oder jenes als atmosphärisch *authentisch* erscheinen lassen – in der tatsächlichen Welt der Stadt wie in ihren medialen Milieus. In der phänomenologischen Reflexion des gelebten Raumes bilden diese Gefühle in ihrer Authentizität Gerinnungspunkte der Fragwürdigkeit. Gerade wo das Erleben städtischer Leibesinseln über den Ausdruck orts- wie quartiersspezifischer Gesichter als authentisch empfunden wird, stellt sich die Frage nach der Vermittlung eines solchen Befindens durch kulturelle, ökonomische und politische Bewirkungen. An diesem Punkt verbindet sich Phänomenologie auf fruchtbare Weise mit Gesellschaftstheorie. Als eine Mikrologie der Kritik wird sie in der Analyse komplexer gesellschaftlicher Verhältnisse (nicht nur) der Stadt unverzichtbar.

Literaturverzeichnis

Adam, Hans Christian (Hg.) Paris. Eugène Atget 1857–1927. Mit einem Essay von Andreas Krase. Köln 2008.

Alain, Émile Chartier, zit. bei Sartre, Jean-Paul: Die Transzendenz des Ego. Drei Essays. Hamburg 1964.

Anders, Günther: Ikonomanie. In: Wolfgang Kemp (Hg.): Theorie der Fotografie III. 1945–1980. München 1983, S. 108–113.

Barth, Heinrich: Philosophie der Erscheinung. Eine Problemgeschichte. Erster Teil. Altertum und Mittelalter. Basel 1947.

Barth, Heinrich: Philosophie der Erscheinung. Ein Problem der Geschichte. Zweiter Teil. Neuzeit. Basel 1959.

Barthes, Roland: Die helle Kammer. Bemerkung zur Photographie (Original 1980); übersetzt von Dietrich Leube. Frankfurt/M. 1985.

Baudrillard, Jean: Laßt euch nicht verführen! Berlin 1983.

Baudrillard, Jean: Das perfekte Verbrechen (Original 1994). In: Hubertus von Amelunxen (Hg.): Theorie der Fotografie IV. 1980–1995. München 2000, S. 256–260.

Bazin, André: Ontologie des fotografischen Bildes. In: Wolfgang Kemp (Hg.): Theorie der Fotografie III. 1945–1980. München 1983, S. 59–64.

Bazin, André: Ontologie des photographischen Bildes. In: Fischer, Robert (Hg.): Was ist Film? André Bazin. Berlin 2004, S. 33–42.

Becker, Ilka: Fotografische Atmosphären. Rhetoriken des Unbestimmten in der zeitgenössischen Kunst. München 2010.

Benjamin, Walter: Kleine Geschichte der Photographie. In: Ders.: Das Kunstwerk im Zeitalter seiner technischen Reproduzierbarkeit. Frankfurt/M. 1977, S. 47–64.

Benthien, Claudia: Haut. Literaturgeschichte – Körperbilder – Grenzdiskurse. Reinbek 1999.

Bergson, Henri: Die Wahrnehmung der Veränderung. Vorträge Universität Oxford am 26. und 27. Mai 1911. In: Ders.: Denken und schöpferisches Werden. Aufsätze und Vorträge (aus dem Italienischen von Leonore Kottje). Hamburg 1985, S. 149–179.

Bianchi, Paolo: Der urbane Blick auf das »Lebenskunstwerk Stadt«. In: Kunstforum International, Band 218 (2012), S, 33–47.

Böhme, Gernot: Atmosphäre. Essays zur neuen Ästhetik. Frankfurt/M. 1995.

Böhme, Gernot: Architektur und Atmosphäre. München 2006.

Böhme, Gernot: Die Stimme im leiblichen Raum. In: Ders.: Atmosphäre. Essays zur neuen Ästhetik. Berlin 2013, S. 159–168.

Bohnsack, Ralf: Qualitative Bild- und Videointerpretation. Die dokumentarische Methode. Opladen/Farmington Hills 2011.

Bollnow, Otto Friedrich: Mensch und Raum. Stuttgart u. a. 1963.

Bollnow, Otto Friedrich: Schriften in 12 Bänden (hgg. von Boelhauve, Ursula / Gudrun Kühne-Bertram / Hans-Ulrich Lessing / Fridhjof Rodi). Band 4: Lebensphilosophie und Existenzphilosophie. Würzburg 2009.

Bollnow, Otto Friedrich: Existenzphilosophie und Pädagogik (Original 1959). Stuttgart u. a. 1968.

Boness, Stefan: Southern Street. Berlin 2010.

Bourdieu, Pierre: Der »barbarische Geschmack«. In: Wolfgang Kemp (Hg.): Theorie der Fotografie III. 1945–1980. München 1983, S. 182–190.

Bourdieu, Pierre: »Die gesellschaftliche Definition der Photographie« (Original 1965). In: Bourdieu, Pierre/Boltanski, Luc u. a.: Eine illegitime Kunst. Die sozialen Gebrauchsweisen der Photographie. aus dem Französischen von Udo Rennert. Hamburg 2006, S. 85–109.

Brüggemann, Heinz: Walter Benjamin über Spiel, Farbe und Phantasie. Würzburg 2007.

Burgin, Victor: Einleitung zu »Thinking Photography«. In: Wolf, Herta (Hg.): Diskurse der Fotografie. Fotokritik am Ende des fotografischen Zeitalters. Frankfurt/M. 2003, S. 25–37.

Burgin, Victor: Fotografien betrachten (Original 1977). In: Kemp, Wolfgang (Hg.): Theorie der Fotografie III (1945–1980). München 1999, S. 251–260.

Burgin, Victor: Work and Commentary (Original 1973). In: Streitberger, Alexander (Ed.): Situational Aesthetics. Selected Writings by Victor Burgin. Leuven 2009, S. 15–41 (2009.1).

Burgin, Victor: Photographic Practice and Art Theory (Original 1975): Streitberger, Alexander (Ed.): Situational Aesthetics. Selected Writings by Victor Burgin. Leuven 2009, S. 63–105 (2009.2).

Cassirer, Ernst: Gesammelte Werke. Hamburger Ausgabe. Bad 13: Philosophie der symbolischen Formen. Dritter Band. Phänomenologie der Erkenntnis. Darmstadt 2002.

»CIAM« Erklärung von La Sarraz. In: Conrads, Ulrich (Hg.): Programme und Manifeste zur Architektur des 20. Jahrhunderts. (= Bauwelt Fundamente 1). Basel / Bosten / Berlin 2001, S. 103–106.

Clarke, Graham: Alfred Stieglitz. London 2006.

Conrath-Scholl, Gabriele: Sichtweisen – Notizen zum Werk von August Sander. In: Photographische Sammlung / SK Stiftung Kultur. Fondation Henri Cartier-Bresson (Hg.).: August Sander. Sehen, Beobachten und Denken. Photographien. Bonn 2009, S. 11–23.

Dahlmann, Alfred: Vom Hafen zur Medienmeile. In: Johnsen, Katrin (Hg.): Medienmeile Hafen Düsseldorf. Wuppertal 1997, S. 10–15.

Diaconu, Mădălina: Hautstadt. Eine Dermatologie des urbanen Raums. In: Dies.: Sinnesraum Stadt. Eine multisensorische Anthropologie. Wien und Münster 2007, S. 99–119.
Domhardt, Konstanze Sylva: The Heart of the City. Die Stadt in den transatlantischen Debatten der CIAM 1933–1951. Zürich 2012.
Dubois, Philippe: Der fotografische Akt. Versuch über ein theoretisches Dispositiv (Original 1990); aus dem Französischen von Dieter Hornig; hgg. und mit einem Vorwort von Herta Wolf (= Geschichte und Theorie der Fotografie, Bd. 1). Amsterdam und Dresden 1998.
Dubois, Philippe: Der fotografische Akt. Versuch über ein theoretisches Dispositiv (Original 1990); aus dem Französischen von Dieter Horniog; hgg. und mit einem Vorwort von Herta Wolf (= Geschichte und Theorie der Fotografie, Bd. 1). Amsterdam und Dresden 1998.
Dürckheim, Graf Karfried von: Erlebensformen. Ansatz zu einer analytischen Situationspsychologie. Ein Beitrag zur Psychologie des Erlebens. In: Archiv für die gesamte Psychologie, XLVI. Band. Hgg. von W. Wirth. Leipzig 1924, S. 262–350.
Dürckheim, Karlfried Graf von: Untersuchungen zum gelebten Raum. Erlebniswirklichkeit und ihr Verständnis. Systematische Untersuchungen II. In: Neue Psychologische Studien. Hgg. von Felix Krüger, 6. Bd. 1932. München, S. 383–480.
Düwel, Jörn / Hannes Stimmann: Fotografische Analyse. In: Dies.: Heimat auf Trümmern. Städtebau in Lübeck 1942–1959. Berlin 2013, S. 25–50.

Eckardt, Frank: Soziologie der Stadt. Bielefeld 2004.
Eisinger, Angelus: Urbanität. Ein Element zeitgemäßer Stadtpolitik? In: Hilber, Marie Luise / Ayda Ergez (Hg.): Stadtidentität. Der richtige Weg zu Stadtmarketing. Zürich 2004, S. 93–103.
Elias, Norbert: Gesammelte Schriften, Bd. 3. Über den Prozess der Zivilisation. Soziogenetische und psychogenetische Untersuchungen. Berlin 1997.
Ellgring, Heiner: Mimischer Ausdruck von Emotionen- Assoziation und Dissoziation von Erleben und Verhalten. In: Großheim, Michael /Volke, Stefan (Hg.): Gefühl, Geste, Gesicht. (= Neue Phänomenologie, Bd. 13), Freiburg und München 2010, S. 56–87.
Endell, August: Die Schönheit der großen Stadt (Original 1908). Berlin 1984.
Endell, August: Die Schönheit der großen Stadt (Original 1908). In: Ders.: Vom Sehen. Texte 1896 bis 1925, hgg. von Helge David. Basel, Berlin, Boston 1995.
Erdheim, Mario (zus. mit Maya Nadig): Psychoanalyse und Sozialforschung. In: Erdheim, Mario (1988): Psychoanalyse und Unbewußtheit in der Kultur. Frankfurt am Main 1994, S. 61–82.
Färber, Alexa: Untiefen des Kulturellen: ethnographisch-fotografische Reproduktion von Oberflächen in der Stadtforschung. In: Österreichische Zeitschrift für Volkskunde LXVII/116, 2013, Heft 1+2, S. 199–219.
Fayet, Roger: Reinigungen. Vom Abfall der Moderne zum Kompost der Nachmoderne. Wien 2003.

Filipović, Zoran / Hans Koschnick / Claus Leggewie: Entseeltes Land. Über Bosnien Kulturzerstörung und unsere Zukunft. Freiburg u. a. 1995.

Fleck, Ludwik: Krise in der Wissenschaft. Zu einer freien und menschlicheren Wissenschaft (Original 1960). In: Werner, Sylwia / Klaus Zittel: Denkstile und Tatsachen. Gesammelte Schriften und Zeugnisse. Berlin 2011, S. 466–474.

Flusser, Vilém: Für eine Philosophie der Fotografie. Göttingen 1983.

Flusser, Vilem: Fassaden: Masken, Personen. In: ARCH+ Heft 111 (1991/92), S. 64–65.

Flusser, Vilém: Die Geste des Fotografierens. In: Ders.: Gesten – Versuch einer Phänomenologie. Frankfurt/M. 1994, S. 100–118.

Flusser, Vilém: Gesten. Versuch einer Phänomenologie. Frankfurt/M. 1995.

Flusser, Vilém: Fotografieren als Lebenseinstellung: In: Hubertus von Amelunxen (Hg.): Theorie der Fotografie IV. 1980–1995. München 2000, S. 84–88 (2000.1).

Flusser, Vilém: Fotokritik. In: Hubertus von Amelunxen (Hg.): Theorie der Fotografie IV. 1980–1995. München 2000, S. 190–194 (2000.2).

Foucault, Michel: Technologien des Selbst. In: Foucault u. a.: Technologien des Selbst. Frankfurt/M. 1993, S. 24–62.

Foucault, Michel: Hermeneutik des Subjekts (Original 1981/82). Frankfurt/M., 2004.

Funke, Dieter: Die dritte Haut. Psychoanalyse des Wohnens. Gießen 2006.

Gebhard, Gunther / Tino Heim / Karl-Siegbert Rehberg (Hg.): »Realität« der Klassengesellschaft – »Klassengesellschaft« als Realität? Münster 2007.

Gramsci, Antonie: Die historische Funktion der Stadt (Original 1920). In: Riechers, Christian / Wolfgang Abendroth (Hg.): Antonio Gramsci. Philosophie der Praxis. Eine Auswahl. Frankfurt/M. 1967, S. 49–53.

Griffero, Tonino: Aesthetics of Emotional Spaces. Farnham / Burlington 2014.

Grimm Jacob / Wilhelm Grimm: Deutsches Wörterbuch. München 1991.

Grimm, Jacob: Deutsche Mythologie (Original 1877). Wiesbaden 2003.

Großheim, Michael: Der Situationsbegriff in der Philosophie. In: Schmoll, Dirk / Andreas Kuhlmann (Hg.): Symptom und Phänomen (= Neue Phänomenologie Band 3). Freiburg und München 2005, S. 114–149.

Großheim, Michael / Volke, Stefan: Ausdruck – Erinnerung an ein Thema. In: Dies. (Hg.): Gefühl, Geste, Gesicht. (= Neue Phänomenologie, Bd. 13), Freiburg und München 2010, S. 9–17.

Guardini, Romano: Die Begegnung (Original 1928). In: Bollnow, Otto Friedrich / Romano Guardini: Begegnung und Bildung. Würzburg 1965, S. 9–24.

Habert, Judith: Famous Quotes by photographer Berenice Abbott. In: http://photography.about.com/od/famousphotogquotes/a/Famous-Quotes-By-Photographer-Berenice-Abbott.htm (10. 08. 2014).

Hannavy, John: Headingly, Adolphe Smith. In: Ders. (Ed.): Encyclopedia of nineteenth-century photography. Band 1, New York / London 2008, S. 644.

Hasse, Jürgen: Die Wunden der Stadt. Für eine neue Ästhetik unserer Städte. Wien 2000.

Hasse, Jürgen: Fundsachen der Sinne. Eine phänomenologische Revision alltäglichen Erlebens (= Neue Phänomenologie Band 4). Freiburg und München 2005.

Hasse, Jürgen: Friedhöfe für ertrunkene Seeleute. Ein Beispiel zur sepulkralkulturellen Bedeutung räumlicher Grenzen auf Friedhöfen. In: Emder Jahrbuch für historische Landeskunde Ostfrieslands, Bd. 85/2005, Aurich 2006, S. 120–135.

Hasse, Jürgen: Unbedachtes Wohnen. Lebensformen an verdeckten Rändern der Gesellschaft. Bielefeld 2009.

Hasse, Jürgen: Atmosphären der Stadt. Aufgespürte Räume. Berlin 2012 (2012.1).

Hasse, Jürgen: Atmosphären im Raum der Stadt. Raumerleben diesseits der Dinge. In: Ausdruck und Gebrauch, Heft 11 (2012), Themenheft Raum und Erleben. Über Leiblichkeit, Gefühle und Atmosphären in der Architektur, hgg. von Achim Hahn, S. 84–107 (2012.2).

Hasse, Jürgen: Brownfields – Characteristics and Atmosphere. In: Baum, Martina / Kees Christiaanse (Ed.): City As Loft. Adaptive Reuse for Sustainable Urban Development. Zürich 2012, S. 52–58 (2012.3).

Hasse, Jürgen: Was Räume mit uns machen – und wir mit ihnen. Kritische Phänomenologie des Raumes. Freiburg und München 2014 (2014.1).

Hasse, Jürgen: Der Leib der Stadt. In: STUDIA PHÆNOMENOLOGICA, Jg. 2014 (2014.2).

Hasse, Jürgen / Oliver Müller: Zur atmosphärischen Qualität von Architektur. In: UniReport, Jg. 47 (Goethe-Universität Frankfurt am Main), Nr. 2 vom 07. April 2014.

Haus, Andreas: Fotografie und Wirklichkeit. In: Hubertus von Amelunxen (Hg.): Theorie der Fotografie IV. 1980–1995. München 2000, S. 89–93.

Hauser, Susanne: Architektur, Körper, Sprache. Anmerkungen zu einer Selbstbeobachtung der Coop Himmelblau. In: Wolkenkuckucksheim, 2. Jg. Heft 2, Jg. 1997; http://www.cloud-cuckoo.net/openarchive/wolke/deu/Themen/972/Hauser/hauser_t.html (Abruf: 06. 01. 2014).

Häußermann, Hartmut / Walter Siebel: Stadt und Urbanität. In: Merkur, Nr. 577 (1997), S. 293–307.

Haworth-Booth, Mark: Preface. In: Strand, Paul: With an Essay by Mark Haworth-Booth. New York 1987.

Heidegger, Martin: Identität und Differenz (Original 1957). Pfullingen 1976.

Heidegger, Martin: Was heißt Denken? (Original 1951/52). Tübingen 1997.

Heidegger, Martin: Bauen Wohnen Denken (Original 1951). In: Führ, Eduard (Hg.): Bauen und Wohnen. Martin Heideggers Grundlegung einer Phänomenologie der Architektur. Münster u. a. 2000, S. 31–49.

Helle, Horst Jürgen: Der urbanisierte Mensch? In: Glaser, Hermann [Hg.]: Urbanistik. München 1974, S. 13–27.

Hellpach, Willy: Sinne und Seele. Zwölf Gänge in ihrem Grenzdickicht. Stuttgart 1946.

Hellpach, Willy: Mensch und Volk der Großstadt. Stuttgart 1952.

Henkel, Katharina / Lena Nievers (Hg.): Franz Radziwill. Meisterwerke aus privaten Sammlungen. Köln 2011.

Herlyn, Ulfert: Zum Bedeutungswandel der öffentlichen Sphäre. Anmerkungen zur Urbanitätstheorie von H. P. Bahrdt. In: Siebel, Walter: Die europäische Stadt. Frankfurt/M. 2004, S. 121–130.

Hille, Karoline: Suzanne Valadon. In: Pfeiffer, Ingrid / Max Hollein (Hg.): Esprit Montmartre. Die Bohème in Paris um 1900. München 2014, S. 309.

Hine, Lewis W.: Men at Work. 69 Classic Photographs by Lewis W. Hine (Original 1932) New York 1977 (Nachdruck o. J.).

Hine, Lewis: Sozialfotografie: Wie die Kamera die Sozialarbeit unterstützen kann. Ein Lichtbildervortrag (Original 1909). In: Kemp, Wolfgang (Hg.): Theorie der Fotografie I (1839–1912). München 1999, S. 270–273.

Hosokawa, Shuhei: Der Walkman-Effekt. In: Barck, Karlheinz / Peter Gente (Hg.): Aisthesis. Leipzig 1990, S. 229–251.

Jacobs, David: Thomson, John: In: Hannavy, John: Headingly, Adolphe Smith. In: Ders. (Ed.): Encyclopedia of nineteenth-century photography. Band 1, New York / London 2008, S. 1387–1389.

Jäkel, Angelika: Gestik des Raumes. Zur leiblichen Kommunikation zwischen Benutzer und Raum in der Architektur. Karlsruhe 2010 (Diss. TU Karlsruhe).

Johnsen, Katrin (Hg.): Medienmeile Hafen Düsseldorf. Wuppertal 1997.

Kammler, Steffen: Rauchzeichen aus dem Labyrinth. Der ontologische Anspruch der Photographie. Rostocker Phänomenologische Manuskripte. Heft 6, 2009.

Kaplan, Daile (Ed.): Photo Story. Selected Letters and Photographs of Lewis W. Hine. Washington and London 1992.

Kirschbaum, Engelbert SJ (Hg.): Lexikon der christlichen Ikonographie [LCI]. Sonderausgabe (8 Bände). Freiburg 1971.

Kollhoff, Hans: Wie wir unsere Städte ruinieret haben. In: Cicero Online Magazin für Politische Kultur vom 16. Februar 2012; vgl. http://www.cicero.de/salon/wie-wir-unsere-staedte-ruiniert-haben/48332; 07. 03. 2014.

Koolhaas, Rem: Manhattan – Leben und Architektur in Metropolis. In: Freibeuter, H. 2/1979, S. 131–141.

Krase, Andreas: Archiv der Blicke – Inventar der Dinge. Augène Atgets Paris. In: Adam, Hans Christian (Hg.) Paris. Eugène Atget 1857–1927. Mit einem Essay von Andreas Krase. Köln 2008, S. 126–143.

Krückeberg, Edzard: Authentizität. Stichwort in: Joachim Ritter (Hg.) Historisches Wörterbuch der Philosophie, Bd. 1. Basel 1971, Sp. 692 f.

Kühn, Rolf: »Protention«. Stichwort in: Vetter, Helmuth (Hg.): Wörterbuch der phänomenologischen Begriffe. Hamburg 2004, S. 438–440.

Landeshauptstadt Düsseldorf: Hafenentwicklung seit 1976, S. 3 (von 3). https://www.duesseldorf.de/planung/hafen/entwicklung/index.shtml; 30. 03. 2014.

Langlais, Chloë: Die Bohème auf dem Montmartre um 1900. In: Pfeiffer, Ingrid / Max Hollein (Hg.): Esprit Montmartre. Die Bohème in Paris um 1900. München 2014, S. 67–74.

Lersch, Philipp: Gesicht und Seele. München 1932.

Lersch, Philipp: Aufbau der Person. München 1954

Lichtenberger, Elisabeth: Die Stadt. Von der Polis zur Metropolis. Darmstadt 2002.
Lindner, Rolf: Der Habitus der Stadt – ein kulturgeographischer Versuch. In: Petermanns Geographische Mitteilungen, 147, 2003/2, S. 46–54.
Lipps, Hans: Werke. Bd. III. Die menschliche Natur. Frankfurt/M. 1977 (1977.2).
Lipps, Hans: Werke. Bd. V. Die Wirklichkeit des Menschen. Frankfurt/M. 1977 (1977.1).
Löw, Martina: Raumsoziologie. Frankfurt/M. 2001.
Lorenzer, Alfred: Städtebau: Funktionalismus und Sozialmontage? Zur sozialpsychologischen Funktion der Architektur. In: Berndt, Heide / Alfred Lorenzer / Klaus Horn (Hg.): Architektur als Ideologie. Frankfurt/M. 1968, S. 51–104.
Lossau, Julia: Spatial Turn. In: Eckhardt, Frank (Hg.): Handbuch Stadtsoziologie. Wiesbaden 2012, S. 185–198.
Lotze, Hermann: Der Zusammenhang der Dinge. Berlin o.J. (1910).
Lynn-Ee Ho, Elaine: Constitution Citizenship Through the Emotions: Singaporean Transmigrants in London. In: Annals of the Association of American Geographers, 99 (4) 2009, pp. 788–804.

Man Ray [Emmanuel Rudnitzky]: Über den fotografischen Realismus (Original 1935). In: Kemp, Wolfgang (Hg.): Theorie der Fotografie II (1912–1945). München 1999, S. 247–248.
Matz, Reinhard: Gegen einen naiven Begriff der Dokumentarfotografie (Original 1981). In: Hubertus von Amelunxen (Hg.): Theorie der Fotografie IV. 1980–1995. München 2000, S. 94–105.
Metzger, Rainer: Relektüren – Lewis Mumford. Die Stadt. In: Kunstforum International, Bd. 225, März/April 2014.
Mies van der Rohe, Ludwig: Die neue Zeit. In: In: Conrads, Ulrich (Hg.): Programme und Manifeste zur Architektur des 20. Jahrhunderts. (= Bauwelt Fundamente 1). Basel / Bosten / Berlin 2001, S. 114.
Mitscherlich, Alexander: Die Unwirtlichkeit unserer Städte (Original 1965). Frankfurt/M. 1972.
Müller-Freienfels, Richard: Irrationalismus. Leipzig 1922.
Mumford, Lewis: Megapolis. Gesicht und Seele der Gross-Stadt. Wiesbaden 1951.

N.N.: August Sander. Gordon Fraser Gallery, London 1977.
Neckel, Sighard: Kultursoziologie der Gefühle. In: Schützeichel. Rainer (Hg.): Emotionen und Sozialtheorie. Disziplinäre Ansätze. Frankfurt/New York 2006, S. 124–139.

Ogawa, Tadashi: Die Atmosphäre im Gefängnis von Sokrates. In: Großheim, Michael (Hg.): Neue Phänomenologie zwischen Praxis und Theorie., Festschrift für Hermann Schmitz. Freiburg / München 2008, S. 368–378.
Otto, Rudolf: Das Heilige. Gotha/Stuttgart 1924
Ovenden, Richard: John Thomson (1837–1921). Photographer. (Foreword by Sir David Puttnam). Edinburgh 1997.

Paetzold, Heinz: »Urbanismus«. In: Barck, Karlheinz et. al. (Hg.): Ästhetische Grundbegriffe. 7 Bände. Stuttgart 2010, Bd. 6, S. 281–311.

Pallasmaa, Juhani: Die Augen der Haut. Architektur und die Sinne. (übersetzt von Andreas Wutz). Los Angeles 2012.

Parker, Robert McD.: Picasso und der Montmartre. Fruchtbarer Boden für die Kunst. In: Pfeiffer, Ingrid / Max Hollein (Hg.): Esprit Montmartre. Die Bohème in Paris um 1900. München 2014, S. 289–295.

Perec, Georges: Träume von Räumen (Original 1974). Aus dem Französischen von Eugen Helmlé. Frankfurt/M. 1994.

Pfeiffer, Ingrid: Esprit Montmartre. Die Bohème und der Blick auf ein wenig vertrautes Paris. In: Pfeiffer, Ingrid / Max Hollein (Hg.): Esprit Montmartre. Die Bohème in Paris um 1900. München 2014, S. 25–37.

Plessner, Helmuth: Die Deutung des mimischen Ausdrucks. Ein Beitrag zur Lehre vom Bewußtsein des anderen Ichs. In: Helmuth Plessner: Zwischen Philosophie und Gesellschaft. Ausgewählte Abhandlungen und Vorträge. Francke Verlag Bern 1953, S. 132–179.

Plessner, Helmuth: Gesammelte Schriften III. Anthropologie der Sinne. Frankfurt/M. 1980.

Poe, Edgar Allan: Der Mann der Menge (Original 1840). In: Ders.: Erzählungen. München 1966, S. 123–134.

Pörksen, Uwe: Weltmarkt der Bilder. Eine Philosophie der Visiotype, Stuttgart 1997.

Prigge, Walter: Mythos Architektur. In: Fuchs, Gotthard / Bernhard Moltmann / Walter Prigge (Hg.): Mythos Stadt. Frankfurt/M., 1995, S. 73–86.

Rademacher, Horst: Der Hafen im Spannungsfeld von Verkehrs- und Stadtentwicklung – Neuorientierung an veränderte Rahmenbedingungen. In: Stadtwerke Düsseldorf (Hg.): Düsseldorf und seine Häfen. Wuppertal 1996, S. 202–230.

Sander, August: Antlitz der Zeit. München 1990.

Schapp, Wilhelm: Beiträge zur Phänomenologie der Wahrnehmung. (Original 1910). Frankfurt/M. 21004.

Scheidler, Susanne / Raimund Stecker: Architektur als Adresse. In: Johnsen, Katrin (Hg.): Medienmeile Hafen Düsseldorf. Wuppertal 1997, S. 134–137.

Schlüter, D.: Bild. In: Ritter, Joachim / Karlfried Gründer (Hg.): Historisches Wörterbuch der Philosophie. Schwabe Verlag Basel und Stuttgart 1971. 13 Bände. Band 1, Sp. 913–915.

Schmid, Thomas: »Delicatessen«, Liebe, Konkurrenz. Beobachtungen über einige Städtebewohner. In: Freibeuter Heft 3 (1980), S. 97–111.

Schmitz, Hermann: System der Philosophie, 5 Bände in 10 Bänden, Bonn 1964 bis 1980.

Schmitz, Hermann: System der Philosophie. Band III: Der Raum. Teil 1: Der leibliche Raum. Bonn 1967.

Schmitz, Hermann: System der Philosophie. Band III: Der Raum. Teil 5: Die Wahrnehmung. Bonn 1978.

Schmitz, Hermann: Gefühle als Atmosphären und das affektive Betroffensein von ihnen. In: Fink-Eitel, Hinrich / Georg Lohmann (Hg.): Zur Philosophie der Gefühle, Frankfurt/M. 1993.
Schmitz, Hermann: Neue Grundlagen der Erkenntnistheorie, Bonn 1994.
Schmitz, Hermann: Der Leib, der Raum und die Gefühle. Edition tertium, Ostfildern 1998.
Schmitz, Hermann: Der Spielraum der Gegenwart. Bonn 1999.
Schmitz, Hermann: Was ist Neue Phänomenologie? Studien zur Neuen Phänomenologie. Bd. 8. Rostock 2003.
Schmitz, Hermann: Situationen und Konstellationen. Wider die Ideologie totaler Vernetzung (= Neue Phänomenologie Band 1). Karl Alber Verlag Freiburg und München 2005.
Schmitz, Hermann: Der unerschöpfliche Gegenstand. Bonn 2007.
Schmitz, Hermann: Bewusstsein. Freiburg, München 2010.
Schmitz, Hermann: Der Leib. Berlin / Boston 2011.
Schopenhauer, Arthur: Werke in zehn Bänden. Züricher Ausgabe. Band X, Zweiter Teilband: Parerga und Paralipomena II. Zürich 1977, S. 689.
Schubbach, Arno: Gezogene Linie sehen. Sichtbartmachung und Sichtbarkeit des Bildes. In: Zeitschrift für Ästhetik und Allgemeine Kunstwissenschaft Bd. 53, Heft 2/2008, S. 219–232.
Sekula, Allan: Der Körper und das Archiv. In. Wolf, Herta (Hg.): Diskurse der Fotografie. Fotokritik am Ende des fotografischen Zeitalters. Frankfurt/M. 2003, S. 269–334.
Selle, Klaus: Öffentliche Räume in der europäischen Stadt. Verfall und Ende oder Wandel und Belebung? Reden und Gegenreden. In: Siebel, Walter: Die europäische Stadt. Frankfurt/M. 2004, 131–145.
Serres, Michel: Die fünf Sinne. Eine Philosophie der Gemenge und Gemische (Original 1985); übersetzt von Michael Bischoff). Frankfurt/M. 1994.
Simmel, Georg: Exkurs über den Schmuck. In: Ders.: Soziologie. Untersuchungen über die Formen der Vergesellschaftung. Berlin 1908, S. 278–281.
Simmel, Georg: Rembrandt. Ein kunstphilosophischer Versuch. München 1916.
Simmel, Georg: Die ästhetische Bedeutung des Gesichts. In: Ders.: Brücke und Tür. Essays des Philosophen zur Geschichte, Religion, Kunst und Gesellschaft (hgg. von Michael Landmann). Stuttgart 1957, S. 153–159.
Simmel, Georg: Die Bedeutung des Geldes für das Tempo des Lebens (Original 1897). In: Lichtblau, Klaus (Hg.): Georg Simmel. Soziologische Ästhetik, Bodenheim 1998, S. 93–110 (1998.1).
Simmel, Georg: Soziologische Ästhetik (Original 1896). In: Lichtblau, Klaus (Hg.): Georg Simmel. Soziologische Ästhetik, Bodenheim 1998, S. 77–92 (1998.2).
Simmel, Georg: Die Großstädte und das Geistesleben (Original 1903). In: Lichtblau, Klaus (Hg.): Georg Simmel. Soziologische Ästhetik, Bodenheim 1998, S. 119–133 (1998.3).
Sloterdijk, Peter: Sphären III. Schäume. Frankfurt/M. 2004.
Solomon-Godeau, Abigail: Wer spricht so? Einige Fragen zur Dokumentarfotografie. In: Wolf, Herta (Hg.): Diskurse der Fotografie. Fotokritik am Ende des fotografischen Zeitalters. Frankfurt/M. 2003, S. 53–74.

Sontag, Susan: Über Fotografie (Original 1977). Frankfurt/M. 1980.
Spangenberg, Peter M.: Aura. In: Barck, Karlheinz u. a. (Hg.): Ästhetische Grundbegriffe. Historisches Wörterbuch in sieben Bänden (Studienausgabe) Bd. 1, Stuttgart / Weimar 2000, S. 400–416.
Spranger, Eduard: Der Bildungswert der Heimatkunde (Original 1923). Stuttgart 1952.
Staatliche Kunsthalle Baden-Baden (Hg.): Revolutionsarchitektur. Boullée Ledoux Lequeu. Baden-Baden 1970.
Stieglitz, Alfred: Bildmäßige Fotografie (Original 1899). In: Kemp, Wolfgang (Hg.): Theorie der Fotografie I (1839–1912). München 1999, S. 219–224.
Stierli, Martino: Das Hochhaus, fotografisch betrachtet. In: Janser, Andreas (Hg.): Hochhaus – Wunsch und Wirklichkeit. Zürich / Ostfildern 2011.1, S. 107–113.
Stierli, Martino: Fotografische Feldforschung in der Architektur und Kunst der 1960er Jahre. In: Moravánszky, Á. / A. Kirchengast (Hg.) Experiments. Architektur zwischen Wissenschaft und Kunst. TheorieBau. Band 2, Berlin 2011.2, S. 54–91.
Strand, Paul, zit. bei Geimer, Peter: Theorien der Fotografie. Zur Einführung. Hamburg 2009.
Straus, Erwin: Die Formen des Räumlichen. Ihre Bedeutung für die Motorik und die Wahrnehmung (Original 1930). In: Ders.: Psychologie der menschlichen Welt. Gesammelte Schriften. Berlin u. a. 1960, S. 141–178.

Tellenbach, Hubert: Geschmack und Atmosphäre, Salzburg 1968.
Thomson, John: Street-Life in London (Original 1876). Reprint mit einem Nachdruck der englischen Kommentare von John Thomson und Adolphe Smith. Dortmund 1981.
Tripp, Edward: Reclams Lexikon der antiken Mythologie (übersetzt von Rainer Rauthe). Stuttgart 1974.

Ullrich, Wolfgang: Die Geschichte der Unschärfe. Berlin 2009.

Van Haaftern, Julia (Einführung): Berenice Abbott. Köln 1997.
Venturi, Robert / Denise Scott Brown / Steven Izenour: Learning from Las Vegas. Cambridge u. a. 1977.
Vinken, Gerhard: Unstillbarer Hunger nach Echtem. Frankfurts neue Altstadt. In: Forum Stadt, 40. Jg., Heft 2/2013, S. 119–136.
Volkelt, Johannes: System der Ästhetik, Werk in drei Bänden. Erster Band: Grundlegung der Ästhetik. München 1905.
von Brauchitsch, Boris: Kleine Geschichte der Fotografie, Stuttgart 2002.
von Brauchitsch, Boris: Städtische Atmosphären im Spiegel der Fotografiegeschichte. In: Hasse, Jürgen (Hg.): Stadt und Atmosphäre. Die Alte Stadt, 35. Jahrgang, Heft 2/2008, S. 175–186.
von Hartz, John (Ed.): August Sander. The History of Photography Series. London 1977.

Weber, Max: Die nichtlegitime Herrschaft (Typologie der Städte). § 1 Begriff und Kategorien der Stadt. In: Ders.: Wirtschaft und Gesellschaft. Grundriss der verstehenden Soziologie. Mit einem Vorwort von Alexander Ulfig. Neu Isenburg 2005, S. 923–940.

Wiesing, Lambert: Artifizielle Präsenz. Frankfurt/M. 2005.

Wiesing, Lambert: Fotografieren als phänomenologische Tätigkeit. Zur Husserl-Rezeption bei Flusser. In: Flusser Studies 10 (o. J.); http://www.flusserstudies.net/pag/10/wiesing-fotografieren.pdf; 09. 10. 2012.

Wildner, Kathrin: Transnationale Urbanität. In: Eckardt, Frank (Hg.): Handbuch Stadtsoziologie. Wiesbaden 2012,S. 213–229.

Wilson, A. N.: The World of Charles Dickens lives in »Street Life in London«. In: The Telegraph, 05. 11. 2013; vgl. http://www.telegraph.co.uk/culture/art/artsales/10428053/The-world-of-Charles-Dickens-lives-on-in-Street-Life-in-London.html (01. 05. 2014).

Wirth; Louis: Urbanität als Lebensform (Original 1938). In: Herlyn, Ulfert (Hg.): Stadt- und Sozialstruktur. München 1974, S. 42–66.

Wolf, Herta: Das, was ich sehe, ist gewesen. Zu Roland Barthes' *Die helle Kammer.* In: Wolf, Herta (Hg.): Paradigma Fotografie. Fotokritik am Ende des fotografischen Zeitalters. Frankfurt/M 2002, S. 89–107.

Wolf, Klaus: »Stadt«. In: Akademie für Raumforschung und Landesplanung (Hg.).: Handwörterbuch der Raumordnung. Hannover 2005, S. 1048–1054.

Wölfflin, Heinrich: Prolegomena zu einer Psychologie der Architektur (Original 1886). Mit einem Nachwort zur Neuausgabe von Jasper Cepl. Berlin 1999.

Woods, Mary: Photographie der Nacht. Wolkenkratzer – »Nocturne« und »Noir« in New York City. In: Neumann, Dietrich (Hg.): Architektur der Nacht. München u. a. 2002, S. 68–76.

Zur Lippe, Rudolf: Vom Leib zum Körper, Reinbek 1988.

Zutt, Jürg: Der Leib der Tiere. In: Ders.: Auf dem Wege zu einer anthropologischen Psychiatrie. Gesammelte Aufsätze. Berlin u. a. 1963, S. 448–461.

Abbildungsnachweise

Abb. 1: Kunstmuseum Stuttgart / VG Bild-Kunst
Abb. 2, 3, 5, 6, 8, 11: Jürgen Hasse
Abb. 4: Stadtmuseum Landeshauptstadt Düsseldorf F 922
Abb. 7: Succession Picasso / VG Bild-Kunst
Abb. 9: Venturi, Robert / Denise Scott Brown / Steven Izenour: Learning from Las Vegas. The MIT Press, Cambridge u. a. 1977, S. 58
Abb. 10: Zoran Filipović
Abb. 12: Muir, Robin (Ed.): Clifford Coffin. Photographs from Vogue 1945 to 1955. Schirmer Verlag, München 1997, S. 58
Abb. 13: Société d'historie et d'archéologie »Le Vieux Montmartre«
Abb. 14: Brooklyn Museum, Brooklyn Museum Collection
Abb. 15, 16: Lewis W. Hine: Men At Work. Photographic Studies of Modern Men and Machines. Hgg. von Dover Publications / International Museum of Photography at George Eastman House, Rochester. Dover Publications New York 1977, o. S.
Abb. 17: Aperture Foundation Inc., Paul Strand Archive
Abb. 18, 19, 20, 21: Parisienne de photographie
Abb. 22, 24: bpk | The Metropolitan Museum of Art | Alfred Stieglitz
Abb. 23: National Gallery of Art Washington
Abb. 25: British Library London
Abb. 26: National Library of Scotland
Abb. 27, 28: Museum of London
Abb. 29, 30: Die Photographische Sammlung / SK Stiftung Kultur – August Sander Archiv, Köln; VG Bild-Kunst

Register

Abbildung 122, 178, 189
Abend 102
Abreißen 30
Abstraktion, wissenschaftliche 61
Affektgefüge, hierarchische 99
Affektinsel 27
Affektraum 86
–, kollektiver 86
Affizierungsprogramm 155
Ähnlichkeit 231
Akkord 67
–, atmosphärischer 20
Akteur 20, 82–83
Akteurstheorie 34
Akzidenz 78
Allegorie 161
Alphabetisierung 228
An-Blick 218
Anbauen 30
Andere Räume 97
Anmutungscharakter 150
Annäherung 132, 175
–, intuitive 136
–, transversale 135
Anschauung 37, 52, 104, 120, 127, 152, 178, 228
Anthropologie, visuelle 224
Anwesenheit, menschliche 180
Apparat 123, 189, 224
–, Macht 221
–, Programm 124
–, Totalitarismus 125
Arbeitslosigkeit 212
Arbeitsstil, archivierender 176
Architektur 24, 44, 78
–, Ästhetik der 47
–, großstädtische 18
–, metropolitane 45
–, postmoderne 109
–, Psychologie der 75
–, Repräsentations- 93
Architekturfotografie 178
Armut 203, 209
Assoziation 37, 128
Ästhetik, Ethik der 94
Ästhetisierung 45, 54, 187
Atmen 30, 186
–, der Stadt 33
Atmosphäre 15, 230
–, charakteristische 99
–, des Montmartre 158
–, Erhaltung der 108
–, exklusive 111
–, heimatliche 96
–, lokale 193
–, numinose 97
–, städtische 87
–, vitale 112
Atmosphären
–, ambivalente 95
–, des Wetters 45
–, kollidierende 99
–, Wandel 30, 98, 100, 109, 115
Aufbruch 157
Aufmerksamkeit 123, 142
–, gespannte 171
–, moralische 167
–, sachliche 167
Aufnahme, topographische 191
Aufnahme-Situation 138
Aura 140, 186
Ausdruck
–, ästhetischer 46
–, atmosphärischer 50

Ausdrucksgestalt, ganzheitliche 34
Ausdrucksmedien 221
Ausdrucksprozess 43, 48
Ausdrucksspur 42, 48, 148
Auseinandersetzung, intelligible 136
Authentizität 138, 216, 229–230, 233
–, atmosphärische 236
–, der Dinge 238
–, der Gefühle 238
Authentizitäts-Erleben 232
Automatismus 124
Aversions-Milieu 86

Backstein 94
Bankenmetropole 39
Baudelaire 234
Bauen 18, 30
–, synthetisierendes 22
Bauform 104
Baustil 104
Baustoff 104, 171, 183
–, mittelalterlicher 232
Bauten 80, 177
Bebauung, mittelalterliche 232
Bedeutung 152
–, affizierende 225
–, explizierte 210
–, implizite 210
Bedeutungen 59
–, Verschachtelung von 194
Begegnung 41, 51, 53, 139
Belichtungszeiten, lange 177
Belle Époque 158
Bergmannskinder 212, 216
Berührung 31, 41
–, intuitive 137
–, sinnliche 138
Beschreibung 121, 123
Beton 94
Betroffenheit 218
Bewegung 41, 60, 65, 191
–, innere 66
Bewegungsrhythmen, performative 106
Bewegungsstrom 45
Bewegungssuggestion 51, 59, 193, 225
Bewussthaben 62
Bewusstsein 62
Beziehung, pathische 135
Bild 228
–, emotionales 195
Bild-Begriff 126
Bild-Klischee 198
Bild-Rhetorik 138
Bild-Text-Synthese 209
Bildbegehren 199
Bildgebrauch
–, nach-denkender 221
–, nach-spürender 221
Bildgebung 127, 221
–, phänomenographische 227
Bildinterpretation 166
Bildnahme 127, 137–138, 148, 221, 225
–, kritische 223
Bildpräsentation 142
Bildreflexion 210
Bildtheorie, anthropologische 126
Bildunterschrift 133, 142, 171, 197, 203, 205
Binnenhafen 107
Biographien 212
Blick
–, als Geste 218
–, erster 41
–, flüchtiger 188
–, fotografischer 123, 198
–, zweiter 41
Boardmen 208–209
Boullée 23
Brache 112, 156
Brot und Spiele 44

Cerberus 48
Charakter 40, 84
–, intellektueller 40
–, Orts- 22
–, synästhetischer 89
CIAM-Erklärung 74

Daguerrotypie 38, 120
Dämmerung 101–102
Darstellung, abbildende 227

Dauer 11, 141, 147
Dehnung, der Zeit 19
Demutshaltung 216
Denken, nachspürendes 175, 210
Denkmal-Topografie 146
Denkmalpflege 176
Denkmalschutz 108
Denkstimmung 78
Desinfektoren 206
Dinge 180
Diskurse, gesellschaftliche 134
Dispositiv 69
–, apparatives 148
Dissuasion 28, 49, 103
Distinktion 111, 115, 165
Dokumentarfotografie 138
Dokumentarismus 146, 188
Dokumentation 124, 139, 146, 176, 187, 204, 211
Dokumentation zweiten Ranges 149
Dokumentations-Interesse 220
Dunkel 226
Dunst 33
Dystopie 94, 96, 143, 152–153
–, der Stadt 165

Echtheit 133, 160, 233
Ecke 51
Ehrfurcht 224
Eigentliches 237
Einblick 219
Eindruck
–, ganzheitlicher 84
–, vielsagender 58
Einfühlung 37, 173
Einkaufszone 39
Eisenträger 171
Empfinden, leibliches 193
Empire State Building 168
Enge 58, 95
Entfremdung, heilsame 177
Entsorgung 29, 54
Ergehen 88
Erhabenes 94
–, ökonomisch 31, 47
–, technisch 169
Erinnerung 25
Erkenntnis, intuitive 223
Erleben 219
–, authentisches 238
–, sinnliches 11
Erlebnisdimensionen 15
Erlebniswelt, städtische 222
Erscheinen 219
–, atmosphärisches 104
–, vorbegriffliches 52
Erwartungshorizont 116
Ethnopsychoanalyse 76
Exegese 141
Exhumierung 141, 227
Exklusion 111
Exklusivität 115
Explikation, ästhetische 222

Face-Lifting 46, 54, 106
Falte 34
Fassade 37, 45, 107
–, Ästhetisierung 122
–, High-Tech- 46
Fassaden-Lifting 28
Faszination 186
Ferne 140, 169
Fixierung 141, 225
–, optische 117, 139
Fokussierung 225
Fotografie 117, 119
–, digitale 131
–, dokumentarische 146, 178, 204
–, Frühphase der 162
–, Kritik der 128
–, phänomenographische 128
–, topographische 188
fotografieren 140
Fotoxylografie 200
Fremde 73
Friedhof 97
–, Soldaten- 98
Frontalaufnahme 212
Frühlingsluft 87

Gang 41
Garagen 143
Garten 18
Gebäude 181

Gebäudehaut 46
Gedächtnis-Ort 25
Gefühle 59–60, 75–76, 129
–, authentische 20, 234
–, numinose 31
Gefühlsraum, atmosphärischer 86
Gegend 93
Gegenwärtighaben 62
Gegenwärtigsein 62
Geisteshaltung, großstädtische 57, 115
Geistesleben 12
Gentrifizierung 115
Geräusch 37, 68, 109, 128
Geruch 37, 89, 109, 128
Geschlossenheit 51
Gesellschaft
–, der 1920er Jahre 8
–, dystopische 9
–, Stadt- 72
Gesellschaftstheorie 194
Gesicht 32, 34, 64
–, abgeschminktes 176
–, der Stadt 120
–, dystopisches 94
–, Entstellung 152
–, gestimmtes 92
–, städtisches 44, 102, 162, 176, 189, 195, 222
–, ungeschminktes 112
–, urbanes 45, 116
Gesichter, wechselnde 85, 94
Gesichtspflege 54
Gesichtsverstehen 40
Gesichtswahrnehmung 51
Gestaltverlauf 59, 225
Geste
–, des Fotografierens 120, 124, 147
–, des Zeigens 166
–, ekstatische 110
–, visualistische 122
Gewerbegebiet 39
Glas 46, 56
Glasgow 200
Globalisierungsgewinner 110
Granit 50
Grauwertdifferenzierung 193
Grenzen 93
Grenzkorridor 160
Großbildkamera 177, 191
Größe 51
–, göttliche 31
Großmarkthalle, Elsaesser 1928 94
Großstadt, Lebendigkeit der 9

Habitus 44, 64
–, repräsentativer 110
Hafenatmosphäre 110
HafenCity, Hamburg 105
Hafenrevitalisierung 112
Hafenstadt 39
Halbdinge 59, 109, 194, 226
Halbdunkel 226
Haltung 41
Handlungstheorie 79
Haut
–, als Grenzmedium 23
–, als Palmipsest 105
–, biologische 22
–, der Stadt 22, 120, 152, 177, 222
–, dritte 25
–, menschliche 24
–, metaphorische 27
–, synästhetische 27
–, technische 22
–, zweite 24
Hecke 97
Heimat 86, 95
–, idiosynkratische 96
Heimatgefühl 232
Herumraum, leiblicher 54
Herumwirklichkeit 60
Heterogenität, vielschichtige 13
Historismus 232
Hochglanzbilder 157
Hochhaus 37
–, High-Tech- 45
Hochhausfotografie 122
Hoffnung 88, 157
Höhe 31, 51
Holz 56, 184
Hörbares 67
Hunger 63
Hyperästhetisierung 94, 111

Hypermodernität 114
Hypertrophie 112

Identität 27, 39, 85, 112
–, Zuschreibung von 114, 142
Illumination 83, 103
Immobilien 17, 37
Individualismus, neoliberaler 77
Industrialisierung 165
Industriestädte, frühe 200
Infra-Wissen 136–137, 175
Infrastruktur, Mobilität 29
Innesein 62
Insel, atmosphärische 98
Inszenierung 217
–, architektonische 111
–, kulturindustrielle 86
Intellektualismus 21
Intelligenz
–, hermeneutische 210, 227
–, leibliche 21, 210, 227
–, theoretische 210, 227
Intensität, atmosphärische 204
Interferenzen, atmosphärische 91
Interpretation 123, 210
Intervention 148
Intuition 51, 104, 208
Irrationalismus 20

Janus 47

Kälte 62, 191
Kapital, symbolisches 111
keshiki 37
Kirche 31
Klänge 36
klangliche Qualität 67
Klassen-Begriff 92
Kleidung 44
Klima 33
Knipser 123, 176
Kommentar 148
–, ästhetischer 194
Kommunikation 49
–, leibliche 36, 49, 58, 71, 88, 127, 140, 147, 169
–, mythologische 48
–, prädiskursive 50
Komplexität, großstädtische 9
Konflikte, gesellschaftliche 44
Konstellation 53
Konstruktion, symbolische 61
Konstruktivismus 34, 53, 61, 79, 228
Kontemplation 141
Körper 50, 57, 65, 78
Kriegsberichterstattung 150
Krise 156
Kulturindustrie 28, 76, 123, 129, 199
–, Macht der 165
Kulturlandschaft, englische 153
Kulturpolitik 44, 54
Künstlerkolonie 159
Kunststoff 46, 56

Labortechnik 191
Landschaft 235
Las Vegas 148
Leben, städtisches 189
lebend 63
lebendig 63
Lebendigkeit 55, 63, 163, 174
–, großstädtische 77
–, leibliche 189
–, urbane 12, 193
Lebensformen, metropolitane 19
Lebensstil, metropolitaner 115
Leere 180
Leib 50, 57, 65, 78
–, der Stadt 55, 89, 92, 104, 152, 159, 186, 219, 222
–, erscheinender 81, 83
–, landschaftlicher 93
–, tragender 81, 83, 87
Leibesinsel 8, 58, 60, 80, 93, 160, 209
–, städtische 27, 103, 105–106, 164, 194
Leichte 62
Lesen, semiotisches 53
Licht 33, 37, 226
–, ästhetisches 103
Lichthof 191–192
London 200
Luft 100
Luxurierung 165

Macht 76
–, atmosphärische 99
–, des Bildes 140
–, disziplinpolitische 79
–, Stimmungs- 95
–, umwölkende 102
Malerei 160, 233, 235
Man Ray 162, 177
Marginalsiedlung 157
Markt, italienischer 174
Maske 45, 94
–, architektonische 48
–, ethnologische 48
Massenkultur 130
Materialität 51, 226
Mauer 97
Medienhafen 107, 109, 114
Medium, transversales 137
Men at Work 169
Menschenbild, rationalistisches 33
Menschenleere 181
Merkmalsinsel, physiognomische 53
Metall 46
Metropole 75
–, Geist der 162
Metropolis 197
Mienenspiel 41
Mikrologie
–, soziologische 210
–, städtische 140
Milieu, unsichtbares 132
Milieuqualität, mitweltliche 56
Mimik 43, 50
Minotaurus 21, 75
Mit-Sein 55
–, leibliches 195
Möblierung, akustische 69
Modefotografie 155
Moderne 122
Montmartre 157
Morgen 102
Mythos 97, 115, 122

Nachdenklichkeit 142
Nachhaltigkeit 73
Nacht 101
Narrativ, bildliches 198
Nationalbibliothek, Sarajevo 151
Natur 195
Nebel 33
Neoliberalismus 12, 74, 113, 115, 165
Neue Sachlichkeit 8, 211
New York 39, 163, 189, 194
Numinoses 31

Oberfläche 128
–, Bild- 130, 140, 188, 193, 210, 214
–, flinke 164
Objektivierung 223
Objektivität 142, 199
Offenheit 51
Öffentlichkeit 71
Ökonomie 76
–, ästhetische 113
–, globales Netz 12
Optimismus 157
Organismus 55
Originalität 40, 238
Ort 175, 180
–, funktionierender 15
–, menschenleerer 176
Ortsbeziehung 87
Ortsqualität, ephemere 223

Paris 158, 175
Patheur 82–83
Pathisches 50, 54
Patina 32, 105
Performativität 109
Persistenz 37
Person 85
Phänomenographie 11, 117, 210
–, fotografische 138
Phänomenologie
–, der Stadt 12, 117
–, Grenze der 184
–, kritische 16, 147, 156
–, Neue 15, 56
Physiognomie 41
Physiognomik 43
Planung 75
Plattenkamera 191
Platz 112, 174, 177, 181
Politik 76

Postmoderne 94
Privatheit 71
Problem, gesellschaftliches 214
Produzent, Bild- 137
Professionalität 43
Programm
–, ästhetisches 44, 177, 191
–, bildgenerierendes 136
–, politisches 214
Protentionen 41, 115
–, großstädtische 116
Prudentia 48
punctum 120, 126, 136–137, 139–140, 161, 173, 226, 231

Quartier 39, 80, 112
–, subkulturelles 159

Radarfoto 124
Radziwill, Franz 234
Rationalität, theoretische 228
Raum
–, atmosphärischer 11, 36
–, beheimatungsfähiger 111
–, euklidischer 60
–, gelebter 60, 139, 180
–, heiliger 98
–, Illusions- 103
–, kaleidoskopischer 32
–, leiblicher 58, 80
–, numinoser 97–98
–, physischer Dichte- 13
–, sepulkralkultureller 97
–, sozialer 70
–, tatsächlicher 11, 42, 60, 103, 106, 148
Raumerleben 33
Rauminszenierung, mythische 97
Realismus 179, 233
–, fotografischer 130
–, optischer 173
Realität 226
–, gesellschaftliche 132
Realitätsanspruch 147
Rede
–, bildliche 126
–, wörtliche 38
Reduktionismus 61
Referenzwirklichkeit 231
Reflexion
–, ästhetische 126
–, ethische 210
–, phänomenologische 194, 210
Regen 33, 38
Reihenhaus 39
Repräsentation 111
Repräsentativität 228
Resignation 89, 156
Revitalisierung 157
Rezipient, Bild- 137, 150
Rhythmen, städtische 117
Richtung 80
Romantisierungs-Landschaft 87
Römerberg (Frankfurt) 233, 236
Rotlichtviertel 39
Ruhrgebiet 42, 156
Ruine 152
–, inszenierte 153
–, strukturbedingte 156
Ruiniertes 150

Sanierung 30
Schärfe, optische 234
Scheitern 156
Schmuck 107
Schmutz 178
Schnappschuss 236
Schnee 33, 100
Schneetreiben 191
Schwellung 81
Schwere 62, 97, 103
scientfic community 78
Segmentierung 225
–, visuelle 225
Sehen 180
–, flüchtiges 119
–, fotografisches 165
–, visuelles 52
Sehenswürdigkeiten 184
Sehroutinen, lebensweltliche 187
Selbstbeherrschung 43
Selbstgewahrwerdung 63
Selbststeuerung 223
Selbstverständlichkeit 179

Sensibilität
–, ästhetische 126
–, ethische 203
–, pathische 160, 165, 224
–, tentative 223
Sichtbar-Machung 164, 222
Sichtbarkeit 125, 127–128, 130
Situation 13, 40, 99, 104, 157
–, aktuelle 35, 37, 51, 85
–, atmosphärische 21
–, authentische 189
–, ganzheitliche 53
–, gemeinsame 29, 99, 218
–, gesellschaftliche 172, 203, 214
–, großstädtische 17
–, komplexe 194
–, mitweltliche 54
–, persönliche 29, 42, 98, 167
–, politische 194
–, segmentierbare 194
–, soziale 209
–, städtische 178
–, tageszeitliche 101
–, tragende 35
–, Umschlag der 116
–, unwirtliche 190
–, Wandel 15, 189
–, zuständliche 35, 51, 189, 195
Situierung, Bild- 122
Sorge, Selbst- 223
Sozialarbeit 172
Sozialfotografie 137, 200
Sozialökologie 205
Sozialwissenschaften 32, 166
Spannung 81
–, atmosphärische 171
–, leibliche 169
Spannungsverhältnis, atmosphärisches 160
Spannungszustand 43
spectator 135
Sprache 44, 104, 134, 222, 228
Sprung (Heidegger) 181, 184
Spuren 189
–, sehendes 193
Stadt 69
–, der Affekte 19
–, des Logos 19
–, Farbe der 89
–, gelebte 21, 71, 79
–, Habitus der 76
–, Lebendigkeit der 65–66
–, Maske der 103
–, Phänomenologie der 11
–, Puls der 31
–, Rhythmus der 164
–, Sterilisierung der 197
–, verlassene 178
–, vertikale 198
Stadt-Landschaft 86–87
Stadtästhetisierung, dissuasive 237
Stadtbeziehungen, spannungsreiche 198
Stadtentwicklung 197
Stadterneuerung 107
Städtetourismus 111
Stadtforschung 150
–, ethnologische 76
–, phänomenologische 162
Stadtfotografie 164
Stadtgeräusche 36
Stadtgesellschaft 71
Stadtmauer 18, 23
Stadtsoziologie 69–70, 198
Stahl 56, 94
Standortfaktor 113
Stein 46, 56
Steinwüste 197
Stille 102
Stimmung 82, 95, 97, 159
–, atmosphärische 100
Stofflichkeit 178, 184
Straße 29–30, 80, 112, 174, 177
Straßenbeleuchtung 103
Straßenhändler 199
Straßenleben 204
Straßenstreicher 199
Street Life 199, 204–205, 208
Strenge 62
Subjektivierung 223
Substanz 78
Surrealismus 177
Symbol 131

Synästhesie 51, 120, 127, 191, 195, 236
Systemtheorie 166
Szientistismus 76

Tag 101
Talbot 199
Tätowierung 28
Technikgeschichte 171
Technologien des Selbst 63
Teilhabe 105
–, mitmenschliche 106
–, mitweltliche 105
Theoriehygiene 79
Tiefenschicht, der Bilder 131
Tradition 122
Transformation, postfordistische 165
Trauer 97
Turner, William 234

Übergang 101
Überschuss, ästhetischer 168
Überstrahlung 192
Umbauen 30
Umfriedung 97
Umnutzung 18, 106
Universitäts-Architektur 81
Unschärfe 190–191, 200, 212, 214, 216, 233, 235–236
Unverfälschtes 237
urbaner Rhythmus 51
Urbanität 13, 55, 57, 66, 83, 88, 111, 160, 198
–, als Lebensform 69
–, transnationale 69
Urnenfeld 98
Utopie 94
–, der Stadt 165

Vereinheitlichung 165
Verfall 156, 161
–, Dokumentation 142
Verfremdung 180
Vergesellschaftung, urbane 205
Verstehen
–, empathisches 210
–, leibliches 131
–, phänomenologisches 132
Vertikalität 197
Verzweiflung 89
Visiotyp 123, 233
Vitalismus, urbanistischer 56
Vitalität 59
Vitalqualität 15, 39, 51, 56, 104
–, urbane 160
Vitalton 62
Volumen, prädimensionales 58

Wahrnehmbar-machen 156
Wahrnehmung
–, alltägliche 143
–, bildräumliche 188
–, erweiterte 180
–, lebendige 226
–, leibliche 32
–, natürliche 52
–, schlagartige 58
–, simultane 37
–, Teilanästhesie 75
–, visuelle 226
–, wache 103
Wahrnehmungsroutine 131
Walkman-Effekt 98
Wandlungsfähigkeit 46
Wärme 59, 62
Wassergraben 97
Weg 29, 112
Weite 58, 80, 95
–, räumliche 81
Wellen 65
Welt
–, abstrakte 195
–, sinnliche 231
–, soziale 193
–, visuelle 231
Weltbezug, präindividueller 82
Werte, demokratische 72
Wettbewerb, interkommunaler 232
Wetter 33, 88, 190
–, unwirtliches 195
Wetterwechsel 85
Widerfahrnis 82
Wind 33, 38, 58–59, 65, 94
Wirklichkeit 226

–, phänomenale 132
–, soziale 173
Witterungsbild 87, 100
Wohnquartier 39, 114
Wohnstraße, ästhetisierte 14
Wohnung 25
Wolkenkratzer 18, 31, 168–169
Wolkenkratzer-Topografie 194
Wolkenkratzerarchitektur 191
Wolkenkratzerwelt 197
Wood-engraving 200
Woodburytype 200
Wunden der Stadt 156
Zaun 97
Zeit, gelebte 139
Zeitgeist 33, 155, 176
–, sozialkritischer 203
Zeitlichkeit 227
Zentralität 85
Zerfall 89
Zerstörung 150
Zivilisationskritik 234
Zumutung 62
Zuversicht 88